ミネルヴァ日本評伝選

天人唯一の妙、神明不思議の道

山崎闇斎

澤井啓一 著

ミネルヴァ書房

刊行の趣意

「学問は歴史に極まり候ことに候」とは、先哲荻生徂徠のことばである。

歴史のなかにこそ人間の智恵は宿されている。人間の愚かさもそこにはあらわだ。この歴史を探り、歴史に学んでこそ、人間はようやくみずからの正体を知り、いくらかは賢くなることができる。新しい勇気を得て未来に向かうことができる。徂徠はそう言いたかったのだろう。

「ミネルヴァ日本評伝選」は、私たちの直接の先人について、この人間知を学びなおそうという試みである。日本列島の過去に生きた人々の言行を、深く、くわしく探って、そこに現代への批判を聴きとろうとする試みである。日本人ばかりではない。列島の歴史にかかわった多くの異国の人々の声にも耳を傾けよう。

先人たちの書き残した文章をそのひだにまで立ち入って読み、彼らの旅した跡をたどりなおし、彼らのなしとげた事業を広い文脈のなかで注意深く観察しなおす――そのとき、はじめて先人たちはいまの私たちのかたわらによみがえってくる。彼らのなまの声で歴史の智恵を、また人間であることのよろこびと苦しみを、私たちに伝えてくれもするだろう。

この「評伝選」のつらなりのなかから、列島の歴史はおのずからその複雑さと奥ゆきの深さをもって浮かび上がってくるはずだ。これを読むとき、私たちのなかに新たな自信と勇気が湧いてきて、その矜持と勇気をもって「グローバリゼーション」の世紀に立ち向かってゆくことができる――そのような「ミネルヴァ日本評伝選」にしたいと、私たちは願っている。

平成十五年（二〇〇三）九月

上横手雅敬
芳賀　徹

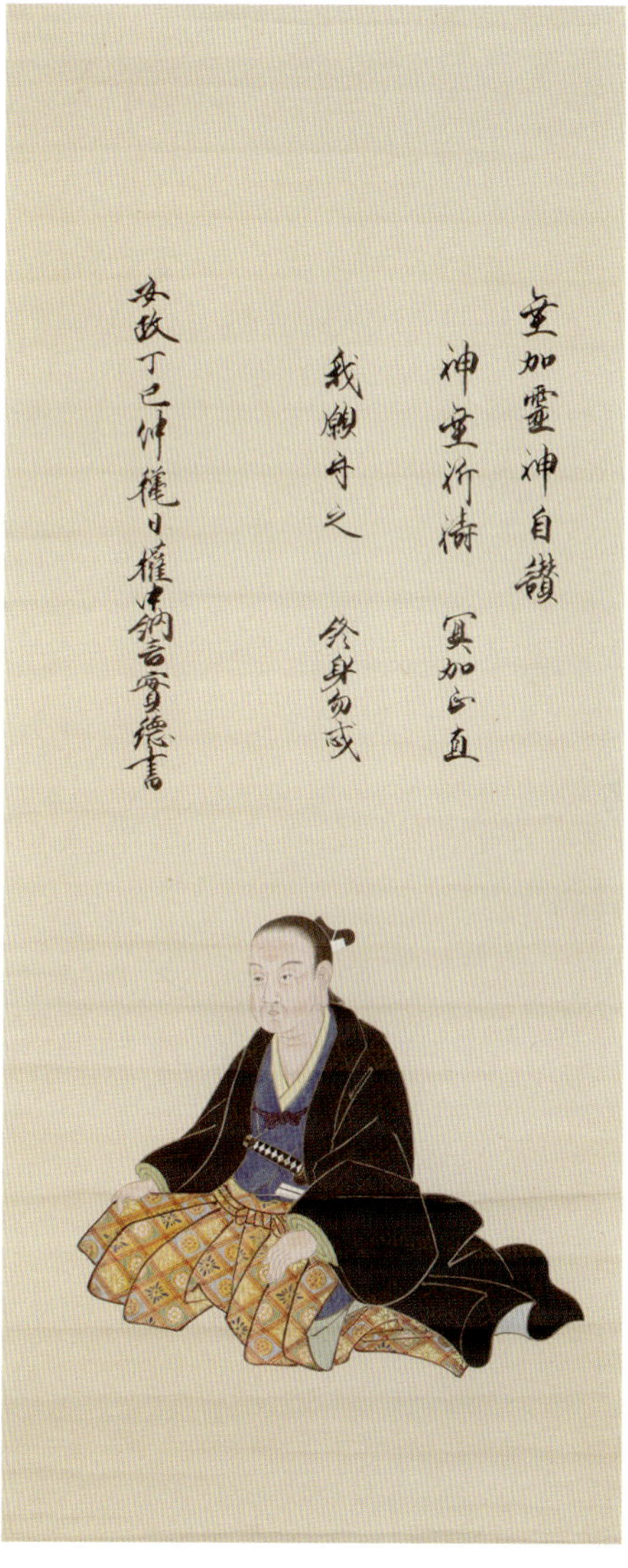

山崎闇斎（出雲路家蔵／光楽堂撮影）

山崎闇斎双親画像（土佐光起筆）（出雲路家蔵／光楽堂撮影）

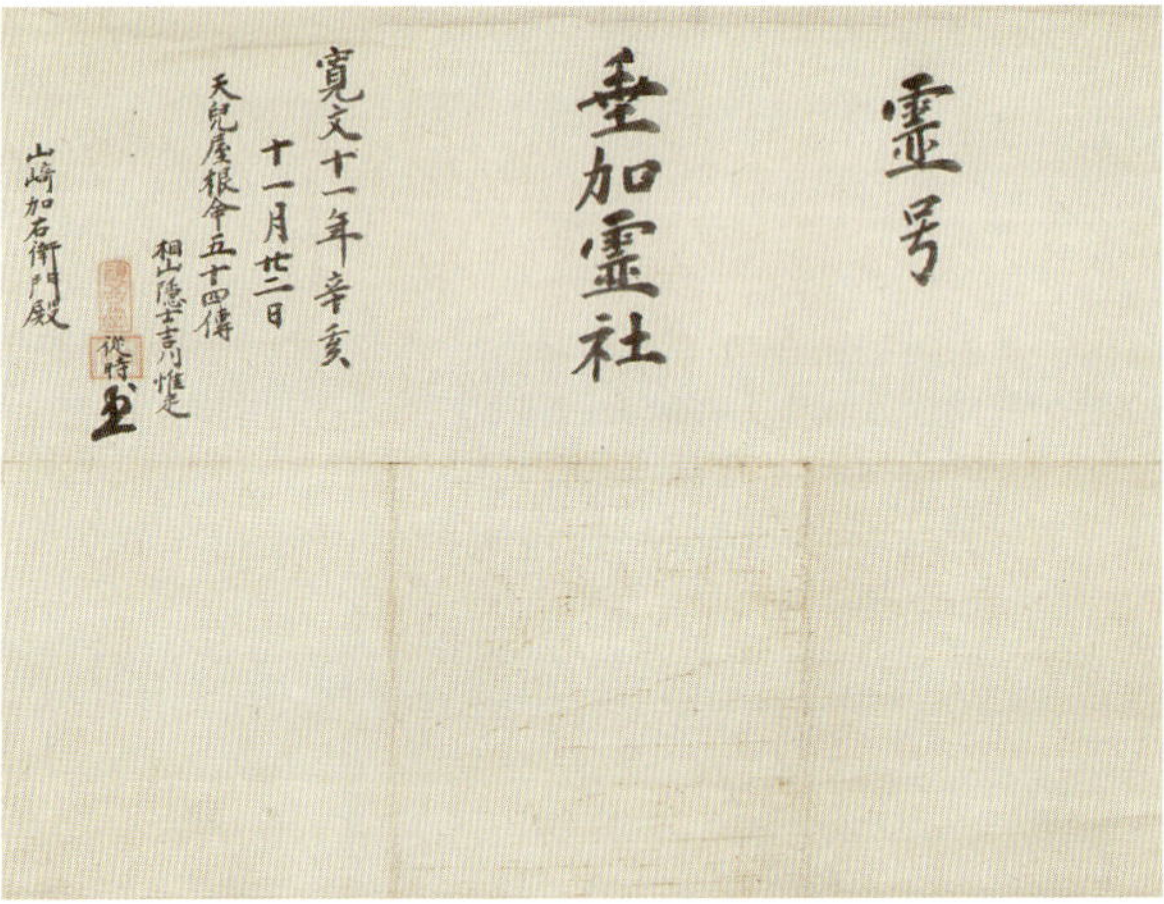

霊号

垂加霊社

寛文十一年辛亥
十一月廿二日

天兒屋根命五十四傳
相山隠士壽門惟足

從侍

山崎加右衛門殿

垂加霊社霊号（出雲路家蔵／光楽堂撮影）

門人誓詞（いずれも出雲路家蔵／光楽堂撮影）

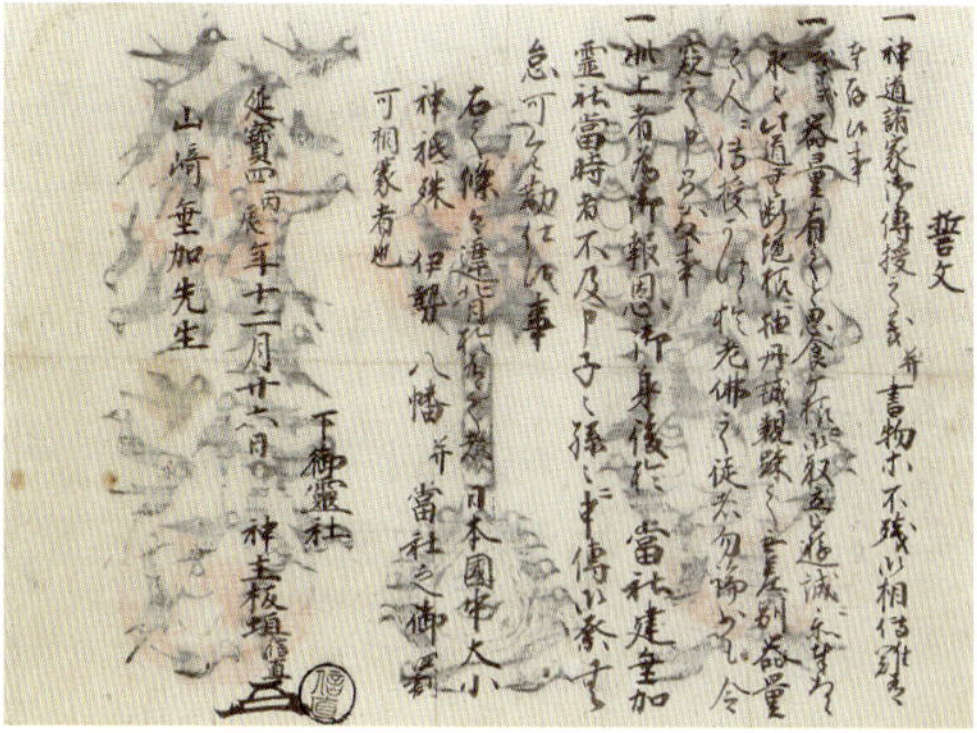
誓文
一神道諸家御傳授之義并書物不残以相傳[illegible]
[illegible]
右之條々違背仕[illegible]日本國中大小神祇殊伊勢八幡并當社之御罰可相蒙者也
延寶四丙辰年十二月廿六日　下御靈社　神主板垣信直
山崎垂加先生

（出雲路信直筆）

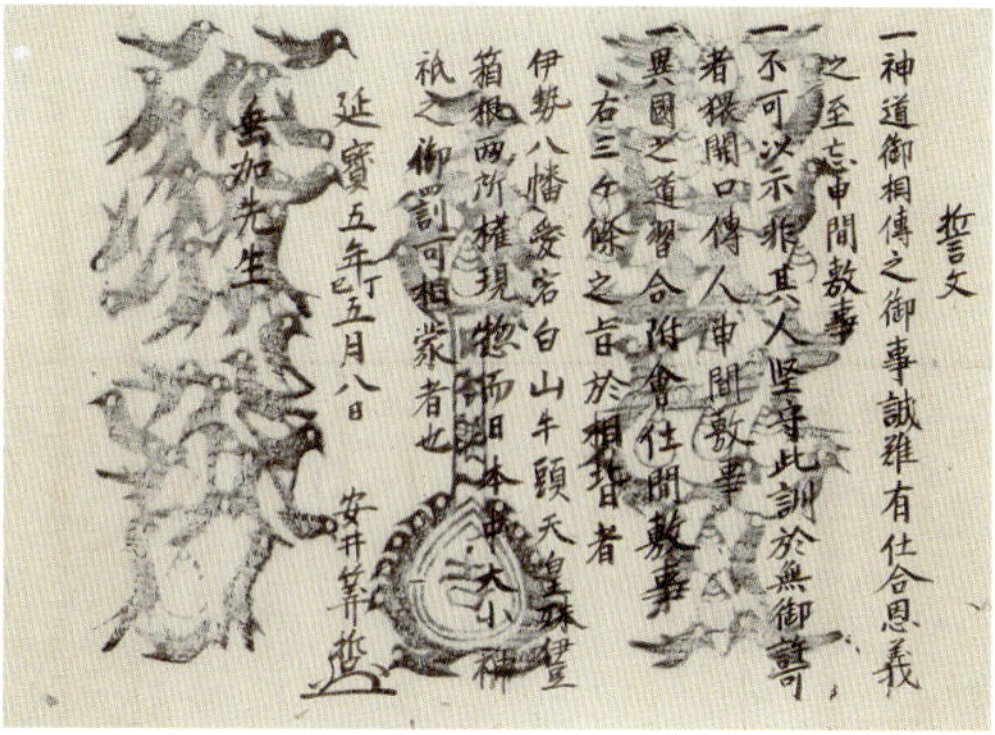
誓文
一神道御相傳之御事誠雖有仕合恩義之至忘申間敷事
一不可以示非其人堅守此訓於無御許可者猥開口傳申間敷事
一異國之道習合附會仕間敷事
右三ヶ條之旨於相背者
伊勢八幡愛宕白山牛頭天王殊伊豆箱根両所權現惣而日本國中大小神祇之御罰可相蒙者也
延寶五年丁巳五月八日　安井算哲
垂加先生

（安井算哲筆）

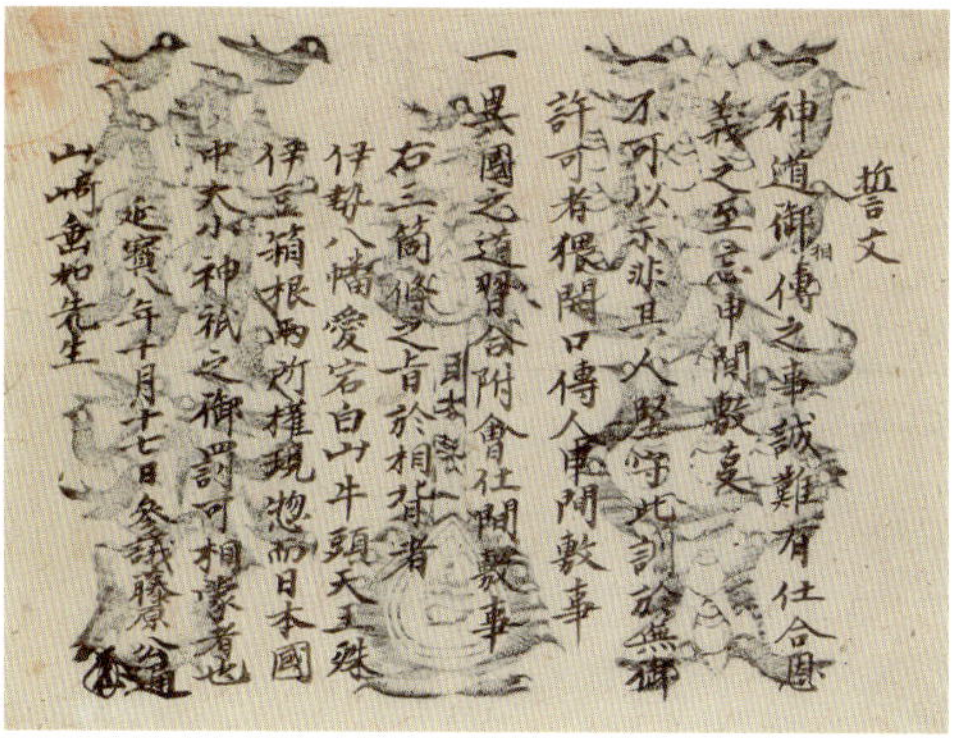
誓文
一神道御相傳之事誠雖有仕合恩義之至忘申間敷事
一不可以示非其人堅守此訓於無御許可者猥開口傳申間敷事
一異國之道習合附會仕間敷事
右三箇條之旨於相背者
伊勢八幡愛宕白山牛頭天王殊伊豆箱根両所權現惣而日本國中大小神祇之御罰可相蒙者也
延寶八年十月十七日　參議藤原公通
山崎垂加先生

（正親町公通筆）

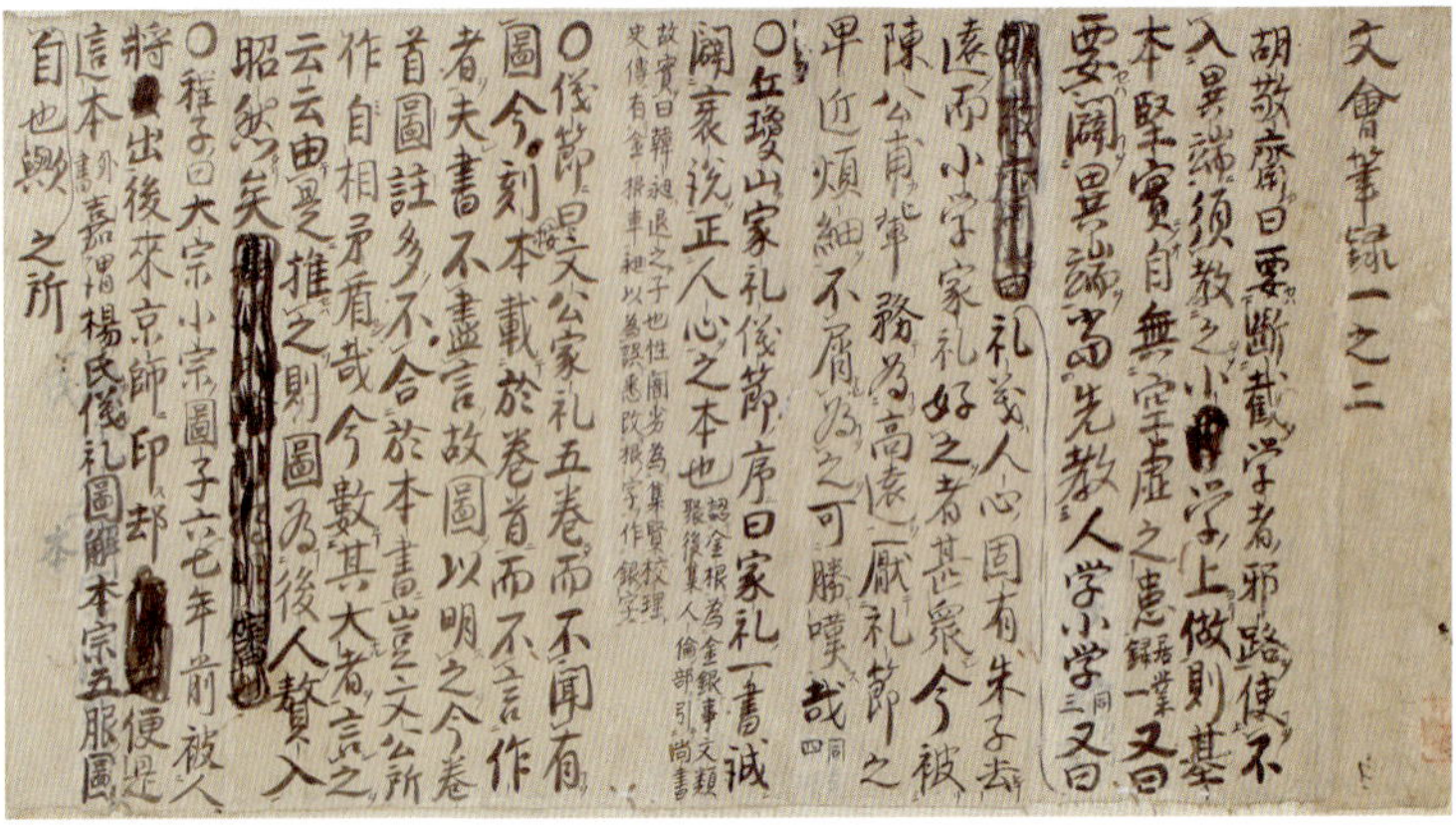

山崎闇斎自筆本「文会筆録一之二」（出雲路家蔵／光楽堂撮影）

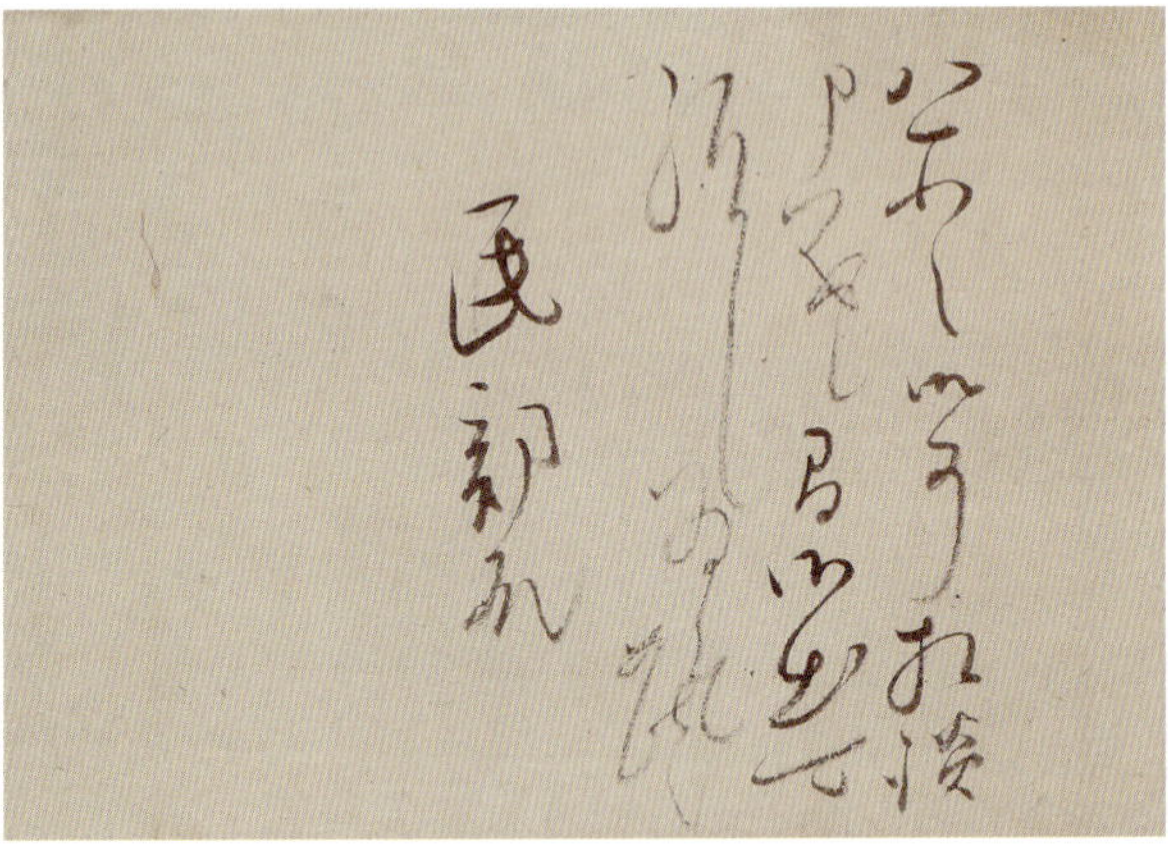

山崎闇斎書状（出雲路家蔵／光楽堂撮影）

はしがき

山崎闇斎《やまざきあんさい》という名前を聞いて、すぐに誰だか分かる人はどれくらいいるだろうか。歴史の教科書で目にした記憶があるという人がほとんどかもしれない。江戸時代前半の儒学者、あるいは神道家だということを知っていればたいしたものだろう。本書は、そうした名前は聞いたことはあるが、よく知らないという闇斎なる人物の伝記である。

江戸時代の前半に活躍した人物だから、それ以前の人々に比べれば資料は残っているのだが、それでも分からないことの方が多い。日記や随想的な書物などはほとんど残っていない。というよりも、おそらく闇斎はそうした類《たぐ》いものはいっさい書かなかったと思われる。そればかりか、書物の中で自説を主張するということもほとんどなかった。このことについては本論の中で具体的に説明するつもりだが、闇斎は、尊敬すべき儒学者の議論を調べ集めた著書を出版したり、散逸していた神道関係の資料を集めて校訂するなど、「述べて作らず」――『論語』に見える孔子の言葉で、それ以前の優れた思想を繰り返すだけで、新しくつけ加えることはしないという意味――という方針をとっていた。こうしたことから、伝記的な事績はもとより、その考えとか思いといったものもなかなか分かりようがないのである。

　ところが、これまで闇斎について書かれたものは、思想史、日本近世の儒学史や神道史といった分野にほぼ限られている。もちろん、文章に書かれていることの中から、ある人物の思考や感情を読み解くことはできる。私自身、思想史という領域を専門としているので、それが可能なことぐらいはよく理解している。ただ、闇斎に関しては、彼自身の行動や周りの人物との関わりなどよりも、彼の思考やそれが持つ意義に対する説明にあまりにも片寄りすぎているという印象がぬぐえない。ひとりの人物がどのように生きたかということよりも、まるでひとつのイデオロギーがいかに成立したかといった内容のものが多いのである。

　思想史的な見地からの叙述といっても、それは日本という領域に限定されていて、東アジアにまで広がってはいない。儒教が中国で成立し、韓国や日本に広がった思想であるにもかかわらず、また闇斎が中国の朱熹《しゅき》、韓国の李滉《イハン》といった儒学者に深い尊敬の念を抱いていたにもかかわらず、である。闇斎が日本の神道に関心を持っていたことは確かであるが、神道そのものが仏教や道教、さらには儒教と密接な関わりをもって発展してきたことを考えれば、神道を対象にしていたからといって、闇斎に関する考察を日本のみに限る必要はないはずである。生身の闇斎はたしかに近世日本という限られた場所に生きたが、彼の思考は古代から連続する東アジアという空間へと飛びたっていたのである。

　本書の目指すところは、近世日本という特定の時空に生きた闇斎が、そこで実際に出会った人々との交流を通じて、また彼が読み解いた書物を通じて、どのようにして東アジアの思想空間へと向かうことができたのか、別な言い方をすれば、いかにして日本を離脱することができたのか、その軌跡を辿《たど》ることにある。

広い意味では思想史に属する領域からの「伝記」ではあるが、従来のように闇斎を日本に縛りつけるような評伝ではなく、もっと自由に「思想の冒険」に挑んでいた闇斎という人物像を描きたいと考えている。本書を読む方々が、こうした意味での「物語」を楽しんでいただければ、著者としてこれほど嬉しいことはない。

山崎闇斎——天人唯一の妙、神明不思議の道　目次

目　次

図版写真一覧

図版写真一覧

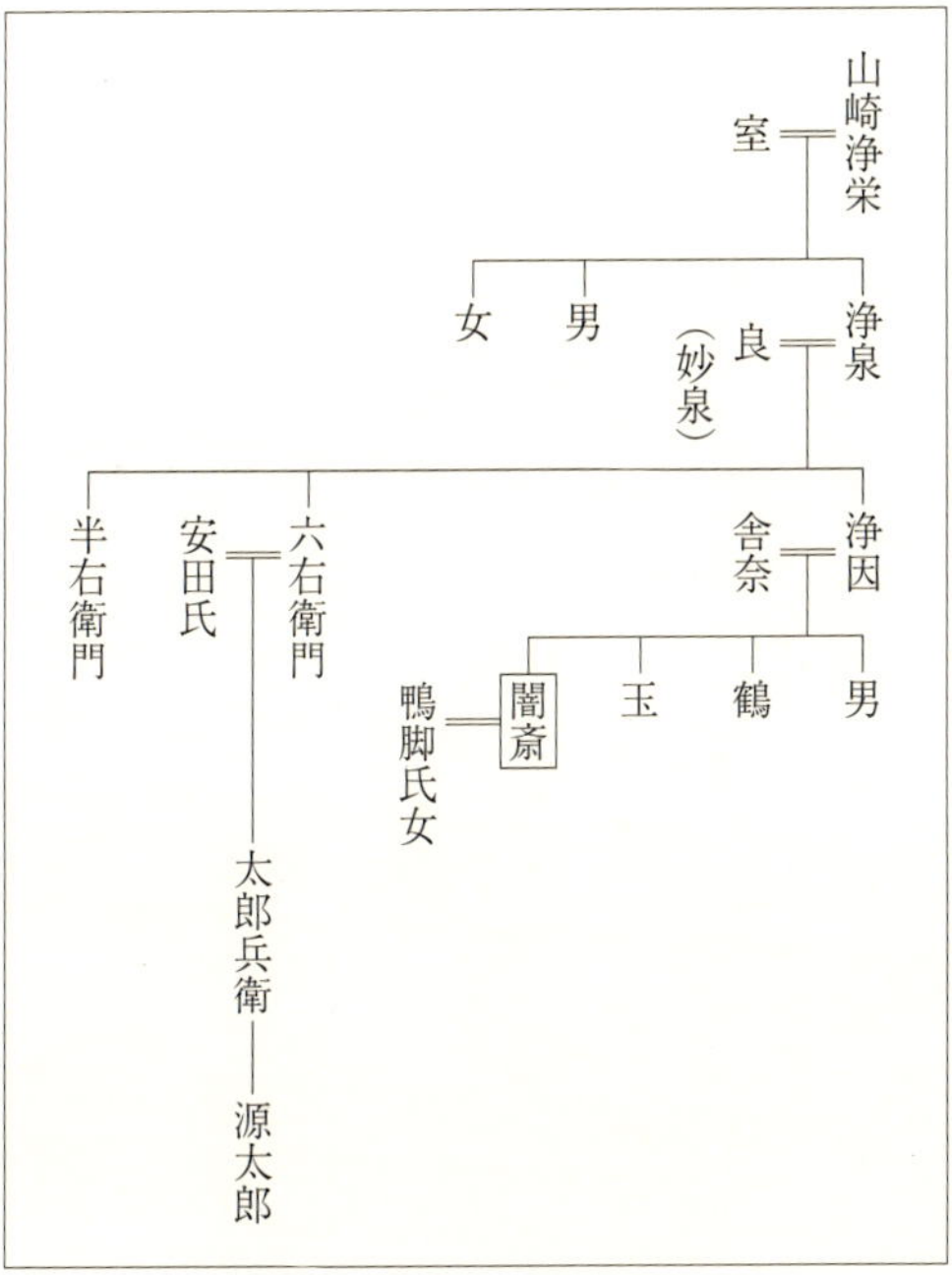

関係系図（『山崎家譜』による）

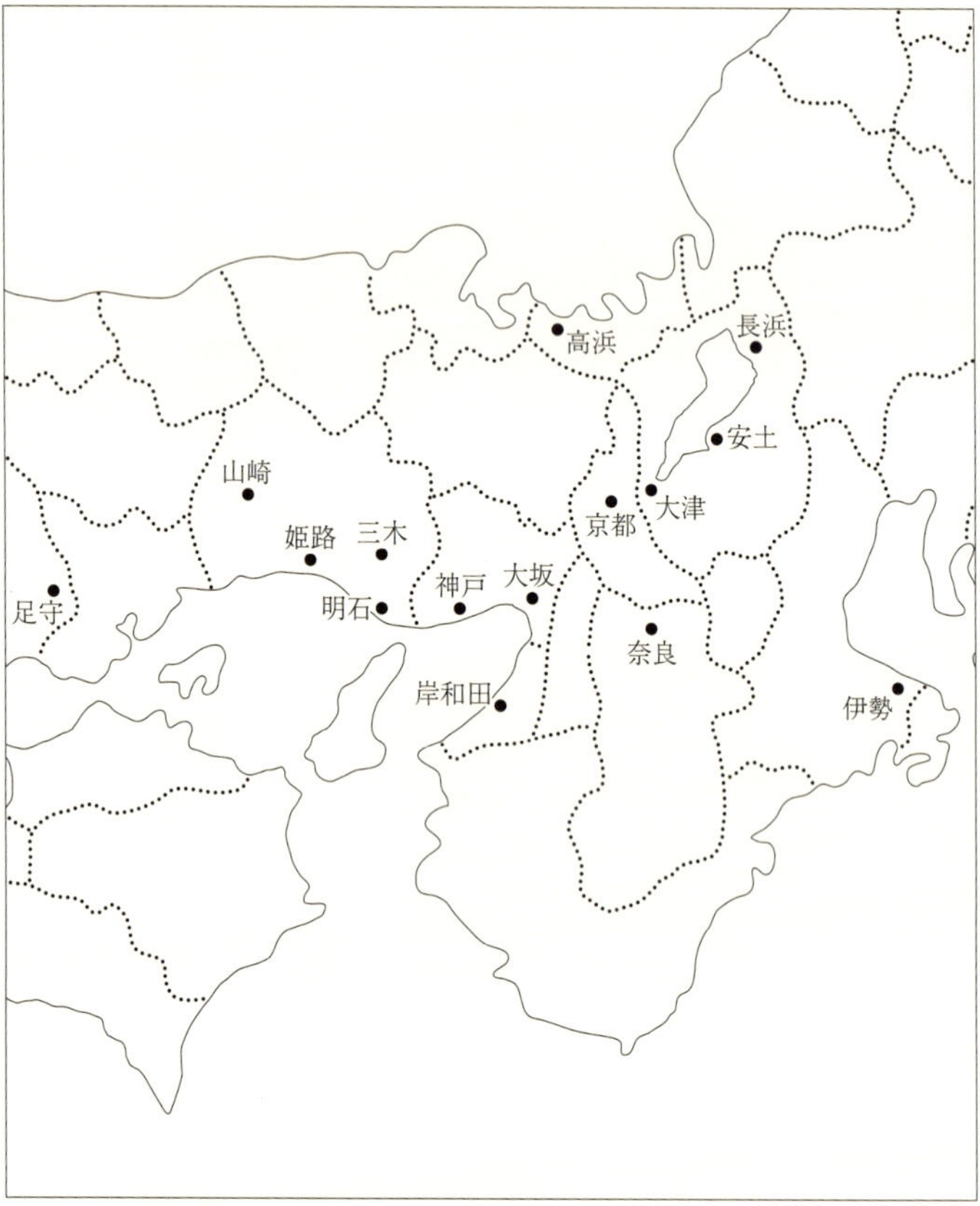

関係地図

序章　近代日本の闇斎評価

山崎闇斎は、元和四年（一六一八）一二月九日の亥の刻、午後一〇時過ぎに生まれた。亡くなったのは天和二年（一六八二）九月一六日の朝のことであり、六五年の生涯であった。幼名を「長吉」、のちに「柯」と名のり、さらに「嘉」と改めている。字《あざな》は「敬義《もりよし》」、号は「闇斎」、「加右衛門」が通称であった。

山崎闇斎とは

本書の表紙に使用した山崎闇斎像は、下御霊《しもごりょう》神社の出雲路《いずもじ》家が所蔵しているものであるが、会津で伝えられてきたものをのちに写し取ったという説明が記されていて、闇斎に関する人物画としては最も出所が確かな一枚である。今回、出雲路家のご厚意で使用することができたが、これを見ると、時期は不明であるが中年以降と見受けられ、無紋ではあるが羽織・袴を着けて、さらに脇差しを帯びた正装姿であり、厳格と評された風貌がよく表されている。それ以前の儒学者、たとえば第一世代にあたる藤原惺窩《せいか》（一五六一～一六一九）や林羅山《はやしらざん》（一五八三～一六五七）などのようにいわゆる儒服を着ている姿ではなく、羽織・袴という和装であるところに、新しい世代の儒学者としての気概を示そうとしたのかもしれない。

闇斎は、生まれた場所も、亡くなった場所も京都で、それぞれの場所はそれほど遠い距離ではなく、ほぼ同じ場所と言ってもよいほどに近いところであったと推測される。したがって、その生涯のほとんどを京都で過ごしたと言えるのだが、ずっとそこに定住していたわけではなかった。

子供の頃、比叡山に修行に出されたことがあったが、これは京都近郊であるから京都に暮らすという範囲内であったかもしれないが、青年期は土佐の高知で僧侶として過ごしている。一九歳から二五歳の頃までの話である。このまま土佐で生涯を過ごす可能性もなかったわけではないが、仏教を捨てて儒教に「転向」するという大きな決断によって、再び京都に戻った。京都で一〇年ほどの雌伏のときを過ごし、三八歳、明暦元年（一六五五）になってみずからの学塾を自宅に開くが、その二年前の冬に結婚をしている。闇斎の結婚生活については不明なところが多いが、子供はいなかったようである。

大きな転機が訪れたのは、万治元年（一六五八）、四一歳の時で、この年の春、闇斎は初めて江戸に出る。これ以降、江戸で幾人かの大名と知りあうことになるが、その一人に会津藩主保科正之《ほしなまさゆき》（一六一一～七二）がいた。正之から高い評価を受けたことから、闇斎はほぼ毎年のように江戸に出向き、ときには会津まで脚をのばすこともあった。京都と江戸の間、すなわち東海道を往復するという生活を、闇斎は正之が亡くなる寛文一二年（一六七二）の冬まで続けている。

およそ一五年間にわたって、一年間のほぼ半分を京都と江戸でそれぞれ過ごすという生活を続けた体力と気力には感服するしかないが、さらに闇斎の場合は、そこに儒教や神道関係の書籍を調べ、編纂して出版するという学究的な仕事もこなしていたわけだから、なおさら驚くしかない。闇斎は多くの書籍を出版しているが、その大半はこうした二重の生活のなかで執筆されたものである。保科正之が亡くなった後は、京都に落ち着き、さらに著作を出版し、多くの門人を教育するなどして過ごしている。しかし、それはけっして余生と呼ぶような隠居生活ではなく、最後まで儒学者・神道家として第一線に立って活動を続けたと言うべきものであった。

闇斎の生涯を簡単にふり返ると、以上のような事績が浮かびあがる。徳川の時代になって平和と安定がもたらされたという環境のなかで、学問と教育にその一生を費やした人物ということになろう。ただしこれは、闇斎という人物の内面に入り込まないで、その行動だけを見た場合の話である。仏教から儒教に「転向」したということはすでに述べたが、儒教では「崎門《きもん》」と呼ばれ、日本化された朱子学の開祖として位置づけられている。

ところが、闇斎は儒教だけでなく、神道にも傾倒して「垂加神道」――「垂加」は「しでます」と読むのが正式であるが、一般には「すいか」と呼びなわされている――という独自の神道を興している。といって、儒教を捨てて神道に「転向」したわけではなく、闇斎のなかではいちおうのバランスは取れていたらしい。「らしい」と表現したのは、これこそが闇斎の門人たちを皮切りに、現在の研究者に至るまで議論が続いている、闇斎という人物をめぐる最大の問題だからである。

闇斎の真骨頂は儒教にあるのか神道にあるのか、あるいはその二つが両立するとして、それはいかなる理由によって可能なのかなどといった疑問が次々にわき上がり、いまだに決着がついていない。闇斎の思想は、近世日本思想史における最大の謎と言えるかもしれない。

そこで、すでにして闇斎の門人たちがそうであったように、近現代の研究者たちも、それぞれに自分が想像し納得した闇斎像をてんでに語ることになる。自分にとって都合のよい資料を持ちだし、都合のよい解釈をする。およそ解釈学的研究なんてそんなものではないか、学問研究と言っても所詮は推測のかたまりにすぎないといった冷めた見方もあるだろう。ある人物の評価が見る人間によって異なるというのはごく普通のことだからである。しかし、闇斎の場合はそれが極端すぎるように思われる。近世日本の儒学者の中でも、闇斎ほどに、時代によって、あるいは研究者によって毀誉褒貶の甚だしい人物はいない。

硬直した朱子学者

たとえば、丸山眞男は『日本政治思想史研究』の中で、彼が高く評価した徂徠学の長所を強調するためであろうが、闇斎の家を訪れた時は獄に下るような気持ちがし、家から出る時には虎口から逃《のが》れる気がしたという高弟の佐藤直方《なおかた》（一六五〇〜一七一九）の発言を引いて、朱子学への盲目的な信奉によって硬直した闇斎の学風を紹介している。

丸山は、徂徠以前の日本儒教の展開を語るに際して闇斎に言及しなければならない理由として、「彼の学説内容に特異なものがあるからではなく、むしろ逆に彼があまりに敬虔な朱子学者であつたために、彼固有の性格も作用して、彼の学風が朱子に内在するリゴリズムを残るくまなく顕示してゐるからである」と述べ、また「殆ど宗教的な崇敬を朱子学に注ぎ、程朱の言説のうち個人修養に資する部分を編纂し（中略）ひたすら之を墨守して峻厳をきはめた訓練を門下に課した」と評している（「第一章　近世儒教の発展における徂徠学の特質並にその国学との関連」）。

つまり、丸山の目に映った闇斎は、独創性がまったく見られず、自らが信奉する朱子学をただひたすらに守るだけであり、しかも自分だけでなく、門人たちにもそれを強要していたという、およそ思想家としては評価に値しない人物であった。それればかりでなく、日本に移入されることによって、朱子学の欠点ばかりが肥大化されたところに闇斎の存在意義があったとまで丸山は酷評しているのである。

もちろん、こうした評価は丸山に始まるのではなく、すでに闇斎の門人たち、正確に言えば闇斎から破門された佐藤直方の発言などを、さらにその門人たちが記録したものによって広まり、江戸時代を通じて定着していった。その代表として、直方の系譜に連なる稲葉黙斎（一七三二～九九）が崎門の人々に関する話をまとめた『先達《せんだつ》遺事』がある。『先達遺事』は、闇斎の日常から思想に関することを知るうえで重要な資料であり、ここに採録された逸話から喚起される厳格な朱子学者というイメージは、闇斎の身近にいた者の見聞録という理由から信頼に足るものと見なされてきた。ただし、他の門人たちの発言などと照らし合わせると、そのすべてを鵜呑みにするわけにはいかないことは明らかである。

一方、崎門以外の人々が記した闇斎の逸話は、かなり誇張されたものも多く、たとえば丸山も著書の中で紹介していたが、那波魯堂《なわろどう》（一七二七～八九）の『学問源流』には「凡そ読む所の書、数種に止まり歴史子書の類は一切読に益なしとて禁之、玩物喪志《がんぶつそうし》の義なりとて文章に力を用ゐず」と、闇斎門下における厳格かつ偏狭な学習状況が語られている。こうした見方は、佐藤直方といった一部の門人たちへと継承された崎門の学風としてはそれほど誤っていないだろうが、闇斎自身の学問形成の軌跡を正確に示したものではない。闇斎は、若い頃だけでなく、終生にわたって明代や朝鮮の儒学者の著作をよく読んで研究しており、とりわけ朝鮮の大儒とされた李滉《イハン》（退渓）に関しては「私淑」と表現してもよいほどにその多くの著作を丹念に読み込んでいた。

闇斎が朱熹の著作だけを、しかもそのごく一部だけを学んでいたという、江戸時代に始まり丸山にまで受け継がれたイメージは、ある意味では朱熹と闇斎を直結させようとする試みとも言え、それはじつは闇斎に大きな影響を与えた朝鮮儒学、とりわけ李滉の「性理学」の影を消すことを目的としたのではないかと疑われるような、イデオロギー操作でもあったのである。

闇斎の厳格さは、江戸時代を通じて若干の揶揄《やゆ》をもって語り伝えられたようで、後期になって原念斎（一七七四～一八二〇）が儒学者たちの逸話をまとめた『先哲叢談』には、門人が「自分は未婚なので、ときとして欲情を押さえられないときがあるが、先生の顔を思い浮かべると、たちまちに引っ込む」と語ったという話が載せられている。そこでは闇斎と門人とが、師弟関係というよりは君臣関係のような感じで結びついていたということ、闇斎が講義をするときは、声は鐘が撞かれたときのように大きく、顔も怒っているかのように険しく、門人たちは誰も顔を挙げて話を聞くことができなかったということが語られ、さらにその証拠としていまとなっては誰だか分からない門人による、この話が紹介されている。

欲情も引っ込むほどの厳しさという表現には、たんに厳格であったという事実を伝える以上の悪意が感じられなくもないが、むしろ後々の江戸時代中期以降に見られる文人サークル的な師弟関係の方が日本的で特殊なあり方だと言えよう。中国や韓国などの教育機関における師弟関係を見ると、君臣や父子のあり方になぞらえてもよいほどの厳格な関係性がむしろ一般的だからである。もちろん文人サークルそのものも中国を起源としていたから、中国はもとより韓国でも発達していたが、それは教育の場ではなく、友人関係としての交遊の場におけるあり方を指していた。

日本では、時間が経つに従って学塾における人間関係も緩やかなものへと変質してゆくが、それに伴って儒学の学習も経書ばかりではなく歴史や詩文へと拡散してゆく。近代になると、荻生徂徠《おぎゅうそらい》（一六六六〜一七二八）の蘐園《けんえん》に対する評価が代表的であるが、近世日本における自由闊達で和気藹々とした師弟関係が学問の進歩、社会の進歩を生みだしたという理解も一般化する。こうしたきわめて日本的な学問の理想像から見ると、闇斎の学風は非日本的で異質なものに見えたに違いない。丸山の、闇斎は朱熹と少しも違わないという評価にはそうした意味合いをも含まれていたと解釈できる。

激烈なナショナリスト

ところが、これとは対照的に闇斎を激烈なナショナリストとして印象づけた、有名な逸話が残されている。これも闇斎門人とされる藤井懶斎《らんさい》（？〜一七〇九）が書いた『閑際筆記』あたりから広まった話のようであるが、闇斎が門人たちに「孔子を主将とし、孟子を副将とする一軍が攻めてきたら、孔孟の道を学ぶ者として、我々はどうしたらよいか」という問いを発し、門人たちが答えに窮していたところ、「身に甲冑を帯び、武器を手にとって戦い、孔孟を捕虜にして、国恩に報いることこそが、孔孟の道の実践だ」と闇斎が喝破したというものである。

島原の乱の記憶が残っている時代であったから、キリシタンを念頭に置いた発言であるとも、明朝に代わって北方の異民族による清朝が成立したことを受けて、元寇のような武力侵略が起きるかもしれないという危惧を前提とした発言であるとも説明されているが、実際のところ、なぜ闇斎がこのような質問を発したのかは不明である。闇斎に直接教えを受けた浅見絅斎《けいさい》（一六五二～一七一二）もこのことに触れているから（「改定中国辨」）、こうした質問を闇斎が発したのは確かであるが、その意図や背景などはよく分からないと言うべきであろう。

しかし、孔孟の道を学ぶことと、孔孟を相手に武器をとって戦い、国恩に報いることとが矛盾しないというところがポイントとなっている以上、儒教は外来のものであるから日本人である自分たちにはふさわしくないとか、あるいは儒教を学ぶと軟弱になるから武士にはふさわしくないといった意見が当時一般にあったことを想像させる。闇斎が儒教を教える対象としていたのが武士身分の人々であったことを考えると、儒教を学んでも武士らしさは失われない、それどころか、かえってそれを強化することができるというメッセージは、闇斎に限らず当時の儒学者たちが儒教を広めるうえできわめて重要だったはずである。

というのは、この話には「おち」らしきものがついてまわり、同じく京都にあって堀川を挟んでライヴァル関係にあった伊藤東涯（一六七〇〜一七三六）に、闇斎の門人が、闇斎を褒めるためにこの話を持ちだしたところ、東涯は微笑みを浮かべながら、「そのようなことはけっして起きないから安心しなさい」と穏やかに述べたというのである。

東涯に関しては、京都の「町衆《まちしゅう》」出身の父仁斎とともに「君子」とか「大人」といったイメージが定着していて、儒教を学ぶことによって得られる人格の高潔さばかりでなく、長いこと都であった京都の優雅さを代表する人物とされている。講義の様子についても、闇斎とは対照的に、きわめて小さな声でぼそぼそと話すので、外の騒音にかき消されて何を言っているのかよく分からなかったという話が伝えられている。また仁斎に関しては、道ですれ違った公家衆がみずから進んで挨拶をしようとしたほどに高徳な人柄に見えたという話が、そして東涯に関しても、お茶屋に引き込まれたが、そこにあった三味線を入れた箱を漢籍を入れる箱と思い込んで感心したという、これはちょっと世俗に疎いところを皮肉る感じもあるが、やはり徳性、人品の高さを示すような話が『先哲叢談』などに載せられている。

こうした京都の文人を代表するような東涯からすれば、「文」ではなく「武」の象徴として孔子や孟子が使われたこと自体が心外であったろうが、それをストレートに表現せずに、穏やかに教え諭すように語ったところに、人物の高潔さが窺われるという話の構成になっている。もちろん逸話であるから、この話がどこまで正確かは分からないが、平和な時代が続いた近世後半になると、この話をもって東涯の学問の方が格上と受けとめられていたことは間違いない。他方、闇斎についてまわるファナティックなまでの過激さというイメージは、この逸話によってさらに強化されていると考えてよい。もちろん国恩に報いるということにも全く意味がないわけではなかっただろうが、近代になってからの評価のように、ただちに尊皇攘夷思想やナショナリズムと結びつけなければならないかと言うと、そうではないだろう。「国」という言葉が指す対象は、日本という「国家」であるよりは、それぞれが所属した「藩」レヴェルである方が当時としては一般的だったからである。京都が天皇の居所であったということを割り引いても、武士身分の人々が「国」と言われて、ただちに思い浮かべるのは自分たちが先祖代々仕えてきた「お家」であり、それを近世中期の徂徠学あたりから「藩屏《はんぺい》」「藩国家」などとしゃれて呼ぶようになったのである。

それが明治期になると、維新という大事業を推進するのに、国学だけでなく儒教も大いに役立ったという意見が出始め、最初は陽明学や水戸学が持ちだされたのだが、やがて幕末維新期に活動した人物たちの中に闇斎学派の系譜に組み入れることができる人々がいたところから、闇斎学をそうした「明治維新」の象徴として捉えるような主張が語られるようになる。

とくに丸山眞男――正確には丸山の師であった南原繁《なんばらしげる》を代表とする「法学部」――とライヴァル関係にあったと言ってもよい「国史学」の平泉澄《ひらいずみきよし》がその代表であった。平泉は東大の学生に対する講義だけでなく、軍部などに対しても「歴史神学」と呼ばれた自説を広める活動を行っており、激動の昭和という時代において布教とも言えるような行動をとる自らの姿を闇斎になぞらえていたふしもある。狂信的とか扇情的と評された平泉の印象が加わって、ますます闇斎のイメージは過激な尊皇思想家、激烈なまでの排外主義的ナショナリストという側面が強められることになった。

平泉の闇斎研究には、闇斎が北畠親房《きたばたけちかふさ》の神道に関わる著作を「発掘」したことの指摘など、現在の研究から見ても参考になることもあるのだが、それを闇斎の「実証的」な研究態度という問題にとどまらせずに、純粋な「日本精神」の継承として謳《うた》いあげてしまったように、自身のイデオロギーを反映させたところが強く見られる。

その理由としては、「崎門」と呼ばれた儒教系の継承者たちが武士身分の人々によって多く構成され、闇斎の学問が武家を代表する学問であるかのような様相を呈していたことにあったのだが、それ以外にも明治維新を達成したイデオロギーと目された諸思想と「思想史」的な系譜を語りやすかったことが関わっていたと思われる。たとえば、水戸学の『大日本史』編纂に携わった者には「崎門」に連なる人々が多くいたし、明治維新に大きく関与したとされる平田篤胤《あつたね》系の復古神道には垂加神道系の継承者たちが多く参加していた。とりわけ生家が神職だったこともあって、闇斎が垂加神道を始めたことに対する平泉の賞賛は絶大であり、それによって有史以来連綿と続く「日本精神」が神道という形式をとって近代に至るまで継承されることになったと評価していた。

以上のような丸山と平泉の闇斎評価は近代における典型的なものであるが、それぞれの評価の元となった話を辿っていくと、闇斎の門人たちへと到達する。

闇斎門人間の争い

闇斎には六〇〇〇人に及ぶ門人がいたと人口に膾炙《かいしゃ》しているが、これは誇張に過ぎるとしても、「崎門」と呼ばれる儒教系の門人のほかに、「垂加神道」と呼ばれる神道系の門人も多数いたことは確かである。なかには浅見絅斎のように、いったんは儒教だけを選んだものの、闇斎没後に神道に目覚めて、その双方を継承しようとした者もいたが、多くは儒教か神道かのどちらかを選択していた。

儒学者としての闇斎を見るか、神道家としての闇斎を見るか、それだけでもイメージに相違が生まれる。それだけでなく、儒教の系統だけを見ても、佐藤直方・浅見絅斎・三宅尚斎《しょうさい》という、「崎門三傑」と称され、近世日本思想史を語る際によく言及される有名人のほか、永田養庵・楢崎正員《ならさきせいいん》・植田玄節・谷秦山といった人々までが、みずから書物に記したり門人に語ったりするなどして、それぞれ自分が見聞した闇斎の姿やその思想についての逸話を残している。神道系でも、上層の公家衆であった正親町公通《おおぎまちきんみち》のほか、下御霊神社神官の出雲路信直、下鴨神社社家の梨木祐之《すけゆき》などといった門人が多くいて、こちらは「秘伝」と称する神道特有の継承の仕方が主であったが、それぞれに闇斎の神道の「神髄」ともいうべき内容を伝えている。

こうした門人たちの活動状況を見ると、儒教と神道の相違だけでなく、それぞれの内部においても「競合」が存在したと考えるべきであろう。彼らが残した資料は貴重なもので、それなくして闇斎について語るのは不可能なのだが、それらの資料をすべてつなぎ合わせても闇斎の「実像」が浮かびあがるものでもない。悪く言えば、それぞれに都合のよい闇斎像を勝手に述べているだけだからである。

「競合」を証明する材料と言えるかもしれない事例に、闇斎の業績を知るうえで重要な著作集が別々の編者によって短い期間に二つも出版されていることを挙げることができる。

一つは、広島の植田玄節が中心となって編纂した『垂加草』で、全三〇巻・附録二巻からなり、享保六年（一七二一）の跋文があり、この頃に出版されたと考えられている。この『垂加草』には、闇斎の詩文の他に、闇斎の生前に出版されていた『遠遊紀行』と『再遊紀行』という詩文集、さらに亡くなった翌年の天和三年（一六八三）に出版されていた『文会筆録《ぶんかいひつろく》』も収められている。もう一つは、跡部良顕《あとべよしあきら》が編纂した『垂加文集』で、正編七巻・続編四巻・拾遺三巻からなっているが、正編の序文は正徳四年（一七一四）に書かれていて、その年に江戸で出版された。ただし、続編以降はその後に編纂されていて、続編が正徳五年に、拾遺は享保九年（一七二四）と、ほぼ一〇年の歳月をかけて出版されている。

植田玄節は、艮背《ごんはい》とも号したが、慶安四年（一六五一）に京都に生まれ、延宝五年（一六七七）から闇斎について儒教を学び、身近に接していた晩年の門人としてよく知られている。闇斎が亡くなる天和二年（一六八二）に儒学者として広島藩に赴き、享保二〇年（一七三五）に没している。闇斎からは儒教を中心に学んだと思われるが、興味深いことに垂加神道に関わる「誓文」を書いていて、神道の「伝授」も受けている。植田によれば、神官出身の門人たちは「つまみ食い」的に一部分だけを用いるかも知れないので、闇斎は念のために、そのすべてを彼に伝えたのだという。もちろん、真偽のほどは定かではない。

一方、跡部良顕は万治元年（一六五八）に生まれ、二五〇〇石取りの旗本であった。儒教・神道に関心を持ち、闇斎の思想に共鳴したが、すでに闇斎が没していたため、闇斎の多くの門人から教えを受けたという経歴の持ち主であった。儒教についてはおもに佐藤直方から教えを受けたが、のちに義絶状態となり、その後正親町公通や渋川春海《しぶかわはるみ》（安井算哲）から神道の伝授を受けている。闇斎の直接の弟子ではなかったこと、京都ではなく江戸を中心に活動したことなどから、闇斎の門人のなかでも特異な存在として当時からよく知られていた。

跡部は教育方法などをめぐって闇斎から直接教えを受けた人々と食い違うことが多く、そこから独自に闇斎の著作をまとめる作業に着手したと考えられている（綱川歩美「垂加神道の出版」）。跡部が闇斎の著作の集大成として『垂加文集』正編・続編を出版したことを受けて、植田が大部の『垂加草』を出版したが、その後に跡部が『垂加文集』拾遺を出版するという、文字通りの「競合」状態がそこに出現していた。

ただし、植田の『垂加草』跋文には、下総の佐倉に住む磯部昌言という、闇斎に「私淑」していた人物の働きかけによって編纂が進められたことが記されている。また跡部の『垂加文集』の編纂には、京都に暮らして八条宮尚仁親王の侍講を務めた桑名松雲や前述の梨木祐之なども協力していたというから、両著の編纂をめぐっては、闇斎の直接の門人と没後の門人との争いといった単純な構図ではなく、神道系の人々を中心に複雑な事情が背景にあったことを窺わせる。

この両著は近代以前の「文集」の慣例に従っていたから、あくまで詩文中心の編集となっている。ただし『垂加文集』の方が既存の「文集」に近く、『垂加草』の方は、従来なら「雑著」に分類されるような『文会筆録』が多くを占めており、これが大きな特色となっている。『文会筆録』は、朱熹やその門人、さらには明代儒学者や朝鮮儒学者の文章を採録した著書の多い闇斎において、その準備のためのメモとも言えるものであったが、ときおり闇斎のコメントも記されていて、闇斎自身の考えを直接知ることができる重要な著作である。

そのほかの儒教関連の著作、とりわけすでに出版されていた作品の多くは、その序文や跋文は収められているものの、本文は未収録のままであったが、それらは近代になって『山崎闇斎全集』（日本古典学会編、正編は一九三六年刊、続編は三七年刊、のちにぺりかん社から一九七八年に復刊された）が編纂される際に収録され、闇斎研究において大きな貢献を果たしてきた。

もっとも、神道関連の資料は近世では「伝授」に関わる秘書に近い扱いとなっていて、せいぜい写本で伝えられればよい方であった。『山崎闇斎全集』に「神代巻風葉集」と「中臣祓風水草」が収録されているほか、戦後になって編纂された『神道大系』所収の「垂加神道」上・下（神道大系編纂会、一九八四年刊）などにそれ以外の資料も収録され、手軽に読めるようになっている。最近の研究によれば、これらとは別に、断簡ではあるが、闇斎直筆の資料も発見されていて（磯前順一・小倉慈司編『近世朝廷と垂加神道』ぺりかん社、二〇〇五年）、闇斎の神道に関する研究はまだまだ発展段階にあると言える。

闇斎に対する俯瞰的な位置づけ

基本的な文献史料に関する状況が以上であることから推測されるように、伝記的資料についてはさらに不十分な状態にある。『垂加草』に収録された闇斎自身による『山崎家譜』が基本資料だが、先に触れた門人やその門人たちによる様々な逸話の伝承が残されている。その中で天保九年（一八三八）に山田慥斎《ぞうさい》が作成した『闇斎先生年譜』（『山崎闇斎全集』所収）は最も信用に足るものとされているのだが、山田自身が注記として「誤伝」を訂正したり、疑問を提示しているように、すでにこの段階で闇斎に関する事跡には不確かなところが多くなっていたことが分かる。

近代になると、『増補 山崎闇斎と其門流』（伝記学会編、明治書房、一九四三年）が、論文集という形式をとりながら、各地に散らばった門人たちに関する情報を提供したが、それに関する原資料については放置されたままであった。明治四五年（一九一二年）に下御霊神社の出雲路通次郎が編集・刊行した『山崎闇斎先生』は、出雲路信直以来の、同神社が所蔵する資料を活字化したもので、闇斎に関する伝記的な資料としては最もまとまったものであったが、「非売品」ということもあって一部の研究者に利用されるに止まっていた。

戦後になって『神道大系』所収の「垂加神道」上・下に闇斎の門人たちの資料も収められ、ようやく基礎となる資料類がかなり入手しやすくなったが、それでもそうした資料をつき合わせて比較検討するといった作業は未だしの観を否めない。神道に関する研究とともに、今後の発展に期待しなければならないだろう。

近代になっての闇斎研究は、その「学統」の継承に関するものが多いが、闇斎そのものに対する研究においても、思想分析が中心となっているのは、上述の事情が反映されているからであろう。先に紹介した平泉の場合は、「日本精神」の継承が明治維新へと到達するという構図であったから、「学統」の継承に関心を向けていたのは当然であるが、丸山も、戦後になって書いた「山崎闇斎と闇斎学派」（『日本思想体系三一　山崎闇斎学派』所収の解説論文）では、闇斎に対する全般的評価をいくぶん修正しながらも、「学派」として存続してきたところに存在意義があるかのように叙述している。

丸山以後は、日本の儒教史や神道史における意義という観点ばかりでなく、中国の朱子学や朝鮮の儒教との関係から闇斎の思想を取り上げた研究が増えているが、やはり闇斎の思想に関する分析が主流である。これらに関しては、巻末の参考文献一覧を参照されたい。もちろん、これらの研究から闇斎の人物像を描くのに大きな示唆は得られるのだが、「伝記」という観点からは物足りないところが残る。

そこで本書では、「内在的分析」といったクローズアップの手法で闇斎を捉えるのではなく、逆に俯瞰的に眺めて、闇斎が生きた当時の日本における社会状況、あるいは中国や朝鮮の儒教の全般的な動向における闇斎の位置を確認するような手法によって闇斎を描いてみたいと考えている。闇斎だけでなく、闇斎と関わりのある人々——たとえば闇斎の父祖と縁のあった人々や、交遊のあった大名や家臣、闇斎と同じ京都に暮らしていた儒学者など——についても取り上げ、そうした人々との関係性の中から闇斎の姿を浮かびあがらせてみたいということである。

また闇斎は、すでに指摘したように宋代・明代の儒教、さらには朝鮮の儒教の動向にも強い関心を抱き、当時において入手可能な限りの書籍を集め、それらを丹念に読み解き、みずからの思想を形成してきた。そこで朱熹や李滉との比較にとどまらず、いわば東アジアにおける儒教の展開という大きな流れの中で闇斎がどのような位置を占めているかについても考察してみたい。

闇斎の事績に関する現存資料が限られているため、闇斎が書いた著作を中心に語るしかないが、そこに書かれている思想の分析よりも、その作品が生まれた経緯や出版事情など、できるかぎり「伝記」に忠実な叙述を心懸けたいと考えている。本書はもちろん筆者による想像の産物に過ぎないが、「伝記」に即するという手法によって、闇斎という人物についての新しいイメージを読者に届けることができたら幸いである。

第一章　山崎家の人々

1　『山崎家譜』

基礎資料としての『山崎家譜』

闇斎の祖先については分かっていることが少ない。それは、闇斎の祖先や家族について語るとき、闇斎自身の手によってまとめられた『山崎家譜』（以下、『家譜』と略す）が唯一の資料だからである。江戸時代に闇斎の学統に連なる人々が、また近代になると多くの研究者たちが闇斎について語っているが、闇斎自身についてはともかく、こと闇斎の家系や祖先に至っては、この『家譜』に基づく以上のことはほとんどないと言ってよいほどである。

そこで本書でも、『家譜』をもとに闇斎の祖先や家族について簡単に紹介することにしたい。闇斎自身の経歴に関しては、天保九年（一八三八）に山田慥斎《ぞうさい》が先行資料などを調べ直して作成した『闇斎先生年譜』（以下、『闇斎年譜』と略す）が一番正確だとされているので、他の資料に比べるとやや時代が下ることになるが、それを参照しながら述べることにする。また、その他にも闇斎の門人が思い出を語った資料など、江戸時代に書かれた闇斎関連の記事や近現代における諸先学の研究成果も適宜織り込みながら述べていきたい。

ところで、この『家譜』は、前章で紹介した『垂加草』巻三〇に収録されているが、曾祖父母に関する記事から始まり、寛文一三年（一六七三）――この年九月に改元されて延宝元年となるが、『家譜』の書き方に従う――、闇斎五三歳までの出来事が記載されている。つまり、闇斎の全生涯ではなく、この年の正月に京都を発って前会津藩主保科正之《ほしなまさゆき》の葬儀に参加し、六月に再び京都に戻ったところで終わっているということになる。

そこで『家譜』をよく見ると、曾祖父の話に始まって、慶安五年――これも九月に改元されて承応となる――の夏五月、父の誕生日に文章を記したという記事があり、圏点の後に承応二年（一六五三）の闇斎の婚姻が書かれ、その後は改元ごとに圏点が置かれて、明暦元年（一六五五）の講義開始の記事から、先に述べた保科正之の葬儀までが年を追って書かれるという構成になっている。

こうしたことから、承応元年までが狭義の『家譜』で、それ以降は闇斎自身か、その近くにいた人物によって闇斎の活動記録が追加されたと考えてよい。また『家譜』の家族に関する記事には生没年月日などが注記されているが、これについては、保科正之の葬儀に関する記事が書かれた後に加えられたことがすでに先学の研究によって明らかにされている（谷省吾『垂加神道の成立と研究』）。それによれば、注記はその後も数度かの増補が行われたが、延宝二年（一六七四）の父浄因の死亡日を加えたのが最後だろうということである。

『山崎家譜』作成の意図

では、この『家譜』は何のために書かれたのだろうか。狭義の『家譜』が承応元年（一六五二）にまとめられたことについて、『朱子《しゅし》家礼《かれい》』に基づく祖先祭祀を実践したという記事が最後に挙げられて、しかも父親の誕生日に記したと書かれていることから、これまでは闇斎の「孝心」と結びつけて解釈されてきた。儒教では祖先祭祀を「孝」の最も重要な実践としているからである。そうした可能性もあるだろうが、ごくごく常識的に考えて、翌承応二年一二月に行われた闇斎の婚姻に関わるものと考えた方がよいように思われる。闇斎に「孝心」がなかったというのではなく、あくまでもより「現実的」な理由が『家譜』の成立の背後にあったと言いたいのである。

『家譜』の成立から闇斎の結婚まで一年半経過していて、少し間延びしているように見えるが、承応二年六月に闇斎の姪《めい》が亡くなるという不幸があり、それが理由で結婚が遅れたことは十分に考えられるから、『家譜』の作成から結婚まではそれほど時期が隔たっているわけではない。この姪については、同じ家か、すぐ近くで暮らしていて、闇斎はとても可愛がっていたようであるが、一六歳で亡くなり、その際に朱子家礼に従って埋葬したことが、闇斎の「甥女小三墓誌銘」（『垂加草』二八）に書かれている。服喪《ふくそう》も朱子家礼に従ったどうかは不明であるが、当時の習慣に従って、それなりの期間が取られたのではないだろうか。とりわけ、この場合は、相手の家が「けがれ」をことのほか嫌う神社関係者——下鴨神社社家の鴨脚《いちょう》氏——であったから、結婚式が一定期間遅くなったことも十分に予想されよう。

とりたてて確証があるわけではないのだが、狭義の『家譜』の記述から判断すると、結婚の仲立ちか相手の家に示すために用意されたものだったのではないかと推測される。現在でも「釣書」とか「身上書」と呼ばれているもののなかに「家族書」や「家系図」を含めることがあるから、闇斎個人だけでなく、一族に関わる情報を提供するために狭義の『家譜』が作られたと考えても、あながち間違ってはいないだろう。

ただし、闇斎の結婚そのものについては、相手の鴨脚氏などについて説明する必要もあるので、あとで述べることにしたい。闇斎の出家や還俗《げんぞく》といった事績が『家譜』からいっさい漏れていることからも、闇斎に関わる出来事をすべて網羅するのではなく、「必要な」事項のみを記していることが分かる。そして、その理由を闇斎の結婚問題から考えること、とりわけ婚姻相手との関係性において問題になりそうなことを取り除き、都合のよいところだけを書き記したと考えるべきではないだろうか。

狭義の『家譜』がそうした来歴をもっていたにしても、ある時期からそれを利用して、闇斎個人の来歴を記すものへと「転用」が図られた。それが広義の『家譜』ということになるが、そこでの問題は、承応以降の記事が、なぜ寛文一三年で、しかも保科正之の葬儀に関わる記事で終わっているのかということである。山田慥斎の『闇斎年譜』には、保科正之が亡くなったあと、闇斎は京都に隠棲して、門人を教えるのに専念していたと書かれている。正之の死去によって会津藩との関係も途切れ、闇斎の「公的」な活動がそこで終わったという理由から、闇斎の「記録」もそれをもって終了としたということかもしれない。そうであれば、『家譜』と言いつつも、闇斎の社会的な活動記録を残しておきたいという意識によるものだと言えるだろう。

ただし、『家譜』に記載されている承応以降の記事も、それ以前ほどではないにしても、闇斎の個人史における出来事のなかからかなり限定して採録されているように見えるから、その意図については、これからもさらに検討を加える必要が残されているだろう。

2 闇斎の祖先と家族

『山崎家譜』に登場する人々

『家譜』に記載されている闇斎の祖先について話を戻すと、曾祖父の浄栄が最初であり、それ以前についてはいっさい触れられていない。以下、『家譜』に登場する主要な人物について、経歴などを簡単に紹介しておこう。

曾祖父　浄栄　一三日没　播磨国の人

曾祖母　名前不詳　慶長一四年（一六〇九）八月六日　播磨国三木で没す

祖父　浄泉（又四郎あるいは又左衛門と称す）

弘治三年（一五五七）　播磨国宍粟《しそう》郡山崎村に生まれる

寛永元年（一六二四）一一月二二日　京都に没す　六八歳

祖母　妙泉（多治比氏出身、良と称す）

父　永禄五年（一五六二）九月九日　摂津国西生《にしなり》郡中嶋村に生まれる
　　寛永一七年（一六四〇）一月九日　京都に没す　七九歳
　　浄因（幼名長吉、清三郎・清兵衛・清右衛門あるいは三右衛門と称す）

母　天正一五年（一五八七）五月四日　和泉国岸和田に生まれる
　　延宝二年（一六七四）一〇月二一日　京都に没す　八八歳
　　舎奈（佐久間氏出身）

叔父　天正九年（一五八一）一〇月　近江国安比路に生まれる
　　寛文一一年（一六七一）二月二一日　京都に没す　九一歳
　　六右衛門（小字六蔵）

叔父　文禄四年（一五九五）六月一〇日　播磨国姫路に生まれる
　　寛永八年（一六三一）一二月五日　京都に没す　三七歳
　　半右衛門（最初は八右衛門と称す、一覚居士）

　　慶長四年（一五九九）一月三〇日　摂津国大坂に生まれる
　　寛永二〇年（一六四三）四月一八日　京都に没す　四五歳

姉　鶴
　　慶長二〇年（一六一五）五月九日　京都に生まれる
　　寛文一〇年（一六七〇）六月二二日　京都に没す　五六歳

姉　　玉

元和三年（一六一七）三月一日　京都に生まれる
寛文四年（一六六四）閏五月一一日　京都に没す　四八歳

闇斎　幼名長吉、清兵衛のち加右衛門と称す
元和四年（一六一八）一二月九日　京都に生まれる
天和二年（一六八二）九月一六日　京都に没す　六五歳

播磨国・山崎村出身の一族

曾祖父は播州の人で、浄栄という法号を名乗っていたこと、命日が一三日であったこと以外は不明である。妻――名前は不明だが、慶長一四年（一六〇九）に播州・三木で亡くなったとある――との間に二男一女をもうけたが、「子供は皆、幼くして「孤」となった」と書かれているところを見ると、浄栄の方は早くに死去していたと思われる。残された家族は親類縁者の助けを得て生活していたのかもしれない。長男は又四郎あるいは又左衛門と呼ばれ、浄泉という法号を持っているが、この人物が闇斎の祖父になる（以下、浄泉と呼ぶ）。次男は夭折し、季女は慶長年間に摂津・大坂で亡くなったと『家譜』にある。

浄泉は弘治三年（一五五七）に播州宍粟郡山崎村に生まれ、二四歳のとき、木下肥後守家定《いえさだ》（一五四三～一六〇八）に仕えたが、家定の死去に伴って牢人となり、その後は京都で暮らし、寛永元年（一六二四）に六八歳で没している。山崎という姓は浄泉が山崎村に生まれたことに関わりがあると推測さ

闇斎神社（兵庫県宍粟市山崎町鹿沢）

れるが、それを証拠立てるような資料はいっさい残されていない。妻は名を「良（やゝ）」と言い、妙泉という法号をもっていた（以下、妙泉と呼ぶ）。寛永一七年（一六四〇）七九歳で京都に没しているが、二人の間には三人の男子があった。

浄泉の長男が闇斎の父にあたるが、天正一五年（一五八七）に泉州・岸和田に生まれた。闇斎の父は清三郎・清兵衛・清右衛門、あるいは三右衛門と呼ばれ、晩年には浄因という法号を名乗った（以下、浄因と呼ぶ）。浄因は、その父である浄泉と同じく木下家定に仕え、家定没後は子の利房《としふさ》（一五七三〜一六三七）に仕えていたが、四七歳のときに致仕し、延宝二年（一六七四）に八八歳の高齢で京都で亡くなっている。

闇斎の母は、名前を舎奈（「しゃな」あるいは「さな」）、といい、佐久間氏の娘であるという以外は、よく分からない。天正九年（一五八一）に近江の安比路に生まれているから、夫の浄因よりも六歳年上である。闇斎の母も長命で、寛文一一年（一六七一）、九一歳で京都で没している。浄因と舎奈の間には二男二女がいたが、最初に生まれた長男は夭折し、その後「鶴」と「玉」という二人の娘が生まれ、最後に生まれた男子が闇斎である。元和四年（一六一八）一二月九日、父の浄因が三二歳、母の舎奈が三八歳のときの子供であった。

『家譜』には、母が比叡の坂下の社（日吉大社）に参詣し、鳥居の前で一人の翁から梅の枝一枝を授けられ、それを左の袖に入れて持ち帰ったという夢を見、その後闇斎を身籠もったという話が紹介されている。この話は闇斎にとって非常に大きな意味を持っていたらしく、後年になって垂加神道を始めた際、祠に納めた鏡の裏にわざわざこの様子を描いた図を彫らせたと伝えられている。母の舎奈が近江の生まれであったことが日吉《ひえ》大社の夢を見たということに何かしら関係があるようにも思えるが、『家譜』に見える「安比路」という地名が特定できないうえに、出身の佐久間氏についても、浄因が仕えていた木下家が豊臣の家臣であったことを考えると、尾張・佐久間氏――佐久間盛次の四男勝之が、慶長年間に近江国山路（現・滋賀県東近江市山路町）に所領を持っていた――との関わりも想定されるが、詳しいことは分からない。

日吉大社（滋賀県大津市坂本）

いずれにしても、日吉大社に関する夢見の逸話は、長男がすでに亡くなっていたこともあり、闇斎がそれだけ望まれた子供、跡継ぎたる男子であったということと深く結びついているだろう。ただ夢見については、母親ばかりでなく父親も、また闇斎自身も重要な啓示を夢のなかで受けたという逸話が残されており、これらについてはのちに紹介するが、闇斎の思想、とりわけ宗教との関わりを考えるうえで注目される。

なお『家譜』によると、寛文九年（一六六九）冬に、朝廷の絵所預職に就いていた土佐光起《みつおき》（一六一七～九一）に父母の肖像を描いてもらったとある。土佐光起は、堺に生まれ、寛永一一年に父の光則とともに京都に移り住み、承応三年（一六五四）に朝廷の絵所預職に任命され、土佐派を再興した人物としてよく知られている。従来の土佐派の主流であった大和絵にあきたらず、狩野派や宋元画を学んで克明な写生描法を取り入れ、新しい土佐派の様式を確立したと評されている。

口絵に掲載した浄因と舎奈を描いた作品――これは現在、下御霊神社の出雲路家が所蔵している――は、絹地に彩色が施されたものであるが、夫婦が向かいあう形で描かれていて、この時代の肖像画でも、こうした夫婦が描かれたものは珍しいと聞く。この作品が、美術史的な見地からどれほどの価値があるのか、専門外のことなので、はっきりとしたことは言えないが、克明な写生画でありながらも、色づかいなどから優美な雰囲気が漂っているように思われる。

描かれた年代から、浄因が八三歳、舎奈が八九歳であったことが分かるが、二人とも老齢でありながらも、なおも矍鑠《かくしゃく》としている姿がきちんと描かれている。浄因は、揚羽蝶《あげはちょう》の紋が入った羽織と袴姿、さらには帯刀した姿で描かれていて、元来は武士であったという矜持を窺うことができる。ただし、なぜ揚羽蝶の紋をつけているのか、詳しいことは分からない。揚羽蝶の紋はおもに桓武平氏系で使用されているが、山崎家がそうした家系に連なっていたかどうかは不明である。舎奈の方は、上着で半分ほど隠されているが、彩りのきれいな着物を身につけている。しかも猫を抱いていて、そのゆえか、ほほえましい雰囲気が漂っている。江戸時代前半までは、猫は貴重とされていたという話もあるので、それ相応の贅沢をしていたことを示しているのかもしれない。

この絵に闇斎は「乾父坤母、一視同仁、家君寿影、於我尤親」という賛を加えている。絵に比べると小さな字であるが、しっかりとした楷書で丁寧に書かれていて、そこから闇斎の両親に対する敬意を知ることができる。「乾父坤母」は、張載《ちょうさい》（横渠）の「西銘」に見える語で、人間はすべて天地の気を受けて生まれてきたことを指す。「一視同仁」は韓愈《かんゆ》の「原人」に見える語で、天がすべてを差別することなく平等に慈しむことの意で、天子などの理想的な心のあり方を指す言葉である。「家君」とは一家の長であるが、自分の父を指す言葉でもある。そこで、全体の意味は、父浄因を、慈愛に満ち、万物を育む「天」になぞらえ――直接言及はないが、母の舎奈は当然「地」の働きになぞらえられる――、彼らが与えてくれた親愛の情をその描かれた姿から親しく知ることができるという内容になる。

家族と浄土宗との関わり

ところで、闇斎の父祖の名を浄泉とか浄因といった法号で紹介していることから分かるように、闇斎の祖父母と父はともに浄土宗の信者であった。曾祖父も浄栄という法号で呼ばれていたからには浄土宗の信徒であったと思われるが、それがどこまでさかのぼれるかは『家譜』に書かれていないので分からない。祖父の浄泉と祖母の妙泉はともに京都で没し、知恩寺に埋葬されている。

この知恩寺は、現在「百万遍知恩寺」とか、たんに「百万遍」とだけ呼ばれて京都の人々に親しまれているが、この頃は鴨川の西、御所に近い土御門（寺町通り荒神口上ル）にあったと伝えられている。それが寛文二年（一六六二）に、鴨川の東側、現在の場所に移転するが、『家譜』には翌年の寛文三年二月六日に「黒谷山《くろたに》」に改葬したと書かれていて、おそらく知恩寺の移転と何らかの関わりがあったと思われる。またこの時期は「宗門改め」に関わる制度が整備されていた時期でもあり、いわゆる檀家制度も確立されつつあったから、これらのことも背景にあるのかもしれない。

父の浄因と母の舎奈、さらに闇斎に先立って亡くなった二人の姉は、京都の黒谷（正確には新黒谷）の金戒光明寺に埋葬されている。ただ『家譜』を見るかぎり、闇斎が金戒光明寺に関わるのは、寛文三年、知恩寺に埋葬されていた祖父母を改葬したときが最初のようである。その後、寛文四年に次姉の「玉」が亡くなり、寛文一〇年に長姉の「鶴」、翌一一年には母が相次いで亡くなり、全員が黒谷に葬られている。闇斎の父が亡くなるのは、先にも述べたが、延宝二年（一六七四）のことで、やはり黒谷に埋葬された。

じつは闇斎自身も黒谷に埋葬され、現在では祖父母や父母と区画を共にする形で墓が建てられているが、明治四〇年（一九〇七）の闇斎追贈に際して墓所の改修が行われていた。またそれ以前にも江戸中期の宝暦一二年（一七六二）に崎門の諸子二四〇名以上が結集して、墓を屋根つきの建物で保護したり、石玉垣を倍加するなどといった大改修が行われていて、闇斎没後当時がどうであったか、いまとなっては確認しようがない。

さらに言うと、闇斎が黒谷の金戒光明寺とどのようにして関わりを持つようになったかについてもよく分かっていない。墓所を入手するに際しても、それなりの「つて」が必要であったと思われるが、それに関する情報は『家譜』にも他の資料にもいっさい書かれていない。移転に伴う知恩寺からの紹介とも考えられるが、はたしてその程度のつき合いだけだったのか、あるいはなんらかの人的交流が介在していたのか、謎に包まれたままである。

闇斎と仏教的習俗

ところで、闇斎が黒谷に墓所を入手した時期は四〇代半ばのことであり、父母を埋葬したのは晩年にあたる。その頃はすでに儒学者として名声を得ていて、さらに会津藩主保科正之に招かれたことを契機として吉川神道を知り、さらに垂加号を授けられて垂加神道を確立した時期でもあった。従来から儒教と神道の関係をどう考えるかは闇斎の学問・思想を考えるうえで大きな問題とされてきたが、仏教との関係ももう少し考える必要があるだろう。

もちろん、いったんは僧侶になったものの、儒学を知ってから仏教を厳しく排斥した闇斎であるから、仏教を信仰していたという話ではないのだが、当時の仏教的な習俗とどのように向かいあっていたのかという問題は残っている。儒教を、あるいは神道を信奉しながら、権力や世間との関係から不承不承ながら仏教式の葬儀を行ったという近世日本の儒学者の事例は多くある。そうした事情を考慮すると、祖父や父が信じていた浄土宗をどのように闇斎が考えていたのか、もう少し考える余地があるように思われる。

闇斎自身の葬儀については、仏教式の葬儀を避けるために門人たちに指示して、遺骸そのものは前

浄泉墓

闇斎墓域（金戒光明寺墓地）

浄因墓

闇斎墓

金戒光明寺　闇斎墓域見取図

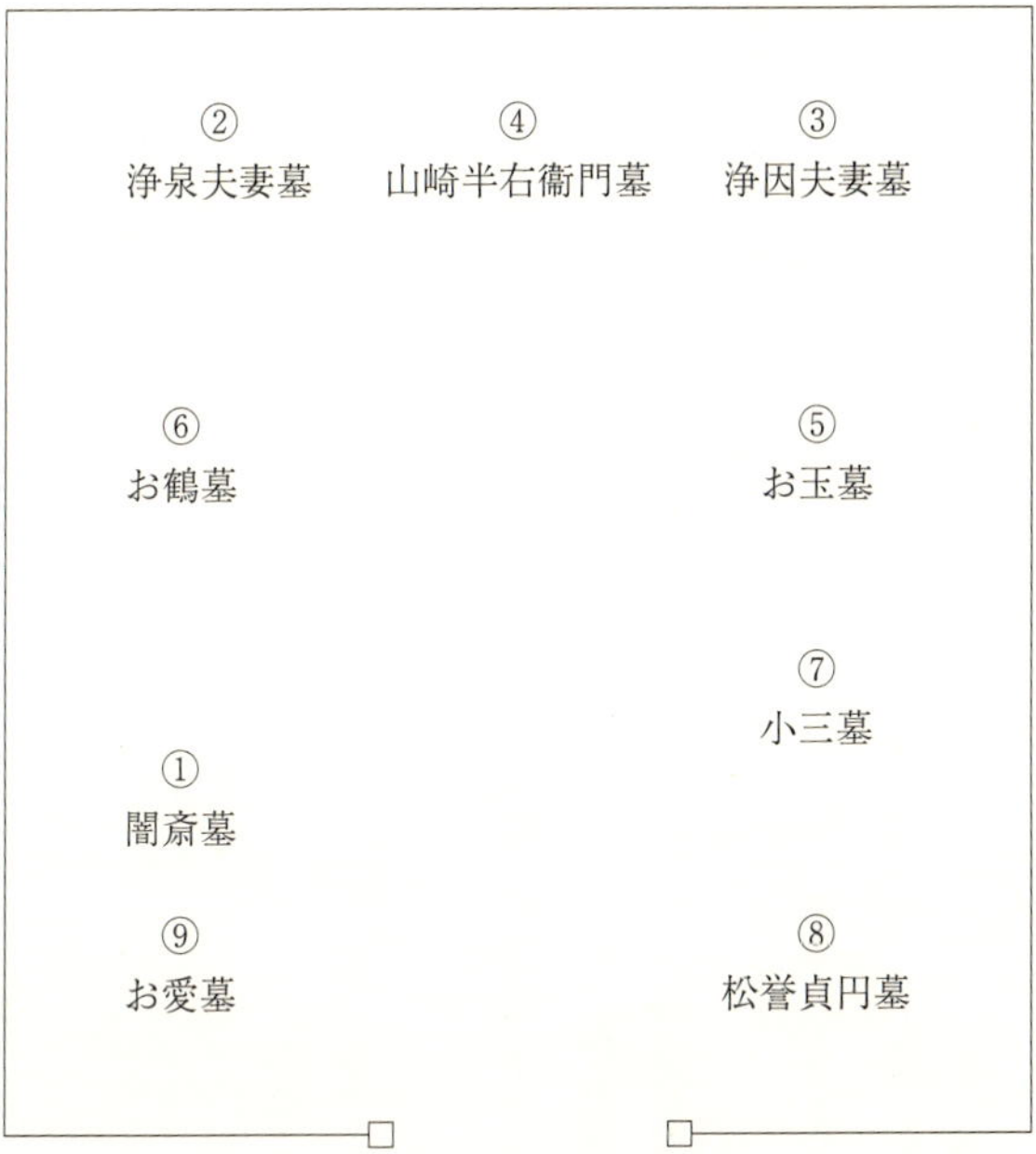

①見室宗利　山崎嘉右衛門敬義之墓
②山崎浄泉処士之墓　妻多治比氏祔　闇斎先生之祖考妣
③山崎浄因処士之墓　妻佐久間氏祔　闇斎先生之考妣
④山崎半右衛門一覚居士
⑤於玉娘之墓
⑥芳山松貞大姉　於鶴娘之墓
⑦小三娘之墓
⑧松誉貞円之墓
⑨於愛娘之墓

夜に密かに埋葬し、空の棺を用いて形式的な儀式を執り行ったと伝えられている。また近親者の埋葬についても、母の葬儀に際してという説と父の葬儀に際してだったという説とが伝えられているが、僧侶が「国法」を盾に仏教式の葬儀を強要したのに対して、ただちに江戸に出て寺社奉行に訴えると闇斎が一喝したため、僧侶も折れて、結局のところ形式的なものに落ち着いたという話が残されている。

もちろん、それ以前に闇斎は『朱子家礼』に従った祖先祭祀を行っていたし、のちにはそれらの「神主《しんしゅ》」を焼いたうえで、垂加霊社であわせて祭祀を行うようにしたという話も伝えられている（『秦山集』）。

これらの逸話によれば、闇斎と仏教との関係は形式的なものだと言ってよい。ただし、父母や姉妹の埋葬だけでなく、祖父母を改葬することについても、かりに知恩寺からの墓所変更という要請ばかりでなく、肉親や親族からの強い要望があったという理由を勘案したとしても、そこには闇斎自身の判断が大きく関わっていたと考えなければならない。

のちに触れることになるが、世俗の慣習に従って儒学者でありながらも剃髪《ていはつ》をして幕府に仕えた林羅山を厳しく批判したのは、他ならぬ闇斎であった。世俗の慣習だからという「方便」は、闇斎の場合、自分自身の生き方にまではねかえってくる問題だったはずである。それゆえ闇斎における「信仰」の問題は、仏教や神道、さらには儒教という区別を厳密にしようとする現在の私たちの理解とは異なる様相をとっていた可能性がある。そして、それはひとり闇斎にとどまらず当時の日本人全体に共通する問題であったと考えてよいだろう。

三社託宣

さらにこうした闇斎の「習合」的な信仰のあり方に関わる逸話が残されている。それは闇斎の父がその父、すなわち闇斎の祖父の浄泉について語った思い出話である。浄泉は古筆の「三社託宣」を若い頃から大切に持っていて、それに拝する時は、羽織袴に着替え、手を洗い口を漱《すす》いで身を清めていた。また託宣の文言《もんごん》を朝晩に唱えていたという。

三社託宣とは、中央に天照大神、左右に八幡大菩薩と春日大明神を配し、それぞれの下に警句的な文章が記されたものである。天照大神の下には、

> 計りごとは目先の利益を得るかもしれないが、必ず神明の罰が下り、正直は一時的には利益をもたらさないが、最後には日月からの慈悲を蒙る（謀計雖為眼前利潤、必当神明罰、正直雖非一旦依怙、終蒙日月憐）

という文言、八幡大菩薩の下には、

> 鉄の玉を食らわされるとしても、心が汚れた人物からの物は受けるな、銅のほむらの上に座らされたとしても、心が穢れた人の下には行くな（雖為食鉄丸、不受心汚人物、雖為座銅焰、不到心穢人処）

という文言、さらに春日大明神の下には、

無数のしめ縄に導かれたにしても道理に反するところに向かうな、父母の喪を丁重に行うにしても、慈悲心のあるところに心を向けよ（雖曳千日注連、不到邪見家、雖為重服深厚、可赴慈悲室）

という文言がそれぞれに附されている。

いずれも神への信心から生じる正しい心を保持すること、目先の利益にとらわれずに正直に生きることの大切さが説かれていた。浄泉はこの「三社託宣」を軸装したものを大切に保持し、家族などがみだりに手を触れることを許さなかったという。さらに託宣の文言を自身が唱えるだけでなく、子供たちにも暗誦させていたという。やがてこの軸装は父を経て孫の闇斎へと伝えられた。臨終に際して闇斎は、次の間の床に掛けられていた「三社託宣」を巻き納めるように命じたという話が残されていて（『闇斎先生易簀訃状』）、闇斎がつね日頃からこれを崇拝していた可能性は高い。

「三社託宣」は、室町時代に両部《りょうぶ》神道において作られ、江戸時代には吉田神道に関わる人々によって流布されていたものであるから、そうした経緯を考えると、祖父の浄泉が所持していたとしても、そのこと自体はそれほど特殊なことではない。むしろ、その当時におけるありふれた民間信仰といってよいだろう。重要なのは、闇斎がこうした民間信仰のたぐいを忌避するような態度をまったく示していないことにある。

ともすれば「狂信的」とも言えるような儒教への傾倒と仏教批判が伝えられている闇斎であるが、実際には仏教を含めた同時代の「習合」的な信仰の中にいたと考えられる。後年になって闇斎は何度も伊勢神宮と八幡大社に参拝しているが、そこには神道に関する研究を深めるためという個人的な目的だけでなく、幼い頃から親しんだ神々を直接参拝するという動機もあったかもしれない。年老いた両親や姉たちを同道しての参拝も多いからである。

また『家譜』には万治四年（一六六一）のことと記されているが、江戸に出かける途中に滋賀の多《た》賀《が》大社に参拝している。ここはイザナキ・イザナミを祀った神社としてよく知られているから、闇斎の記紀神話に対する知的関心から生まれた参拝だったかもしれないが、一方では長寿祈願の俗信という面からも人々の信仰を集めていて、むしろ当時はこちらの方が有名だったと思われる。そうであれば、闇斎の参拝も、父母の長命を願っての参詣か、あるいは自らの研究とあわせての参拝だったとも考えられる。

祖父が亡くなったのは寛永元年（一六二四）京都においてであったから、闇斎が六、七歳前後のことである。幼い闇斎が、「三社託宣」を大切に尊崇し、それを毎日のように唱えるという祖父の日常的な行為を目にしていた可能性は非常に高い。父の浄因もまたこの「三社託宣」を大切に継承していたらしく、父（浄泉）からの厳命としてその文言《もんごん》を暗誦させられていたことを闇斎に語っている。浄因にとって「三社託宣」は「山崎家」伝来の信仰として意識されるものになっていたと考えられ、それゆえ自分もまた子の闇斎に伝えようとした思われる。

闇斎自身については、さきほど紹介した臨終における逸話だけで、日常的にその文言《もんごん》を唱えていたかどうかなどについてはよく分かっていない。しかし、そうした闇斎個人の意識や体験がどうであったかに関わらず、闇斎の家族において、浄土宗のほかに「三社託宣」という神仏習合的な民間信仰が存在していたことは注目しておく必要がある。いままでは、これらの問題を闇斎の強い「孝心」の現れとして解釈すること、すなわち祖父や父の世俗的な信仰を儒教的「孝」の実践として闇斎が受け入れていたと説明することで何とか済ませてきたが、問題はもっと奥深いという気がしてならない。

3　祖父・父と木下家

以上のほかに闇斎の家族に関する話としては、やはり祖父浄泉に関わる話だが、武への志が高く、「正直」な人であったと語り伝えられている。

祖父浄泉と木下家定

この祖父が木下家定（一五四三〜一六〇八）に仕え、また父の浄因が家定・利房二代にわたって仕えていたという話はすでに紹介したが、家定は秀吉の正室高台院《こうだいいん》（一五四七？〜一六二四）の兄——弟という説もある——で、秀吉に重用されて、秀吉が大坂を拠点とするようになってからは、姫路城主を務めた人物である。秀吉からは、武人としての能力よりも、実務的な手腕を買われていたと伝えられている。関ヶ原の戦いでは高台院の助言に従って西軍・東軍どちらにもつかず、その功績によって徳川家康から備中・足守藩二万五千石を与えられた。姫路時代も二万五千石だったと伝えられているから、実質的にはなんの咎めも受けなかったということになる。

その子供に、のちに木下長嘯子《ちょうしょうし》として知られる長男の勝俊《かつとし》（一五六九〜一六四九）、実質的に家督を相続した次男の利房（一五七三〜一六三七）、さらに秀吉の養子となった小早川秀秋（一五八二〜一六〇二）など、多くの子供がいた。また家定は「法印浄英」という僧位を持っていて、闇斎の祖父や父の法号も、主君との関係によるものだったという推測も成り立つ。もっとも家定の墓所は、子供の一人に周南紹叔がいたこともあって、禅宗の建仁寺に設けられているので、家定と浄土宗との関わりはいま一つ明らかではない。

長男の勝俊は、父とは別に秀吉に仕え、若狭・後瀬山城八万石の城主となった。関ヶ原の戦いでは東軍方につき、伏見城の警護の任に当たったが、敵襲を恐れて逃げ出したことを家康に責められ、改易させられた。その後、父家定の死後、高台院らの助力により父の所領であった足守城主となるが、今度はその家督をめぐって弟の利房と争いになり、結局のところ勝俊は再度改易され、その後は京都東山（のち西山）に隠棲した。細川幽斎《ゆうさい》（一五三四〜一六一〇）の門人として和歌に優れた才能を発揮し、松永貞徳や林羅山などのほか、多くの堂上《とうしょう》・地下《じげ》の歌人や儒学者たちと親交を結び、文人として名を馳せている。

一方、弟の利房も秀吉に仕え、若狭・高浜城二万石の城主となっていたが、関ヶ原の戦いでは高台院の説得にも耳を貸さず西軍方についたために、家康によって、いったんは改易されるはめに陥った。その後、大坂の陣における奮戦によって、備中・足守城主となることができたが、これは元和元年

(一六一五)のことであった。

家定が亡くなったのは慶長一三年(一六〇八)のことであり、家督相続をめぐって勝俊と利房が争ったのは、その直後の慶長一四年であった。このときは勝俊が実力で領地を占領したが、幕府は両者をともに問責し、領地没収の措置をとった。勝俊はその後京都に隠棲し、利房は名誉挽回の機会を求めて慶長一九年・二〇年の大坂の陣で活躍し、改元されて元和となった年(一六一五)にようやく備中・足守の領地を取り戻したということになる。

ただし、木下家全体の動きを見ると、父は中立、兄は東軍、弟は西軍となっていて、それぞれ別々の判断に基づいて行動したように見える一方で、どちらに転んでも一族が生き残れるような配慮があったようにも考えられる。一般には高台院の判断で東軍、すなわち家康に荷担する方針であったが、利房はそれに逆らって西軍についたと伝えられている。しかし、推測の域を出ない話だが、親子間でなんらかの密約——ひょっとすると、その背後には高台院が関わっていたかもしれない——があり、それが履行されなかったことから父の死後に兄弟間の争いが起きたことも考えられる。あるいは勝俊の逃亡という予想外の事件が起きたために、兄弟ともに所領を失う結果となり、それによって一族間の争いに発展したことも考えられよう。

以上のような話を紹介したのは、祖父の浄泉および父の浄因の生涯がこれらの出来事と深く関わっていたと考えられるからである。

浄泉は、『家譜』によると、二四歳の時に家定に仕えるようになったと記されているから、天正八年（一五八〇）のことである。家定の主君であった秀吉はその二年ほど前から中国攻略を命じられ、姫路城を拠点に活動中であったから、播州出身の浄泉に家定に仕える機会があったとしても不思議はない。姫路城の経営がやがては秀吉から家定に任されるようになったことを考えると、あるいはこの頃に家定は自分の家臣団を拡大し始めたのかもしれない。そうした経緯のなか、浄泉は家定に仕え、木下家の一員となった。

家定の家臣団の中で浄泉がどのような役目についていたか、またどれほどの俸禄だったかは定かではないが、若い頃から「又四郎」と名乗っていた浄泉に「又左衛門」という名を家定が与えたところをみると、その信頼はかなり厚かったと考えてよい。家定が木下家代々の拠点となる備中・足守城主となったのが慶長六年（一六〇一）のことであり、浄泉が新たな名をもらったのが慶長一一年のことであるから、あるいは足守藩の経営において何らかの功績があったのかもしれない。慶長一一年は、浄泉の五〇歳にあたる年で、それを祝ってのことども考えられるが、はたして当時にそのような習慣があったかどうか、詳しいことは分からない。

家定は、先に触れたように慶長一三年（一六〇八）に亡くなり、その後浄泉が新たな主君に仕えたという話は伝わっていないので、それ以降は牢人の身になったと考えてよいだろう。木下家の一員といっても、同族や譜代の郎党であればともかく、新規召し抱えに近い人々は、それぞれに仕える主人との関係性が強く、当主の世代交代によって家臣団の構成にも変化が生じることは、近世前半までよく見られた情景であるので、おそらく浄泉も家定の死去に伴って、木下家を去ることになったのであろう。

ただし、名前は不詳であるが、浄泉の母に当たる人物が、慶長一四年に播磨・三木で亡くなっていることからすると、浄泉は家定没後の勝俊と利房の家督争いに巻き込まれていた可能性もある。もっとも浄泉が母と一緒に暮らしていたと判断する資料もないので、推測に止めるしかないのだが、そうであったならば、浄泉は家定が亡くなった慶長一三年の秋、ただちに京都に移ったのではなく、少なくとも母が亡くなった慶長一四年の秋まで領国であった足守に近い場所に滞在していて、それ以降に京都に移ったことになる。

もっと想像をたくましくすると、浄泉が京都に移ったのが慶長一四年の冬以降だとすると、いったんは高台院の取りなしによって所領を安堵された木下勝俊が、弟利房と家督相続をめぐって争ったという理由で幕府から所領を没収された時期と重なる。そうすると、木下家の内紛において浄泉は勝俊側についていたことになるし、また勝俊が高台院を頼って京都に向かったのと期を同じくして京都に移ったという話になる。

いずれにしても浄泉が京都に隠棲するに至った経緯はよく分からず、没後に知恩寺に埋葬されたところからすると、浄土宗への信仰も関わっているようにも思えるが、自身の一族や木下家に関わるような、他の理由もあったのかもしれない。それはともかく『家譜』で語られていた浄泉の武への高い志というのは、以上のような彼の境遇と深く関わっていたことは確かであろう。結局のところ、浄泉は武人として生きたみずからの経歴に強い誇りを持ちつつ、寛永元年（一六二四）に六八歳で亡くなっている。

父浄因と木下利房

一方、父の浄因は天正一五年（一五八七）に生まれ、幼名を長吉、のちに鶴千代と名乗ったが、慶長二年（一五九七）、一一歳の時に家定の近習として出仕し始めた。家定からは慶長一〇年、一九歳の時に「清三郎」という名をもらったほどであるから、とくに目をかけられていたのだろう。さきほど紹介した浄泉が「又左衛門」という名をもらった一年前の出来事であり、木下家中において山崎家の父子が一定の評価を受けていた証拠かもしれない。

家定が没した後は次男の利房に仕えることになったというが、なぜ長男の勝俊ではなく、次男の利房であったかは分からない。勝俊は関ヶ原の戦いにおける失態を理由に所領を没収されていたが、利房にしても、西軍方であったことから、やはり所領を没収されていたのだから、とくに利房でなければならないという積極的な理由は見出せない。家定の死をきっかけにして両者の争いが生じたことを考えると、そこには木下家の家督相続をめぐって家臣団を巻き込んだ複雑な事情があったことが予想され、父の浄泉が木下家を離れたことや、息子の浄因が利房に仕えるに至ったことも、そうした「お家の事情」となんらかの関わりがあったと思われる。

いずれにしても、家定が亡くなった後、浄因は利房に仕えることになり、家定死去の翌年、慶長一四年（一六〇九）の仕官の際には、利房から「清兵衛」という名前をもらっている。浄因、二三歳のことであった。利房が大坂の陣における活躍によって兄勝俊に代わって足守藩主となったのは、元和元年（一六一五）のことであるので、それまでの六年間、浄因は家臣として、浪々の身の利房を支え

闇斎および父浄因の動向

元和四(1618)	闇斎 (1)	浄因(32)木下利房の下を去り、「三右衛門」と称す	
			舎那(38)
六(1620)	(3)	(34)	舎那(40)
七(1621)	(4)	(35)	浄泉(65)
九(1623)	この頃比叡山へ(?) (6)	(37)	
寛永元(1624)2月	(7)	(38)	祖父浄泉没(68)
二(1625)	(8)	(39)	舎那(45)
六(1629)	清兵衛 (12)	(43)	
七(1630)	(13)	(44)木下利房に再任し,「清右衛門」と称す	舎那(50)
八(1631)	(14)	(45)	叔父六右衛門没(37)
九(1632)	妙心寺絶蔵主 (15)	(46)	
十一(1634)	(17)	(48)木下利房の下を去り、「三右衛門」と称す	
十二(1635)	(18)	(49)	舎那(55)
十三(1636)	土佐汲江寺へ (19)	(50)	
十四(1637)	(20)	(51)木下利房死去(65)	
十六(1639)	(22)	(53)	舎那(60)
十七(1640)	(23)	(54)	祖母妙泉没(79)
十九(1642)	帰京 (25)	(56)	

ていたということになる。

そして、不思議なことに、利房が足守藩主となってから三年ほどが過ぎた元和四年にその下を去って、それ以前の「三右衛門」を再び名乗ったと、『家譜』に記されている。浄因三二歳のことであったが、このときに闇斎が京都で生まれているから、父の浄泉らとの関わりから京都で暮らしていたのであろう。闇斎の姉の鶴が元和元年に、玉が元和三年にそれぞれ京都に生まれているので、一家が大坂の陣以前から京都に暮らしていた可能性が高い。あるいは、所領を没収された利房を含めた家臣団が京都にいた可能性もあり、そうだとすると、浄因が新しい領地の足守への赴任を嫌って引き続き京都に留まろうとしたことも考えられる。

ところが、浄因は四四歳の時に再び利房に呼び戻され、今度は「清右衛門」という名をもらって仕えることになったのだが、再び四七歳のとき、寛永一〇年（一六三三）に利房の下を去り、以前と同じ「三右衛門」という名前に戻った。利房は寛永一四年（一六三七）に没しているから、主君の死を契機に致仕したというわけではなく、別の理由がありそうだが、それが何であるかは不明である。もっとも当時の常識から考えると、数え年で四七歳と言えば隠居をしたとしてもそれほど珍しくない年齢であるから、それが理由だったと考えることもできる。

足守藩を致仕した後の浄因は、京都の「下立売《しもだちうり》」――後に闇斎が暮す場所とほぼ同じか、その近くであろう――に隠棲し、鍼《はり》医者をしながら生計を立てていたという話が残されているが（稲葉黙斎『先達遺事』）、かなり貧しい生活を強いられたようであり、利房の下を去るにあたって、必ずしもことがすんなりと進んだわけではなかったことを予想させる。辞去に際して多少の資金は手にした可能性はあるが、他の奉公先や別の収入の手立てを紹介されるということはなかったのだろう。

また浄因が家定・利房二代に仕えたという経歴を考えると、牢人となって京都に暮らしたとしても、勝俊、すなわち木下長嘯子と何らかの関わりがあったとは考えにくい。自分の一族のつながりはともかくとして、主家であった木下家に関わる人々とは無縁に、ある意味では孤立的に生きていかなければならなかったのかもしれない。そして、浄因四七歳といえば、闇斎は一六歳ということになり、僧侶として生涯を過ごす覚悟を決めた時期とほぼ重なっている。

『家譜』には闇斎の僧侶としての活動、すなわち幼少の頃に比叡山で修行したことや妙心寺における出家のことはいっさい記述されていないので、『闇斎年譜』などを参考にするしかない。それによると、闇斎が比叡山に出されたのは、六、七歳の頃のことだとされ、祖父の浄泉が亡くなった寛永元年（一六二四）前後にあたる。『家譜』には、寛永六年、闇斎一二歳のときに父の命によって「清兵衛」と名乗ったとだけ書かれているが、これは浄因が再び出仕する前年のことであり、この頃闇斎が比叡山から家に呼び戻されていたと推測できる。父浄因が武士としての自分の跡継ぎであることを明確にするために、自分が最初に利房に仕えた時に与えられた名乗りを闇斎に与えたのではないかと考えても不都合はない。

それが、先に述べたように寛永七年に浄因は再度木下家を致仕することになった。『闇斎年譜』などによると、闇斎が妙心寺に行かされたのは一五歳の時、寛永九年のことだとされていて、その際に

「絶蔵主」という僧名を与えられたと記されているので、闇斎の妙心寺入りは、浄因の再仕官・再致仕と直接には関わらないのかもしれないが、たんに経済的な問題だけから闇斎が出家することを決意したわけではないように思われる。祖父浄泉・父浄因と、二代にわたって築きあげられた木下家との関係を絶たなければならないほどの深刻な問題がそこに横たわっていたのかもしれない。

これらのことは闇斎のその後の思想的遍歴とは直接関わらない細かな問題ではあるが、従来は『闇斎年譜』などに従って、比叡山に修行に出された理由を、闇斎の資質、頭はよいが、負けん気が強く、粗暴であったことに起因していたという理解だけで済ませてきたが、そうした幼い闇斎自身の事情だけでなく、いや、それ以上に父浄因における境遇の変化が闇斎の出家に大きく関わっていたと考えるべきであろう。

父浄因もまた、その父に似て、万事に控えめで正直な人であったと伝えられている。結局のところ浄因は、京都に隠棲したまま、その後四〇年近くを過ごし、延宝二年（一六七四）に八八歳という高齢で亡くなった。浄泉も浄因も、骨肉相食《は》む戦国の世を生き抜くことにも、また平和になった時代に合わせて生き抜くことにも不向きで、毎日のように唱えていた「三社託宣」を地で行くような生涯であったと言えるかもしれない。

4　祖母と母の教育

祖母妙泉の教え

それに対して山崎家の女性たちは非常にたくましかったようである。祖母は多治《たじ》比《ひ》氏の出身で、永禄五年（一五六二）に摂州西生《にしなり》郡中島村に生まれた。西生郡は後に西成郡と表記され、現在の大阪の西半分に当たる地域であり、古代から有力豪族であった多治比氏の拠点とされていた場所でもある。

ただし、古代はともかく、それ以降は没落甚だしい多治比氏であったから、闇斎の祖母の家が実際に「多治比」姓を名乗っていたかどうかはよく分からない。また播州出身の浄泉がどのようにして摂津を生活の場としていた多治比氏およびその娘の妙泉と知り合ったかもよく分からない。闇斎の父浄因が生まれたのが天正一五年（一五八七）であり、すでに天下を掌握していた秀吉が大坂城を築城した時期（天正一一～一三年・一五八三～八五）の直後にあたる。そのことを勘案すると、秀吉配下の木下家も摂津と何らかの関わりをもつようになり、それが契機で知り合ったのかもしれない。

妙泉は浄泉との間に闇斎の父をはじめとする三人の男子をもうけ、寛永一七年（一六四〇）に七九歳で京都に没している。彼女は、性格が厳しく、寡黙で、飲食などにおいても節度をよくわきまえていたというが、『家譜』には、祖母の妙泉がいつも「からだの価値は一銭にしかならないが、目は万銭の価値がある（身一銭、目万銭）」という意味のことわざ――『闇斎年譜』では「身直一銭、目直万銭」と書かれている――を口にして、文字をよく勉強して学問に励むように、文字を知らないのは目がないのと同じだと教え諭《さと》したという。

「万銭」とは銭百貫文のことで、中世の常識では百貫文は米百石に相当するとされており、闇斎が生きた近世初頭では若干価値が下がったかもしれないが、学問を身につけることによってかなりの高禄の仕官が適うということになる。ただし「身一銭、目万銭」ということわざの典拠が確認できないうえに、本来は「目を大切にしなさい」という意味の諺だという説もあるので、このことわざの意味するところは別にあったのかもしれない。

祖母の妙泉は夫の浄泉や息子の浄因の生き方を見て、古い武士的な生き方ではもはや時代を生き抜いていけないと考えたのではないだろうか。そうであれば、現実的な考え方ができるというか、時代の変化を読む力が備わっていたと考えることもできる。この祖母の教えは闇斎に強い感銘を与えていたようで、『家譜』では、

手があっても目がなければ物を取ることもできないし、足があっても目がなければ道路を歩くこともできない、書物があっても目がなければ読むことができないし、目があっても文字を知らなければ書物を読むことができない、書物が読めなければどこにも行けず、それは目がないのと同じだ。

というのが祖母の教えであったと紹介されている。

おそらく闇斎の学問への志はこうした祖母の教えに端を発していたものと考えられよう。武士を捨てて僧侶になることについても、あるいは祖母妙泉は肯定的であったかもしれない。

なお、『家譜』には闇斎の叔父二人についても記されている。次男は姫路で生まれ、子供の頃に六蔵、後に六右衛門と称したこと、三男は大坂で生まれ、初めは八右衛門、後に半右衛門と称したこと、六右衛門は三七歳で若死にしたが、息子が一人いて太郎兵衛と称し、さらに源太郎という子がいること、一方半右衛門の方は四五歳で亡くなり、子供がいなかったことが述べられている。

二人の叔父の生まれた場所などから、木下家定に仕えた浄泉が主君とともに各地を転々とした様子と、その後を追って妙泉ら家族も一緒に移動していたことが分かる。またこの二人の叔父がともに京都で亡くなり、知恩寺に埋葬されていること（後に黒谷に改葬されたと記されている）からすると、浄泉が隠居した後の一族はそれぞれに緊密に連絡を取り合い、一緒か、あるいはすぐ近くで暮らしていたと推測される。

母舎奈のしつけ

闇斎の母は、『家譜』に佐久間氏の娘で、名を舎奈といい、天正九年（一五八一）に近江の安比路に生まれたと書かれている。しかし、先にも述べたように、今となってはこの「安比路」というのがどこであるのか定かではない。したがって舎奈の出身である佐久間氏に関してもはっきりしたことは分からない。

近江には長浜や近江八幡・大津など、豊臣に関わりのある土地が多数ある。浄泉も浄因も豊臣の家臣であった木下家に仕えていたから、木下家中か、同じ豊臣の家臣団から結婚相手を選んだと考えられ、天正九年頃に「安比路」に滞在していたことを手がかりに調べようと思ったのだが、その場所を特定できないために、現在のところは分からないと言うしかない。また夫の浄因より六歳も年上であったことにも何らかの事情があるような気がするが、確かなことは何も言えない。

『家譜』によると、浄因と舎奈の間に長男が生まれたのは慶長一七年（一六一二）のことであるから、この数年前に二人は結婚したと考えられる。すでに紹介したように、木下家定が没したのが慶長一三年で、これを契機に息子の勝俊と利房との争いが起こり、最終的に利房が領地を取り戻したのは元和元年（一六一五）のことであった。その間浄因は利房の側にずっと仕えていたとされているから、主従ともに牢人だった頃に結婚したと推測される。しかし浪々の身とはいえ、元は大名とその側近であったからには、その婚姻には主君が関与していたと考えた方がよいだろう。

もちろん、浄因と舎奈の結婚が家定の没する前ということも十分考えられるが、そうであればなおさら主君の関与は強まっていたはずである。いずれにしても、こうした事情を考慮すると、佐久間氏がどのような一族であったかは定かではないにしても、舎奈は、武家出身であったと断定はできないにしても、それ相応の家柄の女性であったと考えてよいだろう。

ところで、すでに述べたように母の舎奈に関しては、夢の中で、比叡の両社に参詣し、鳥居の前で一人の翁から梅の枝一枝を授けられ、それを持ち帰ったところ、闇斎を身籠もったという話が伝えられている。

比叡の両社というのは、現在も大比叡と小比叡として知られている日吉大社の西本宮と東本宮のことであるが、舎奈はそれ以前に参詣したことがあったのだろう。また舎奈だけが法号を持っていないところをみると、他の山崎家の人々ほどには浄土宗、あるいは仏教を信じていなかった可能性もある。そのことと夢の話とが結びつくかどうかは定かではないが、唐突に夢に日吉大社の神の化身とおぼしき老人が出てきたとも思えない。舎奈が近江で生まれたということを勘案すると、日吉大社に対する信仰を常日頃から持っていたことは十分に考えられる。

そこで、闇斎が神道に関心を抱いた背景には、祖父や父の「三社託宣」に対する信心以外にも、母舎奈の影響があったと考えられる。『家譜』に記録したばかりでなく、先にも述べたが、垂加霊社を造った際、そこに納めた鏡の裏にこの夢の内容を彫らせているほどに、闇斎はみずからの出生にまつわるこの話を重視していたからである。ただし、闇斎が日吉大社を参拝したという記録は『家譜』などに残されていないので、「夢」によるお告げということだけが闇斎にとって意味のあることだったのかもしれない。

この舎奈が気丈で厳格な性格であり、闇斎はこの母の性格をより強く受け継いだのではないかということは、すでに門人の佐藤直方が述べているが、闇斎自身も『家譜』の中で、愛情豊かではあったが、子供たちがちょっとでも怠けたり、食べ物を粗末にしていると、かならず厳しく叱咤して、「鷹は餓えても、穀物の穂をついばむことはしない、武士の子供であれば、志を高く持て」と言っていたと記している。

夫が牢人の身であったとしても、武家としての気概を持って生きることを子供たち、とりわけ闇斎に教えたかったのであろうが、こうしたところから舎奈自身も武家に関わりのあったこと、あるいは没落した武家出身であったかもしれないと推測される。たんなる気丈な母ということを示すためだけの逸話ではないように思われる。

5　闇斎の妻妾

鴨脚氏出身の妻

家族の紹介のついでに、闇斎の妻についてもここで述べておこう。闇斎が結婚したのは、承応二年（一六五三）、闇斎三六歳の時で、相手は鴨脚《いちょう》氏出身の「こなべ」であった（近藤啓吾『山崎闇斎の研究』）。もっとも『家譜』や『闇斎年譜』には「鴨脚氏女」とあるだけで、名前はおろか、年齢などもいっさい記されておらず、いまは近藤啓吾氏の考証に従っておくが、あらゆることが謎めいている。

闇斎の伝記について最も基礎とされる『家譜』は、前年の承応元年（一六五二）に作られていたが、すでに指摘したように、この婚姻と密接に関わっていたと思われる。「仲立ち」をする人物か、鴨脚家に対して、自分自身や家族のことを詳しく知らせる目的でまとめたと推定されるが、『家譜』に闇斎の出家に関する記述がいっさいなく、日吉大社に関わる夢に話がことさらに取りあげられていることも、下鴨神社の社家である鴨脚氏との婚姻ということが関わっていたと見れば領《うなず》けるからである。

「こなべ」については、その生没を含めてほとんど分かっていない。わずかに「妻は物語をよく読み、好き嫌いがしばしば感情に現れる」と闇斎が書いているぐらいしか逸話も残されていない（『垂加文集拾遺』所収の「曾我兄弟伝跋」）。鴨脚氏出身だけに相応の教養はあったようであるし、感情も豊かであったのかも知れない。闇斎との間には子供がいなかったようだが、闇斎よりも先に亡くなったか、あるいは途中で離縁されたか、そうしたこともまったく分からない。自分の産んだ子供が出世でもすれば、母としての事績が墓誌などに書かれることによって、その生涯も少しは知られるのであるが、そうでなければ名前と実家が分かればよい方だというのが近世の女性に関する一般的な事例だから、闇斎の妻に関してほとんど何の情報がなくても驚きはしない。

それにしても父母ばかりでなく、一度は他家に嫁した二人の姉を含めて皆が寄り添うように生きていたかに見える闇斎の家族の中で、妻の「こなべ」はどのような立場にあったのだろうか。後年闇斎は伊勢などを参拝するに際して父母や姉たちを同道しているが、そこには妻の「こなべ」の名前はまったく出てこないし、金戒光明寺にある闇斎の墓所には祖父母・父母・二人の姉などといった血縁者の墓はあるが、「こなべ」と思われる女性の墓はない。現在から見れば、家族の中でずいぶん疎外されていたようにも思われるが、当時の一般的な「妻」のあり方に従って表に出ることなく、奥で家事を切り盛りしていたということなのかもしれない。

鴨脚氏は古代の豪族鴨氏の嫡流にあたり、下鴨神社の社家を代表する家柄であり、現在でも京都の下鴨の地に留まっている唯一の社家である。社家とは、世襲神職の家柄であり、下鴨神社では鴨脚氏のほかに梨木家や松下家などがあった。ただし鴨脚氏は、もともとは禰宜《ねぎ》の下で祭祀などに従った祝《はふり》家の一つであったという。いずれにしても鴨脚氏は、吉田神社の卜部《うらべ》氏、石清水八幡宮の紀氏、稲荷神社の秦氏・荷田《かだ》氏らと並んで、京都に多く存在した社家を代表する一族だったと考えてよい。

そこから、闇斎は自身の結婚を契機に、こうした京都における社家のネットワークと何らかの関係を持つようになったと見ることができる。当時市井に暮らす儒学者は士農工商という既存の身分の枠外に位置していたとはいえ――これは僧侶や社家なども同様であったが――、現在と違って自由な婚姻が可能であったとは考えられず、それなりの「仲立ち」があったはずであるが、それがどのような人物であったかはよく分かっていない。

闇斎の門人、とりわけ垂加神道系の門人のなかには、応仁の乱以後途絶えていた賀茂祭――一般には「葵祭」と呼ばれている――を元禄七年（一六九四）に再興した梨木祐之（一六六〇～一七二四）がいるが、その入門は闇斎晩年のことである。したがって、若い頃の闇斎がどのようにして社家に属する鴨脚氏を知るようになったかは不明だと言うしかない。闇斎の晩年から没後にかけての京都では賀茂祭の再興に限らず、多くの祭礼が「復興」されており、闇斎の垂加神道はそのことと深く関わっていた。闇斎が関わるようになった京都の神社関係者のネットワークは、こうした点からも注目されるべきだと思われる。

妻「こなべ」との間に子供はいなかった。ただ、先に紹介した黒谷の墓所には九基の墓石が安置されているが、祖父母・父母・叔父・姉妹・姪のもののほかに、誰のものか不明の墓がいくつかある。とくに闇斎の左隣にある墓と、それらの反対側にあって、闇斎の墓と向き合うように置かれている墓はよく分からない。このうち後者は「松誉貞円之墓」と記されていて、後で紹介する妾のものではないかと推測されている。

しかし、闇斎の左横に同じ向きに置かれている墓は「於愛娘之墓」と記され、また「明暦三年」と「九月廿三日」という年月日が刻まれているが、これが誰であるか、いっさい不明である。明暦三年（一六五七）は、結婚してから四年ほどが経過した、闇斎四〇歳の時にあたり、『家譜』には正月に藤森神社、二月に伊勢神宮を訪れたという記録が見えるだけで、その年の後半についてはなにも記されていない。また、現在知られている限りの闇斎に関する資料には、「お愛」という女性の名前は見つけることはできない。闇斎と並んで墓が置かれているところから、ひょっとすると闇斎の娘ではないかと推測する研究者もいるが、それを肯定する資料も否定する資料も、いまのところ発見されていない。

ただし、浅見絅斎が語った闇斎の逸話などを集めた『絅斎先生語録』には、以下のような話が見えている。

保科正之の前で『論語』の会読《かいどく》をしたとき、為政篇の「父母唯其疾之憂」に関する話題に及んだ。この文章に対しては二通りの解釈があり、一つは「父母はつねに子供が病気にならないか、気にかけている、それに応えるべく身を慎むのが孝行である」という説と、「病気は不可抗力だから仕方がないが、それ以外は父母に心配をかけないようにするのが孝行である」という説である。前者は新注の、後者は古注の解釈であった。

闇斎は、どちらがよいかという正之の質問に、どちらでも意味が通じると答えた。ところが、その場にいた医者が口を挟み、闇斎に対して、あなたは子供がいないから分からないだろうが、親は子供のことをつねに心配しているものだから、子供がいれば、前者の方が『論語』本来の意味だと分かるはずだと述べた。

それに対して闇斎は、前者がよいと朱熹は判断したので、その解釈を先に置いたが、旧説でも理解可能なのでわざわざ「それもまた意味が通じる」と述べているのだ。確かに私には子供がいないが、朱熹は三人の子供を持ち、そのうち二人までを先に失っている。そのうえでの朱熹の注釈なのだと反論したという。

この話が事実であれば、闇斎が保科正之に仕えるのは寛文五年（一六六五）以降のことであるから、それまでに子供が生まれていて、しかもすでに亡くしていたとすれば、朱熹と同じ経験をしていると答えたのではないだろうか。闇斎の個人的な出来事を考えるには間接的な資料にすぎないし、その信憑性にも問題が残るが、上記の逸話から、やはり闇斎には子供がいなかったと考えた方がよいように思う。

妾の加知

闇斎の妻については結婚したという事実だけで、その後のことは不明であるという以外にない。子供に恵まれなかったこともあって、比較的早い時期に離縁されたと考えるのが無難なところのように思われる。

そのかわりに「妾」が一人いて、闇斎の身の回りの世話をしていたという記述が『闇斎年譜』に見えている。『闇斎年譜』では闇斎の婚姻に関する記事の箇所に注記されているので、結婚前から妾を置いていたようにも読めるが、そうではないだろう。

『闇斎先生易簀《えきさく》訃状』によると、闇斎が臨終を迎えたとき、妾の「加知《かち》」と林敬勝が側に付き添っていたとある。中国では女性の腕の中で死を迎えることは非礼とされているが、日本ではそのようなことはないと闇斎が言ったので臨終に立ち会わせたと書かれている。ここから、『闇斎年譜』に見える妾とはこの「加知」のことであったと推測できる。両方の資料をつき合わせて考えると、彼女は若くして闇斎の妾となったが、それがいつ頃であったかは明らかではない。

稲葉黙斎『先達遺事』には、出来の悪い門人を闇斎が怒鳴りつけていたところに佐藤直方と浅見絅斎が来て、専門的な議論ができたために闇斎の機嫌が直ったということがあり、そこで妾から「できれば毎日来て欲しい、そうでなければ旦那さまのご気分がよくならない」という話が二人にあったということが紹介されている。佐藤直方の入門は寛文一二年（一六七二）の頃、浅見絅斎の入門は延宝五年（一六七七）の頃とされており、ともに闇斎晩年のことであるが、「加知」はすでに闇斎の側に仕える者として周囲から認められていたと推測され、闇斎の臨終に立ち会えたのも、上記のような経緯があってのゆえだろう。

「加知」は闇斎没後に他家に嫁することなく、そのまま闇斎の旧宅で生涯を終えたようである。「山崎先生遺言状」という資料（出雲路通次郎『山崎闇斎先生』所収）は、延宝五年正月七日という日付と闇斎の押印と花押のあるものだが、「家屋敷・金銀・諸道具をかちに譲る」ということが書かれていて、妾の「加知」が闇斎の全財産を受け継ぐことになっていたことが判明する。

ところが、それには闇斎死後の天和二年（一六八二）一一月二八日付の書類が附されていて、闇斎が亡くなる直前に「間口十間一尺三寸のうち、三間をふうにも譲るということを言ったので、三間半をふうに、残りをかちに譲ることとする」と書かれている。この「ふう」が誰であるかは、他の資料には名前が見えないので不明であるが、遠い血縁者であるよりは「加知」とは別の、晩年の闇斎の身の回りの世話をしていた女性であった可能性が高い。

「加知」は亡くなったあと、黒谷の闇斎の墓の近くに葬られたと伝えられているが（植田玄節『批水足安直撰山崎先生行実』）、現在闇斎の墓所と同じ区画に「松誉貞円之墓」と刻まれた墓があり、植田玄節の著述を収録した『山崎闇斎先生』の編者である出雲路通次郎氏は、これが「加知」の墓ではないかと推測している。正徳五年（一七一五）に亡くなったとあるが、没年は記されていないので、確証はないものの、「加知」が長命であったとすれば、その可能性は高い。江戸時代の修築のときに同じ墓域に移されたのであろうか。

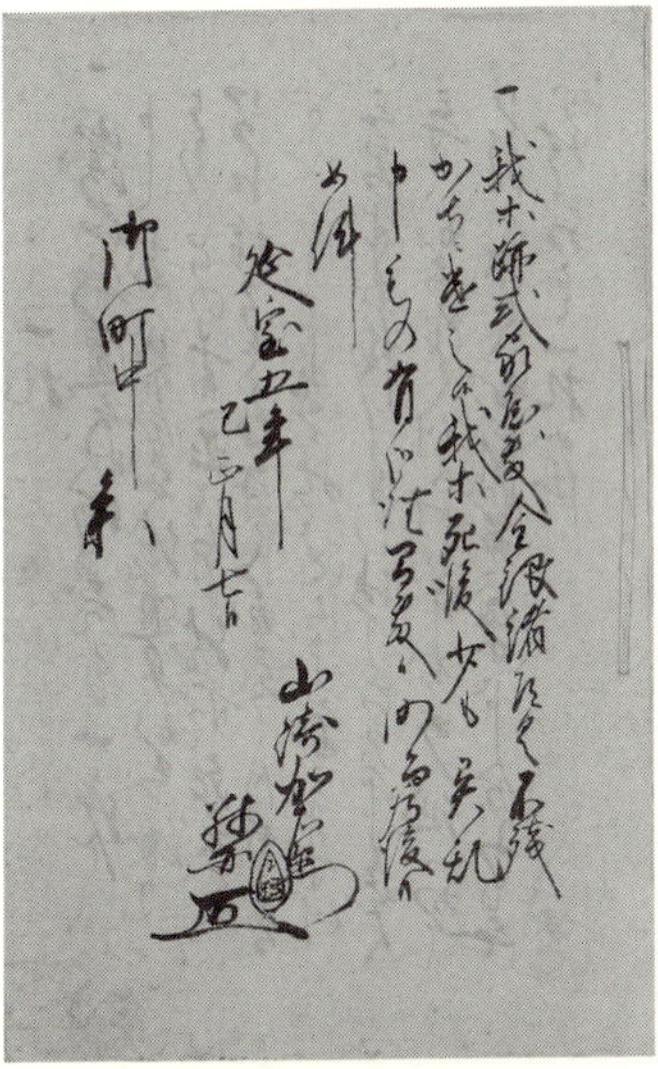

闇斎の遺言状
（出雲路家蔵／光楽堂撮影）

林敬勝

林敬勝は、名を「山三郎」といい、一時闇斎の養子のような立場にあった人物である。「養子のような」というのは微妙な言い方であるが、のちのち闇斎の門人たち、とくに垂加神道系の門人たちによる後継者争いに巻き込まれたらしく、資質も素行もよろしくないという理由で親戚・友人から「義絶」されたと伝えられている。そのため『闇斎年譜』では、わざわざ「林敬勝が跡継ぎだという説もあるが、それは誤りである」という断りを注記しているほどである。

先にも紹介した『批水足安直撰山崎先生行実』では、「加知」の猶子《ゆうし》と記しているので、闇斎はもちろんのこと、「加知」の実子でもないというのが当時からの一般的な認識であったようである。資料によっては「山崎」姓とされることもあるが、多くは「林」姓で、これが彼の本姓であったのか、あるいは「加知」の姓であったのか、詳しいことは分からない。寛文六年（一六六六）、近江の伊香立《いかたち》（現・滋賀県大津市）に生まれたというが、どのような経緯で闇斎あるいは「加知」と知りあうことになったのかも定かではない。あるいは「加知」もまた近江出身だったのであろうか。闇斎の周辺で近江に関係の深い人物と言えば母の舎奈が思い当たるが、まったく関わりがなかったのだろうか。答えのない疑問であるが、心覚えとして記しておくことにする。

林敬勝に話を戻すと、かれは幼い頃から闇斎とともに暮らしていたらしく、延宝八年（一六八〇）、一五歳の時に闇斎から「敬勝」という字《あざな》をもらっている（『垂加草』所収「敬勝字銘」）。闇斎自身の字「敬義」と「加知」の名前とを組み合わせたのではないかと考えられていて、そうであれば「もりかつ」と読んだのであろう。

この敬勝に対して闇斎はそれなりに期待して教育していたのではないかと思われるが、他の門人たちから抜きんでるほどの学力はなかったのだろう。闇斎が亡くなったときはまだ一七歳であったが、闇斎自筆の『垂加霊社』一幅——同じ物が正親町公通（一六五三～一七三三）と出雲路信直（一六五〇～一七〇三）にも与えられていた——や闇斎所蔵の書籍が三分の一ほど譲られていたこと——残りはやはり正親町公通や出雲路信直などに「分配」された——を考えると、闇斎を継承する立場にいたとも思われるが、他の門人たち、とりわけ由緒ある公家出身の正親町公通などに押されて、結局のところ個人的な資質を理由に継承者から除かれたということであろう。

いまとなっては、林敬勝が闇斎の「家」、とりわけ祭祀などを継承することになっていたかどうかも分からないが、闇斎の家系における継承者は闇斎の死をもって途絶えたということになる。したがって、その学問・思想を「独占」的に継承する人物もいないことになり、多くの門人たちによって、それぞれに、ある意味では「勝手に」闇斎の学問・思想は継承されることになった。そのことが闇斎の経歴や家族などに関する情報が散逸してしまった大きな理由となっているが、それによってかえって後世に闇斎の思想が広く流布するきっかけとなった。そう考えると、闇斎に特定の後継者がいなかったことは、それなりに喜ばしいことのようにも思われる。

第二章　儒教への目覚め

1　闇斎の出家

『闇斎先生年譜』に見える少年闇斎

山田慥斎《ぞうさい》『闇斎年譜』によると、寛永九年（一六三二）、一五歳の闇斎は妙心寺において剃髪し「絶蔵主」と名乗った。それは闇斎が正式に僧侶となって仏教の世界で生きる道を選んだということを意味していた。闇斎が出家するに至った経緯については、最初から妙心寺に預けられたという説もあるが、一般には悪戯が尋常ではなかったため、いったんは比叡山に行かされたが、そこでも悪童ぶりが直らなかったために周りがもてあましていたところ、たまたまそこを訪ねてきた土佐の公子が目をつけて妙心寺に連れて帰ったということになっている。

ただし、『家譜』に見える闇斎の最初の名乗り、すなわち成人の儀をすませたという記事、および前章でふれたような闇斎の父親の再仕官という出来事を考慮すると、一二歳の頃は家にいたと思われる。そこで、六、七歳の頃に一度比叡山に行かされたが、その後いったんは家に戻され、成人の儀を済ませた後、今度は妙心寺に行かせられたという推論がなされていて（細野忠陳『闇斎先生行状図解』）、これが最も蓋然性の高い考え方と言えよう。

一方、『闇斎年譜』では、一二歳の項に先の名乗りの話と、堀川——堀河とも書く——に架かる橋のほとりで長竿を振り回して人を突き落として遊んでいたので、町内の長老たちがよそに預けるようにと父親に迫ったという話、また比叡山では常に書物を懐に入れて、少しの暇を見つけてはそれを読んでいたという話を記している。その前の八歳の記事の箇所には『四書』と『法華八部』をすでに暗誦していたという話が見えるが、比叡山のことについてはまったく触れられていないから、『闇斎年譜』では、闇斎が仏門に入った時期を一二歳以降のこととしているようである。

そのため『闇斎年譜』では、一三歳の時期の話として、ある夜仏堂で誦経していた闇斎が突然笑いだしたので師僧がその理由を問うたところ、「釈迦は何をでたらめを言っているのか」と答えたという話が載せられている。しかし、稲葉黙斎の『先達遺事』では、堀川の橋での狼藉という話は六、七歳、釈迦のでたらめを笑うという話は八、九歳の頃としていて、すでに江戸時代において闇斎の幼少期の記録に混乱が生じていたことが分かる。『先達遺事』に従うと、闇斎の早熟ぶりがさらに際立つことになるが、おそらく『先達遺事』の意図もそのあたりにあったのではないかと推測される。

この種の「神童」伝説は有名人にはつきものなので、それをどこまで信用するか、問題は残る。『闇斎年譜』の『四書』と『法華八部』をそらんじていたという話も、『四書』はともかく、浄土宗を信仰していた家系の闇斎がなぜ『法華経』八巻を暗誦する必要があったのか、腑に落ちないところがある。もちろん天台宗では『法華経』を根本教典としていたから、比叡山に入る前にそれを暗誦していたほどに知的能力が高かったということなのであろうが、これでは幼い頃から比叡山に入ることを目指していたかのような印象を受ける。さきほどの釈迦のでたらめを笑うという話も、天台の「秘書」を密かに読んでいて、すでにおおよそのことを理解していたという記事とともに紹介されているから、どのようにして神童化を図るかということの方向性は一貫している。もちろん闇斎が利発な子供であったことを否定するつもりはないのだが、額面通りに受け取る必要もないだろう。

このような悪童でもあり、また神童でもあった闇斎の異能を見抜いた土佐の公子は、『闇斎年譜』では「(妙心寺)大通院」としか書かれていないが、初

湘南宗化との出会い

代土佐藩主山内一豊の養子、湘南宗化(一五八六?～一六三七)のことである。

この湘南宗化については、山内一豊の養子となったいきさつをはじめとしてすでによく知られているが、とりあえず必要なことがらを紹介しておきたい。山内一豊がまだ長浜城主であった天正一三年(一五八五)の冬に大地震があり、妻の見性院《けんしょういん》(名前は「松」とも「千代」とも言う)は無事であったが、一人娘の与祢姫は倒壊した建物の下敷きとなって命を落とす。見性院が仏道に帰依するようになったのはこれがためであり、とくに妙心寺五十八世で大通院の開祖でもあった南化元興に帰依するようになったと伝えられている。その後、見性院は妙心寺の門前、あるいは京都の山内家屋敷の門前に置き去りにされていた男子を拾い、「捨」と名付けて養育する。これが湘南宗化である。

吸江庵跡（高知市吸江）

かれは南化元興に預けられ、一四歳の時に剃髪して、大通院二世となる。その後、山内一豊が関ヶ原の戦いの功績によって慶長五年（一六〇〇）に土佐を与えられると、その入国に従って土佐に赴き、当時廃れていた五台山の吸江庵《きゅうこうあん》を復興させた。また朝廷から紫衣《しえ》の勅許を受けたほどの高僧であり、寛永四年（一六二七）から六年にかけて起きた「紫衣事件」の当事者の一人でもあった。

湘南宗化は吸江庵を復興させたが、そのまま土佐に滞留したのではなく、京都の大通院との間を行き来しており、どちらかというと京都にいる方が多かったかもしれない。見性院もまた慶長一〇年（一六〇五）に一豊が亡くなると、すぐに京都に移り住む。一豊の跡は弟康豊の子であった忠義が継いだので、より親しみのある湘南宗化の近くで暮らすことを選んだと伝えられている。名馬の購入や「笠の緒の密書」などの逸話で機知に富んでいたことがよく知られている見性院だから、秀吉の正室としてまだ隠然とした力を持っていた北政所（のちの高台院）との交流を通して様々な情報を得ることを目的に京都に移り住んだとも言われている。

北政所は、闇斎の祖父と父が仕えた木下家の後ろ盾でもあったから、そこから湘南宗化と闇斎の関わりに何らかの影響があったと考えることも可能かもしれないが、見性院は元和三年（一六一七）に、また高台院も寛永元年（一六二四）にそれぞれ亡くなっているし、すでに述べたように闇斎の祖父も父も旧主の木下家やその関係者と親密な交流をもっていたとも思えないので、あまり深読みはしないで、両者が偶然に知り合ったという通説に従っておくことにしよう。

ともかく湘南宗化は闇斎の異才を認め、妙心寺において育てようとしたことは確かなことだと言える。では、それで闇斎の素行が直ったかと言えば、そうではなかった。

妙心寺の絶蔵主

『闇斎年譜』には、剃髪して絶蔵主を名乗るようになってからも、同輩と議論をして、言葉に詰まった闇斎が、夜にその者の部屋に忍び込んで紙帳に火をつけたという記事を載せている。年譜の編者である山田慥斎もこれはさすがにひどい話だと考えたらしく、その僧侶が「（悟りを得たなら）火に入っても焼かれることもなければ、水に入っても溺れることもない」ということを強く主張したので、それが誇張に過ぎないことを示すために闇斎は火をつけたのだという注釈を加えているほどである。

このほかにも、寺主が闇斎を追い出そうとしたとき、「もしそうしたら、寺全体を灰に帰してやる」と怒鳴ったので、寺主が諦めたという話も載せているから、カッとなると何をしでかすか分からないという風に周囲の者から少年僧の闇斎が思われていたことは確かだろう。ただ、それと同時に学業には熱心に取り組んでいた、というよりも生来の負けず嫌いがそのまま現れたらしく、ある時下痢で苦しんでいると聞いた同輩が辱めてやろうと部屋をのぞいたところ、闇斎は書物を持ったまま便器にまたがり、壁にもたれながらも経文を暗誦していたという話が伝えられている。

また闇斎が『中峰広録』――中国の元代の僧侶中峰明本に関わる事跡などをまとめた書物で、中峰明本は定住せずに各地を遊行して修行に明け暮れたことと、禅儒一致を唱えたことで知られている――を寺主から借りたいと申し出たので、「漫然と読んで意味を理解しなかったら無益なだけだ」と戒めて渡したところ、ひと月ほどで闇斎が返却してきた。そこで寺主が最初の巻を開いて幾つかの段落を言わせてみたところ、巻の最後まで暗誦していて一字も違うことがなかったという話、さらには『五灯会元』――中国の南宋に成立した禅宗史で、それ以前の勅許による五種類の「灯史」を二〇巻にまとめたもの――を三日で読みおえたという話も伝えられている。

山田慥斎が『中峰広録』と『五灯会元』という書物を挙げたことは、たんに頭がよかったことを物語るために「事実」を記したというだけではなく、それ以上に闇斎が禅宗について深く理解していたことを示そうとする意図があったと思われるが、ここではその問題には関わらず、先を急ぐことにしたい。記憶力の確かさは周囲から「神童」として賞賛された人物の伝記にはよくあるパターンではあるが、闇斎が周りの僧侶よりも抜きんでた学力を持った少年僧であったことは間違いなかっただろう。もっとも、それがために周囲からは嫉妬され、虐められ、それに闇斎が反発してさらに軋轢《あつれき》が高まるという事態になったことは容易に想像できる。「神童」であるがゆえの苦難という話である。

そこに救いの手をさしのべたのが、またもや湘南宗化で、闇斎は京都の妙心寺から土佐の吸江寺（吸江庵）に移ることになる。寛永一三年（一六三六）、闇斎一九歳のことであった。『闇斎年譜』には、将来吸江寺の「嗣主」とするためにわざわざ土佐に招かれたと注記されているが、湘南宗化と吸江寺との関係を考えると、あるいはそうした事情も背後にあったかもしれない。

いずれにしても、この土佐行きは闇斎の人生においてきわめて重要な転機となった。ここで闇斎は、野中兼山（一六一五～六四）・小倉三省《さんせい》（一六〇四～五四）などと出会い、仏教を捨てて儒教へと進むことになるからである。

ただし『闇斎年譜』を見ると、闇斎は土佐に行ってから初めて野中兼山や小倉三省と会ったのではなく、すでに妙心寺にいた頃に湘南宗化を介して面識があったかのように記されている。といっても、闇斎の方は特別な意識をもって兼山や三省と面会をしたというわけではなく、兼山や三省の方が異才の少年僧がいるということから強い関心を持っただけのことのようである。

『闇斎年譜』の一三歳の項では、湘南宗化が闇斎を比叡山から妙心寺に連れて帰ったという記事の後に、兼山がたまたま妙心寺を訪れて闇斎と会い、一目でその「奇才」を認め儒書を読むことを勧めたという話、また三省も闇斎が群を抜いて際立っていることを認めながらも、僧侶であるのが惜しまれると述べたという話を紹介している。三省の話の方は土佐に行ってからのこととも考えられるが、兼山については妙心寺を訪れた折と記されているので、少なくとも『闇斎年譜』では、兼山が事前に闇斎のことを知っていたという前提で記事を書いている。

とすれば、闇斎が土佐に招かれた背景には、湘南宗化だけでなく、兼山や三省などの働きかけもあったと推測される。土佐に移った闇斎は、兼山や三省などが開いていた儒学の学習会に参加するなかで、仏教よりも儒教の方が優れていると考えるようになるのだが、それもまったくの偶然ではなく、兼山や三省らがそうなることを期待して、あるいは計画して闇斎を土佐に招いたとも考えられるからである。そうだとすると、闇斎の土佐行きについては、湘南宗化の意図とは別に兼山や三省らの思惑が働いていたのかもしれない。

2 土佐「南学」の人々

土佐の儒学

ここで土佐に朱子学を広めた人々について少し触れておきたい。

彼らの活動はのちに「南学」とも呼ばれるが、室町時代末期に南村梅軒が儒教（朱子学）を教えたことに始まり、吸江庵の忍性、宗安寺の如淵、雪蹊寺の天質などの禅僧によって継承され、なかでも天質に学んだ谷時中《じちゅう》（一五九八?～一六五〇）が江戸時代初期に「南学」の学風を確立したとされている。もっとも南村梅軒については、現在ではその存在が疑問視されており、いわゆる五山で兼学されていた儒学が谷時中などの在家の人々に広まり、その地に適合する形となったと考えた方がよいかもしれない。

土佐は、夢窓疎石が修行の地を求めて訪れ、吸江庵という庵を結んで以来禅宗が盛んとなり、とくに夢窓疎石の門人で、五山文学を代表する禅僧として知られる義堂周信と絶海中津がともに津野の出身であり、それぞれ吸江庵に住したことがあるなど、禅僧によって多くの文化がもたらされていた。

また中村を拠点とした一条氏は一条兼良《かねよし》――室町時代を代表する知識人で、『日本書紀纂疏《さんそ》』のほか、源氏物語注釈書『花鳥余情《よせい》』、将軍義尚に献上した政治書『樵談治要《しょうだんちよう》』の著者として知られ、有職故実から和歌・連歌・能楽、宋学まで幅広い教養の持ち主であった――の子孫であったことから、やはり一条家に伝えられた学問・知識を継承していたとされる。そして現在の高知を拠点とした吉良氏は、源頼朝の同母弟希義を祖とする清和源氏の名門であり、学問・知識を重んずる家風だったとされ、最盛期を誇った吉良宣経の時、周防から南村梅軒を招いたという話になっている。

谷時中墓（高知市横浜東町）

土佐はやがて長宗我部《ちょうそかべ》氏によって統一され、さらに関ヶ原以降は山内氏の支配となるが、中世以来のこうした文化的伝統はながく民間に残されていたと考えられる。

谷時中はもと浄土真宗の僧侶であったが、ある時期から儒学に目覚め、『四書』、とりわけ『大学』を熟読したという。土佐藩に仕官することなく在野に暮らしていたが、新田開発に携わり、息子のために開発した土地を播磨屋に売却したという話が残っているので、土佐藩の藩政にもそれなりの関わりを持っていたと推測され、そのことが野中兼山や小倉三省といった藩の重職にあった人々に儒学を講ずるきっかけとなったのかもしれない。

先に触れたように、時中は雪蹊寺の天質から儒学を学んだと伝えられ、そのことは間違いないだろうが、さらにその淵源が南村梅軒まで遡れるかどうかは、南村梅軒の存在そのものが疑問視されていることから難しい。むしろ、そうした系譜を無理に辿ることよりも、中世の公家や五山で学ばれていた儒学が在野に蓄積され、やがて「実用」化を目指して徐々に盛んになってきたという事実に着目した方がよいだろう。兼山や三省の活動を見ると、「南学」は文字通り土佐土着の儒学だったと思われるからである。

小倉三省は野中兼山よりもやや年長で、名を克、字は政実または政義といった。父は小倉少助（一五八二～一六五四）で、近江出身であったが、初代藩主一豊に従って入国し、雪蹊寺の天質に儒学を学んだとされる。二代藩主忠義の信頼が厚く、兼山の養父であった野中直継《なおつぐ》とともに元和改革に参画して、林業育成のために「輪伐法」という伐採と植林とのバランスを図る方法を提言し、さらに木材輸送のために河川の改修に尽力するなどの活躍で知られている。兼山の養子縁組を推進したのも小倉少助だと伝えられ、直継亡き後は仕置役（参政）に就任して、兼山の後見役として存在感を示していたという。

三省も、父少助とともに兼山を補佐し、開拓事業などに功績をあげたが、とくにその温厚な性格によって兼山の苛烈な政策実行を補い、改革を長続きさせる点で非常に大きな役割を果したとされる。しかし承応三年（一六五四）に父少助が亡くなると、その死を深く嘆き、約四カ月後に後を追うように死去した。

三省の死が『朱子家礼』の喪祭《そうさい》儀礼を実践しようとしたことによるものかどうかはつまびらかではないが、兼山がその母親の死に際して『朱子家礼』を実践して物議を醸したことを考えると、三省もまた『朱子家礼』に基づく「服喪」を実践していたと考えてもおかしくない。『朱子家礼』では、儒教の伝統に従って父母を亡くした場合は「三年之喪」を行うことになっており、それは生前の孝行よりも重視されるほどであったが、その間はきわめて厳しい行動や食事の制約が規定されていた。当時の日本では『朱子家礼』について十分な知識がなかったので、あまりにも厳格に「服喪」の規定を実践しようとして健康を害する結果となったのかもしれない。いずれにしても三省の早すぎる死は、兼山の藩政運営にとって大きな打撃で、やがて彼が失脚する要因の一つに挙げられている。

野中兼山は、養父の直継の後を受けて奉行職（執政）に就き、多くの改革を実施したことで知られているが、その家系はいささか複雑である。

兼山の祖父野中良平は、若い頃から山内一豊と仲がよく、その妹のお合《ごう》（合姫）を妻に迎えて良明（一五七三～一六一八）が生まれる。良明は兼山の父である。ところが良平は三一歳の若さで亡くなってしまい、そこでお合は弟の益継と再婚して直継をもうけた。直継（一五八七～一六三六）は後に兼山の養父となる。益継は一豊が初代藩主として土佐に入ると藩政に深く関わり重職を歴任して奉行職となったが、やがてそれを直継が継承する。

一方、兼山の父良明も一豊に仕えていた。禄高は三〇〇〇石だったというからかなりよい待遇であ

野中兼山邸址（高知市丸の内）

ったが、さらにゆくゆくは幡多《はた》三万石を与える約束をしていたというから、一豊が良明のことを亡き親友の子としていかに目をかけていたかよく分かる。しかし一豊が逝去すると、この約束は反故にされ、それに腹を立てたのか、良明は土佐を離れて妻お石の実家のあった姫路へと移る。お石は池田輝政に家老として仕えていた荒尾但馬家――のちに荒尾但馬家は、池田家が岡山と鳥取に分かれたとき、鳥取・池田家に仕えて米子城代となる――の出身であった。

ただし、お石は姫路に移るとすぐに亡くなり、良明は後妻としてお万という女性と結婚、そして生まれたのが兼山である。お石が亡くなり、後妻を娶ったことと関わりがあるのか、やがて良明は姫路から京都へと移り、その後は牢人として経済的に苦しい生活を送るうちに、四六歳の若さで亡くなってしまう。

野中兼山と藩政改革

兼山は姫路で生まれ、京都に移って四歳の時に父を失い、さらに困窮した生活を送ることになった。母のお万は大坂の商人の娘だったというが、やがて子供をつれて土佐に居を移す。良明の異父弟、直継を頼ってのことであった。直継の方は、跡継ぎとなるべき息子は早く亡くなっていて、子供は女子しかいなかった。そこで兼山は、一三歳の時にお市と結婚し、直継の養子として迎えられた。先に述べたように、これには小倉少助の助言があったと伝えられている。それから四年が経過したところで直継は隠居し、兼山が奉行職を継ぐ。そしてその五年後、兼山二二歳の時に直継は死去する。

ついでに付言しておくと、兼山はのちにお市と別居する。その理由は、儒教が古代中国の習慣を取り入れて「同姓不婚」――正確には「姓」だけでなく、先祖の出身地を示す「本貫《ほんがん》」も同じくする「同本同姓」間の婚姻の禁止――を親族構成における基本的原理としていたからだと説明されている。この話は兼山にとって儒教を規範とし、それを実践することがいかに大切であったかをよく示した逸話であり、このあたりがさきほどの小倉三省の話とともに土佐「南学」の真骨頂だと思われる。

これまで述べてきた経緯を見れば、お市と別居することは、幼いときに困窮から救ってくれただけでなく、養子縁組によって現在の地位を保証してくれた恩人ともいうべき直継に対して仇を返すような行為になりかねないことだっただろうが、完全な離縁ではなく別居というところが兼山にとってぎりぎりの選択であったと思われる。当時の日本の慣習からすれば「いとこ婚」は近親相姦のタブーを犯すものではけっしてなかったが、儒教が実践されていた中国や韓国では「いとこ」、とりわけ父方の「いとこ」は同姓の四親等にあたるから、兄弟同然と見なされていた。

このように近世初期の日本では、儒教の理念を実践するためには、周囲との摩擦を引き起こすことを覚悟のうえで、日本的な習俗とそれに起因する生活感覚とを断ち切ることが要請されていた。苛烈とも評される兼山の改革は、まず自らが手本として当時一般に行われていた日本的な慣習から離脱するという強い決意から始まっていたことに注意しておきたい。

奉行職に就任した兼山は、養父と同年齢ぐらいで長い経験を積んできた人々を押しのけ、自分の改革案を果敢に実行する。二代藩主忠義――彼もまた初代一豊の弟の子で、子供のいなかった一豊の後を継いで藩主となった――から絶大な信頼を得ていたとはいえ、従来の政策になじんでいた年長の重職からは強い反発があったことは容易に予想される。

ただ、直継や小倉少助などが実施した改革は、木材を大坂で販売するなどして藩財政の赤字を削減した点において一定の成果を挙げてはいたものの、それ以上に安定した収入を恒常的に得るまでには至っていなかった。そこで兼山は、河川や港湾の整備や新田開発を積極的に行って、農業・林業・漁業といった基盤産業を振興させるという一大改革に踏み切ったのである。こうした「国土改造」とも言える大規模な土木事業には人手が必要で、農民をはじめとして多くの人々が徴用され、当然そこには大きな不満が蓄積する。その解消策を兼ねて、兼山は新たな人材登用策を採用する。

土佐では、山内家が入封する以前に、在地の土豪たちによる覇権争いが繰り広げられ、最終的に長宗我部氏によって統一がなされるという歴史があった。関ヶ原の戦いの結果、長宗我部氏は追放され、その支配下にあって「一領具足」と呼ばれる兵農未分状態にあった多くの土着勢力は、農民身分とされて差別的な扱いを受けることになった。この土着勢力を放置したまま、かれらを土木事業に使役することになれば、それ以前にも起きていた「農民一揆」を頻発させる恐れがある。兼山は新たに新田開発を行った者に「郷士」という身分を与え、さらにはその一部に村役人という地位を与えて、支配機構の末端に位置づけるという政策を実施した。

このほかに兼山は、殖産興業策を採用して木材以外の「国産品」を育成しようとしたり、専売制を導入して商業を振興させるなど多岐にわたる改革策を実施している。そのなかには、海外から渡来した物品を管理するだけでなく、輸出する産品を貯蔵するための「長崎倉」という施設を高知城内に造り、さらには中国人と直接交渉するための通訳を養成するといった政策もあった。

3　闇斎と土佐「南学」

兼山と儒学

上記のような具体的な改革案がどこまで儒教と関わるのかは判断が分かれるところだろう。日本では儒教、とりわけ「南学」の人々が重んじた朱子学は道徳的修養を中心とするというイメージが強いが、それは江戸時代中期に流行する徂徠学派などによって広められた理解である。朱子学を大成した南宋の朱熹自身が官僚として活動した経歴があることからも分かるように、朱子学そのものは政治を軽んじたものではない。官僚になるための試験であった「科挙」を意識した学習には批判的ではあったが、むしろ政治に携わる者こそが道徳的な高潔さをもたなければならないというところから、道徳的修養を第一義とする教養が考えだされたのである。

朱熹自身は比較的早く官僚を辞退して教育に専念したから、具体的な政策論は社倉法に関わるものぐらいしかないが、その孫弟子に当たる真徳秀（西山）は政府高官を歴任し、朱子学の基本理念とき

朱熹
（『晩笑堂竹荘畫傳』より）

わめて具体的な政策とを結びつけようとした『大学衍義《えんぎ》』という書籍を著している。この書籍は、明代になると邱濬（瓊山）によってその当時の時代状況に応じた内容が補足された『大学衍義補』が著されたり、また朝鮮でも印刷・出版されるなど、近世東アジアの儒教的な政治実践において大きな役割を果たした。兼山を中心とした「南学」の人々がこれらの書籍を実際に入手して学習していたかどうかは定かでないが、政治に関わる者が率先して道徳的修養に努めるべきだという朱子学の基本理念はよく理解していたと思われる。

兼山は先の「長崎倉」に見られるように中国や朝鮮から多くの物品を輸入しようとしたが、そのなかには儒教関連の書籍も含まれていた。中国では日本との交易の中心地であった福建で出版業が盛んであったし、「朝鮮性理学」と呼ばれる独自の朱子学が興隆しつつあった朝鮮でも儒教関係の書籍が盛んに出版されていた。兼山はこれらの書籍を江戸や京都、長崎まで探して、谷時中を中心とした学習会で学習していたようである。

兼山自身については、当初は禅学を修めていたが、江戸に滞在していたときに朱熹の『中庸章句』を読んで儒教に関心を抱き、その後に谷時中から講義を受けて儒教の正しさを確信したと伝えられている。ただ、この話は闇斎が儒教に関心を抱くようになった経過の説明と酷似していて、あるいは二人の話がどこかで混線してしまったのかもしれない。

ところで、朱子学関係の書物は、朱熹と門人との問答を筆録した『朱子語類』が典型的であるが、「白話《はくわ》」と呼ばれた当時の口語的な表現が多く使われていて、その読解にはかなり苦労していたようである。ここに禅学を学び、「語録」と呼ばれた、やはり口語的表現の多い経典を読み慣れていた闇斎の活躍する余地があったと考えられている。そのためもあったと思われるが、闇斎の門人たちが伝える兼山ら土佐の人々の儒教に関する知識については、それがいかにお粗末なものであったかが強調された話が多い。

たとえば、朱子学の基本テキストであり、本来ならば『四書』のうちでも最後に学ぶべきものであった『中庸』を、初学教育の書である『小学』と、『四書』の中で最初に学ぶものとされていた『大学』との中間にあたるテキストだと信じ込んでいたという話が残されている。『大学』から『論語』『孟子』を経て『中庸』へと進むというのは、朱熹自身が厳格に守るべきものとしていた学習課程であるから、あまりにも初歩的な誤解としか言いようがなく、にわかには信じがたい話ではあるが、「南学」の人々が独学に近い状態に置かれていたことをよく示したものとされている。どこまでが事実であるかは別として、彼らの学習について不十分なところが多かったのは確かであろう。

このほかにも兼山らは『大学或問《わくもん》』を読んで、初めて『小学』という書物の存在を知ったということになっている。このこと自体が、儒教について少しでも知識があれば、おかしく感じられる話である。『小学』とは、朱熹が門人の劉子澄に命じて編纂させ、朱熹自身も手を入れたとされる初学入門の書であった。一方、『大学或問』は、朱熹が『大学』に対する注釈書である『大学章句』を執筆する過程で、先人の諸説を取捨選択した理由や自分自身の理解に関する見解などをまとめたものであり、口語ではなくきちんとした文語体で書かれてはいたものの、その内容は高度であったため、学習の初期段階で読むものとはされていない。ましてや初学者を対象とした『小学』よりも先に読んでいたとすれば、そのちぐはぐさはのちの時代の儒学者たちから嘲笑の対象となってもおかしくない。

ついでに補足しておくと、江戸時代に最もよく読まれた朱熹の『大学或問』は、闇斎が句読点などを施した、通称「嘉点《かてん》」とよばれた書籍であった。これは嘉点『倭板《やまとばん》四書』と呼ばれ、『大学章句』『大学或問』『中庸章句』『中庸或問』『中庸輯略』『論語集註』『孟子集註』の七部一四冊で、寛文一〇年（一六七〇）以前に初刷が出版されている。

兼山はこの『小学』を非常に重視し、各地に求めたが容易には見つからず、ようやくのことで明の陳選が著した『小学句読《くとう》』を入手する。しかし、これには口語的表現の注釈が加えられていたため、その読解に手こずったという。

たとえば、「底」という文字である。現代中国語の「的」に相当し、修飾関係を示したり、形容詞を示す語尾、動詞の名詞化などと幅広い用途があり、文脈によっていろいろと訳し分けないといけないのだが、これを文字通りの「そこ」の意味で解釈しようとしたという。また形容詞の「様子」、日本語の「ようす」のもとになった言葉であるが、これを「椽」――日本語では「とち」とか「くぬぎ」と訓む――の実と考えて解釈に苦しむなどしたという話などが伝えられている。

これらの逸話は、土佐南学の人々の学力がいかに低かったかを物語る話としてよく引用されているが、その典拠となった資料を丁寧に読むと、たしかに会合の席でそのような初歩的なミスを犯した者がいたことが記されているものの、それと同時に「一座の者が大笑いをした」とも書かれているので、そこに参加した多くはその誤りに気づいていたことになる。兼山をはじめとする人々の学力があまりにも低いので闇斎が大活躍をすることになったという解釈は、闇斎を持ちあげるには都合がよいだろうが、どこまで事実を反映した話であるか、疑問を持たざるをえない。たしかに闇斎は妙心寺でも学力を認められるほどであったかもしれないが、兼山や三省、それに時中らの経歴を見ればよく分かるが、かれらにしても禅籍に対する知識は十分に持っていたはずである。ただし、闇斎が資料の読解力に優れていたことは確かであり、それゆえに兼山から闇斎にこの『小学句読』の解説を作ってほしいという依頼があったとしてもおかしくはない。

この『小学句読』は、兼山が資金を出す形で出版されたが、これとは別に闇斎自身も独自に注釈を作っていたと伝えられている（『先達遺事』）。こちらの方は、闇斎自身の手によってのちに破棄されている。対馬から新しいテキストを手に入れたためと説明されているので、闇斎の読解力に問題があったというよりも、その元となったテキストそのものに欠陥があったのかもしれない。そのためか、江戸時代によく読まれた『小学句読』は、闇斎よりもやや年下で九州・福岡で活躍する貝原益軒が句読点を施した『小学句読集疏』であった。

闇斎の「転向」

兼山は『小学句読』以外にも、朱熹の『玉山講義』『仁説』、さらには朝鮮の李滉の『自省録』などを出版したと伝えられているが、現在はまったく残っていない。こうした兼山の出版事業には闇斎の学力が大きく寄与していたと思われるが、資料を欠くために、いつの頃か定かではないので、断定できない。いずれにしても闇斎は土佐に赴いてほどなくして、時中や兼山などが集う学習会で一目を置かれる存在となったと思われる。

闇斎がどのような経緯でこの会合に加わるようになったのかは不明だが、このとき闇斎の年齢は一九歳で、谷時中は三九歳、小倉三省は三三歳、野中兼山は二二歳だった。師範格の時中は別としても、三省・兼山と闇斎の間には身分や年齢を越えた同志的な結びつきが存在していたと『闇斎年譜』には記されている。

ただし、年齢から見れば三省は一回り以上も年上であり、また年齢の近い兼山も、身分からすればすでに藩の要職についていたから、闇斎の学力への期待がいかに高かったとしても、また学習の場における「朋友」関係は対等が原則だとしても、これは破格の扱いだったと言える。とくに三省とは、彼が亡くなった時の弔辞で、闇斎が「情の通ったつき合いや同志としての楽しみが失われてしまった」と深く嘆いていたところから見て、年齢差を越えた交情が長く続いていたと推測される。

闇斎が仏教から儒教へと「転向」するきっかけは、闇斎自らが朱熹の書物を読んで思うところがあったうえに、さらに時中が『中庸章句』の首章を講義するのを聞いたことによると伝えられている。この講義は兼山の屋敷で開催されたが、兼山はこの日闇斎が仏教をきっぱりと捨てることを予見し、いつものような精進料理ではなく、肉や魚を準備させていたということである。「南学」の人々にとって、闇斎を仏教から儒教へと「転向」させることは、自分たちが学んでいる学問の正しさを証明するための刻印のようなものであったのかもしれない。

ただ、闇斎がこのように仏教から儒教へと「転向」したことは、彼の人生に大きな影響を与えた。このことを知った湘南宗化および二代藩主忠義は激怒し、闇斎の僧籍を剝奪したうえで吸江庵から追放するという措置をとった。ゆくゆくは土佐第一の名刹とも言える吸江庵の庵主にしようと考えていたと伝えられているだけに、その失望と怒りはなみなみならぬものだったと思われる。いかに自分の信念に基づいて行動したにしても、闇斎は土佐での身分や名声を失って故郷の京都に戻るしかなかった。

しかし、京都に戻ったところで、妙心寺をはじめとする仏教に関わるところとは連絡をとることは不可能であり、新たな生活の糧を探すしかなかった。そこで自分が育った堀川近くに居を構えて塾を開くことになる。この京都での新しい生活については章を改めて述べることにしたいが、居を構えるにあたっては、兼山が資金を援助して居宅を購入するなどといった援助を与えたうえに、六、七名の塾生までも紹介したという話が伝えられている。頭脳明晰な兼山や三省であるから、こうした結果となることは予想がついていただろうが、すべてを失って京都に戻るしかなかった闇斎のことをさすがに哀れに思ったに違いない。彼らも出来る限りの助力を惜しまなかったのである。

兼山や三省との交流はその後も続き、慶安四年（一六五一）に兼山の母親の死去に際したとき、闇斎が土佐まで赴いてその葬儀を手助けした話、また先に触れたように承応三年（一六五四）三省が父の喪に服していたうちに死去したときには、弔辞を作って京都においてかれを祀ったという話から、こうした交流がいかに親密なものであったかを知ることができる。

しかし三省が亡くなってからは、兼山を諫める者がいなくなり、兼山に独善的な行動が目立つようになった。それを聞いた闇斎はたびたび忠告の手紙を送ったが、次第に両者の関係は疎遠になり、ついには途絶するに至ってしまったようである。『闇斎年譜』には、はっきりとした時期は不明であるが、兼山が京都で茶器を求めようとし、その仲介を闇斎に依頼したところ、闇斎がそれを「玩物喪志」に類する行為として諫めたことをきっかけにして絶交状態となったと記している。

兼山はわざわざ闇斎のところに人を送って自分の考えを伝えさせたが、それに対して闇斎は瞑目《めいもく》したまま一言も発しなかったと言う。両者ともに妥協せずに自分の考えを貫き通す強い意志の持ち主だったことをよく示す逸話ではある。ただし、寛文三年（一六六三）に兼山が亡くなったとき、それを知った闇斎は深く慟哭《どうこく》したと伝えられているから、闇斎は兼山から受けた恩義を終生忘れてはいなかったと思われる。

4　兼山と『朱子家礼』

兼山の母の葬儀

最後に兼山について二つほどの話を紹介しておきたい。一つは、母の死に際して当時の習俗には従わず、『朱子家礼』の「三年之喪」を忠実に実践したために、幕府から「草賊」の嫌疑を受けたという話である。「草賊」とは、寛永一四年（一六三七）から一五年にかけて起きた天草・島原の乱の一味、すなわちキリシタンという意味である。この話は、当時の日本で『朱子家礼』がいかに違和感を持って捉えられていたかをよく物語るものとして伝えられている。たしかに儒学に関心を持って『朱子家礼』の喪祭儀礼を実践する者も出はじめていたが、実際には服喪の期間や方法、土葬と火葬など、様々なことがらにおいて当時の習俗とは異なっていたので、その実践には多くの点で困難がつきまとっていた。

中国や韓国とは違って日本では江戸時代後半になっても『朱子家礼』の喪祭儀礼が一般化したとは言えないのであるが、それでももう少し時代が下がると、好学の大名や儒学者の中から実践する者も出てくる。『朱子家礼』が日本で最初に出版されるのは慶安元年（一六四八）のことで、その後何回も出版されていて、この点からも『朱子家礼』への関心が時代をおって高まっていることが分かる。そして、その普及に最も貢献したのが闇斎とその門人たちである。

それはともかく、慶安四年（一六五一）という時点では、ごく少数の儒学者のみが関心を抱くだけ

林羅山（『先哲像伝』より）

で一般的にはまだまだ違和感の方が強かったため、前述のような誤解も生じたのであろう。もちろん兼山はいろいろと誤解を解こうと努めたようであるが、うまくゆかずに苦労を強いられた。そこで最終的には幕府に仕えていた林羅山（一五八三～一六五七）が仲介に入り、兼山自身が江戸に出向いて幕閣に釈明することによってかろうじてことなきを得た。

羅山自身は、すでに寛永六年（一六二九）に長男叔勝が亡くなった際に、儒葬によってその葬儀を行っていたから、兼山が『朱子家礼』を忠実に実践したことを高く評価したのだろう。兼山は慶安三年（一六五〇）に『朱子家礼』に従って「祀堂《しどう》」を作っており、また闇斎も同じ年に『朱子家礼』に従って祖先の「神主《しんしゅ》」を作って祭礼を行っていた。死者の霊の依り代が「神主」であり、「祀堂」はそれを安置しておく建物のことであるので、それらは本格的に『朱子家礼』が実践されたことを意味している。

以上のような経緯からして、『朱子家礼』の実践に関して、闇斎と兼山との間にそれなりの交渉があったのではないかと推測され、そうした点からも兼山をめぐって起きた問題に闇斎は多大な関心を向けていたのではなかったかと推測されるが、まだ一介の庶人として京都で修行中の身であり、兼山のためにとくに何かができる立場にはなかったのだろう。先に述べたように兼山が行った葬儀に友人として参列し、さらには彼の領地であった本山に母の墓所を作るにあたって墓誌――死者の名前、誕生と死去の年月日、その人の行跡、さらには墓の場所や向きなどを書いて石や陶板に刻んだ文章のことで、墓の中に収めた——を作り、その経緯を記した「帰全山記」を著したことが、闇斎にとって精一杯の援護だったと思われる。現在、闇斎の文章としては「帰全山記」のほかに「秋田夫人壙誌」と「夫人秋田氏墓表誌」が残されている。

兼山への処罰

兼山に関するもう一つの話は、彼が失脚させられて、失意のうちに寛文三年(一六六三)に亡くなったあとのことである。すでにこのとき闇斎と兼山とは絶交状態となっていたので、直接闇斎には関わることではなかったが、兼山が儒教を信奉していたことを意識したかのような、かなり厳しいというか、当時としては異色の処罰が行われた。

兼山が失脚した理由は、彼が推進した改革も三〇年以上続き、藩の財政面から言えばかなりの成果を挙げていたが、河川の改修や港湾工事といった土木作業に動員されていた藩士や農民などには疲弊感が募っていたことにあった。風俗改良という名のもとに飲酒や相撲・踊りを禁じ、奢侈や怠惰を戒めるばかりでなく、当時一般的であった仏教式の葬儀までもが禁止されたことも大きな理由である。さきに紹介した母の葬儀を『朱子家礼』に従って行ったことは、自らが率先して範を示す意味があったのだろうが、それがあらぬ誤解を受けた背景には、領国内の葬儀を仏教から儒教へと転換させようとしたことへの反発が広い範囲であったことを窺わせる。とくに罪人以外の火葬を禁止して土葬を強要したことは、棺桶代などの葬儀の負担増も招き、民衆からの反発をいっそう募らせたという。

こうした事情のうえに兼山を支持してきた二代忠義も、明暦二年(一六五六)には子の忠豊へと藩主の地位を譲り、しばらくは「大御所」として実権を握っていたものの、この頃にはその力も衰えていたようである。忠義は兼山に遅れること一年で死去する。

三代忠豊は、慶長一四年（一六〇九）に生まれているから、藩主となった時にはすでに壮年であった。当初から兼山のことを快く思っていなかったふしがあるが、しばらくは父の威光もあって我慢していたようである。しかし、寛文三年（一六六三）になって、重臣の深尾重昌（一五九八〜一六七二）およびその親族から兼山への弾劾書が提出されたことから、忠豊は父忠義を説得して、兼山に改革を緩めるように命じた。深尾重昌は忠豊の叔父に当たり、佐川一万石を領有していた人物で、この弾劾書も忠豊と綿密に打ちあわせたうえで上程されたと思われる。

この藩主じきじきの命令に対して、兼山は奉行職の辞任という行動に出る。三〇年以上も改革を担ってきた兼山からすると、改革が何かも分からぬ人々の横やりに我慢ができず、自分の意地を貫き通すための手段であったろうが、忠豊からすれば自分の命令に背く傲慢な態度と思ったに相違ない。忠豊はただちに兼山の罷免と自らの親政を布告し、さらに町方（町人）・村方（農民）・浦方（漁民）、すなわち領国内のすべてから兼山への弾劾書を提出させた。忠豊の政治は「寛文改暦」と呼ばれ、兼山が厳しく定めていた様々な法令を緩めたために多くの人々から歓迎されたが、忠豊が治世五年にして寛文九年（一六六九）に死去したことで終わりを迎える。

奉行職を罷免された兼山は、隠居願いが許されたため、城下を離れて香美《かみ》郡にあった屋敷に移るが、三カ月程過ぎた頃に持病の「痰喘」が悪化して亡くなった。自殺だったという話も伝えられ、方法や場所についても諸説あるが、真偽のほどは定かではない。

　問題はその後に忠豊が取った措置である。寛文四年になって兼山に謀反の疑いがあったということから野中家の「改易」、すなわち断絶が宣告される。長男の清七（のちに一明と名乗る）をはじめとして、男女併せて八人の子供とその母親である妾四名が、それに仕える家臣数名とともに宿毛《すくも》に移され、幽閉状態に置かれた。別居中であった正妻のお市は直接関わりがなかったとして「お構いなし」とされたが、やはり宿毛に移って生涯を終えている。

お婉堂（野中神社）（高知県香美市土佐山田町）

　兼山の遺族の幽閉は、末男子の貞四郎（行継）が元禄一六年（一七〇三）に自殺して、兼山の男子の血統が途絶えるまで続けられた。この時点で女子三名が残っていたが、そのうち二名は宿毛に残り、お婉《えん》（一六六一～一七二六）だけが兼山が最期を迎えた故地に戻り、先祖の祀堂や墓を建て、さらに家臣だった者に土地を買い与えて、自分の死後も野中家の祭祀を絶やさないようにという配慮をしている。結局、お婉は独身のまま医業をなりわいとして生涯を過ごすが、これに関しては、兼山の領地だった本山町出身の大原富枝が書いた『婉という女』に詳しく描かれている。
　兼山の最期をめぐる問題について長々と述べてきたのは、

土佐藩の措置も、それに対するお婉の対応も、男子の血統が続かないということ、それによって祖先祭祀が途絶するという理解が前提になっているということを明らかにしたかったからである。なぜなら、こうした理解はきわめて儒教的で、当時の日本の習俗、いわゆる「お家断絶」とはかけ離れていると思われるからである。

戦国時代であれば、謀反人については女子供を問わず、一族全員を誅戮することもあったが、さすがに平和になった江戸時代ではこれは行いがたかった。そこで「改易」ということが行われるが、これも当主のみが斬首または切腹となり、子孫や一族の者が小禄で取り立てられて「家名」が存続することも多かった。もちろん「世嗣断絶」と呼ばれるように跡継ぎがいないために「改易」されるということも多くあったが、その後にしかるべき人物をたてて「お家再興」となることもあった。

他姓養子が一般的であった当時の日本では、娘が他姓の婿を迎えて家名を継承すること、あるいはまったく血縁関係のない者であっても家名を嗣ぐことができたから、男子の血統のみを問題にする必要はなかったはずである。赦免されたとき、お婉が中年を過ぎていたために子供は作れなかったにしても、養子を取ることは可能である。

このように考えると、兼山の家族に関する措置は兼山が信奉していた儒教の祖先祭祀、すなわち『朱子家礼』を判断基準としていたとしか思えない。さきにも述べたように、儒教の同族組織の原理は、古代中国の慣習を元に「同姓婚」や「他姓養子」をタブーとし、男子のみに継承権を認めるものであった。女性が結婚しても「姓」を変えないのはこうした原理を徹底させるためであり、系図を辿ってみればよく分かるが、常に女性は一代で消滅し、男子のみが継続することになる。こうした儒教的な「家」意識は、儒教の普及によって江戸時代の後半になると一般化するようになるが、前期のこの時期では珍しいだろう。

いずれにしても、兼山に対する処罰の中心は、残された一族を長く幽閉することにあったのではなく、兼山をはじめとする一族の祭祀を途絶えさせることにあったと考えられる。忠豊からすれば毒をもって毒を制すといった措置だったかもしれないが、これによって土佐「南学」は一時的に低迷を余儀なくされる。兼山の庇護を受けていた者たちは危険視されて、その多くが土佐から放逐されたり、自ら離れたりしたからである。

土佐「南学」が再び盛んになるのは谷秦山《しんざん》（一六六三〜一七一八）が登場してからになるが、彼は闇斎最晩年の門人であった。このことから、闇斎は土佐「南学」にとって重要な継承者であるばかりでなく、「南学」が再び土佐で盛んになるうえでも重要な役割を果たしていて、兼山や小倉三省などから受けた恩義に十分に報いていたと言えよう。どちらかと言うと、自尊心が強く傲慢不遜のイメージで理解されることの多かった闇斎であるが、実際の人間関係においては、このように「誠実」な側面もあったことを指摘しておきたい。

第三章 「異端」との闘争

1 京都への帰還

葭屋町下立売

寛永一九年（一六四二）、土佐で六年あまりを過ごした闇斎は京都に戻って世俗の人となった。ただし『家譜』によれば、闇斎が「本姓」すなわち「山崎」姓に戻ったのは正保三年（一六四六）二九歳の時とされている。それまでは僧名をそのまま使用していた可能性もある。もっとも『闇斎年譜』では、京都に戻ってから子供の頃に父から授けられた「清兵衛」を名乗っていたと解釈したらしく、正保三年の話は「嘉右衛門（加右衛門）」という名乗りを用いるようになったとするが、一方では詳しいことは分からないとも書いている。

また正式に門人をとって塾を開くのは明暦元年（一六五五）のことであり、その間闇斎がどのようにして生計をたてていたのか、定かではない。もちろん塾を開いたからといって、すぐに生活が安定

山崎闇斎邸址
（京都市上京区葭屋町通下立売上ル）

したかどうかは分からないのだが、とりあえず開塾によって儒学者として「公的」な活動を開始したとみなすことができるので、それまでの間は一人前の社会人とは言えない状態にあったと考えてよいだろう。

そこで本章では、闇斎が京都に戻ってから塾を開くまでの、約一二年間の足跡を辿ることにしたい。いわば雌伏の時代とも言えるが、『闢《へき》異《い》』や『大家商量集』といった「異端」批判の書物を著している。これらの書物は、この時期に闇斎がどのような問題に関心を抱いていたかを知るだけでなく、それがその後の闇斎の学問・思想にどのような影響を与えているかを考えるうえでも重要な資料となっている。こうした書物をめぐる問題を中心に話を進めることにしよう。

闇斎が京都に戻るに際しては、すでに紹介したように野中兼山の支援があった。『闇斎年譜』には、兼山が佳屋街《よしやまち》の住居を購入したとあり、また現在上京区の「葭屋町下立売《よしやまちしもだちうり》上ル」に闇斎住居址の碑が立てられており、兼山が買い与えたのはそこであったと思われる。しかし『闇斎年譜』の寛文五年（一六六五）の項に闇斎が新しく家を造ったという記事があり、その注に「先生は転居されたが、『家譜』には場所が示されていない」と書かれている。

ただし、佐藤直方の高弟であった稲葉黙斎（一七三二～九九）の『吾学紀年』には、寛文五年に「造家上梁」と記され、その所在地が「吉屋町出水上地」と書かれている。これが正しいとすれば、「吉屋町」は「葭屋町」のことであろうし、「出水通」は「下立売通」の一つ北側であるから、闇斎はすぐ近くに越したことになる。あるいは「出水上ル」ではなく「出水下ル」とする説もあり、これに従えば、ほぼ同じ場所となる。また資料によっては、地名を「元福大明神町（南福大明神町）」とするものもあるが、これも同じ場所の別名である。

土佐の大高坂《おおたかざか》芝山《しざん》（一六四七～一七一三）『南学伝』には、兼山が最初に購入した場所に闇斎は終生暮らしたと書かれているので、『闇斎年譜』の「新造居室」とは同じ場所に建物を増改築したと考えることもできる。大高坂は、闇斎から直接教えを受けた門人ではなかったが、兼山の失脚後、師の谷一斎とともに、土佐を離れて京都から江戸に行き、そこで生涯を終えた人物であるから、まったく無視はできない情報ではある。

「新造居室」ないし「造家上梁」が行われた寛文五年は、明暦元年（一六五五）の開塾から一〇年ほど経過した時期であるから、塾生が多く集まり、今までの家では手狭になったのかもしれない。あるいは寛文二年（一六六二）五月には京都で大地震があり、二条城の石垣が崩れるほどの被害があったということであるから、『闇斎年譜』などには何も書かれていないが、闇斎の家でも何らかの被害があったのかもしれない。

いずれにしても、それ以前に暮らしていた同じ場所か、すぐ近所に家を新築ないし増築したことは確かであるが、闇斎がその生涯の多くの時間を幼い頃からなじみのあった堀川沿いの葭屋町で過ごしたと考えてよいだろう。闇斎が土佐に行った後も、残された家族はそのまま葭屋町かいわいで暮らしていた可能性が高い。要するに葭屋町は、闇斎にとって最もよく知った場所であり、古くからの顔見知りも多く暮らしていた場所であったと言えよう。

なぜ闇斎が暮らした場所にこだわるかと言えば、堀川は後年伊藤仁斎（一六二七〜一七〇五）の学塾があったことで有名になり、仁斎の学塾は、正式には「古義堂」と言うが、その学派については場所にちなんで「堀川学派」と呼ぶことが多いからである。仁斎の学塾は狭い堀川を隔てた反対側に位置し（東堀川通下立売上ル東側）、現在でも子孫がそのまま暮らしている。

伊藤仁斎（『先哲像伝』より）

伊藤仁斎邸（古義堂）
（京都市上京区東堀川通出水下ル）

ただし、仁斎もまた「堀川通下立売上ル」が生家の場所であり、いわば生まれ育ったなじみの場所で学塾を開いただけで、わざわざ闇斎に対抗する意味から学塾の場所を選んだわけではない。仁斎は、闇斎が学塾を開いた頃、学問上の悩みから生家を離れて「松下町」に隠棲したが、その「松下町」とは「下立売通」を四つほど北上した「一条通」に面したところであったから、その生涯をほとんど堀川沿いの場所で過ごしていた。

その後仁斎は隠棲先で「敬」――闇斎が最も重視した朱子学の概念――から「仁」――仁斎の号の由来でもある――へという有名な「思想的転回」を経て、寛文二年（一六六二）に生家に戻って塾を開く。これ以降は、徐々に仁斎の人気も高まり、闇斎が亡くなるまで両者の拮抗状態が続くことになる。いや、二人ばかりでなく、闇斎の門人と、仁斎の子孫や門人に至るまで、両者の対立は京都ばかりでなく日本全国に広がって延々と続けられることになる。

松永尺五と講習堂

闇斎と仁斎の関係については、この先でまた触れるが、そもそもの始まりから緊張をはらむものだったと言える。ただ先輩儒学者との関係ということでは、闇斎にもまた問題がなかったとは言えない状況にあった。葭屋町の住居は兼山が購入したものとはいえ、すでに述べたように闇斎の意向をまったく無視したものとは考えがたい。幼少期からのなじみの場所というのが選択の大きな理由であっただろうが、そこに塾を開くことによって、当時京都で一大勢力を誇っていた松永尺五《せきご》（一五九二～一六五七）と対峙することになったからである。

松永尺五はいくつも学塾を京都に開いていたが、その代表とも言える講習堂は、葭屋町から同じ堀

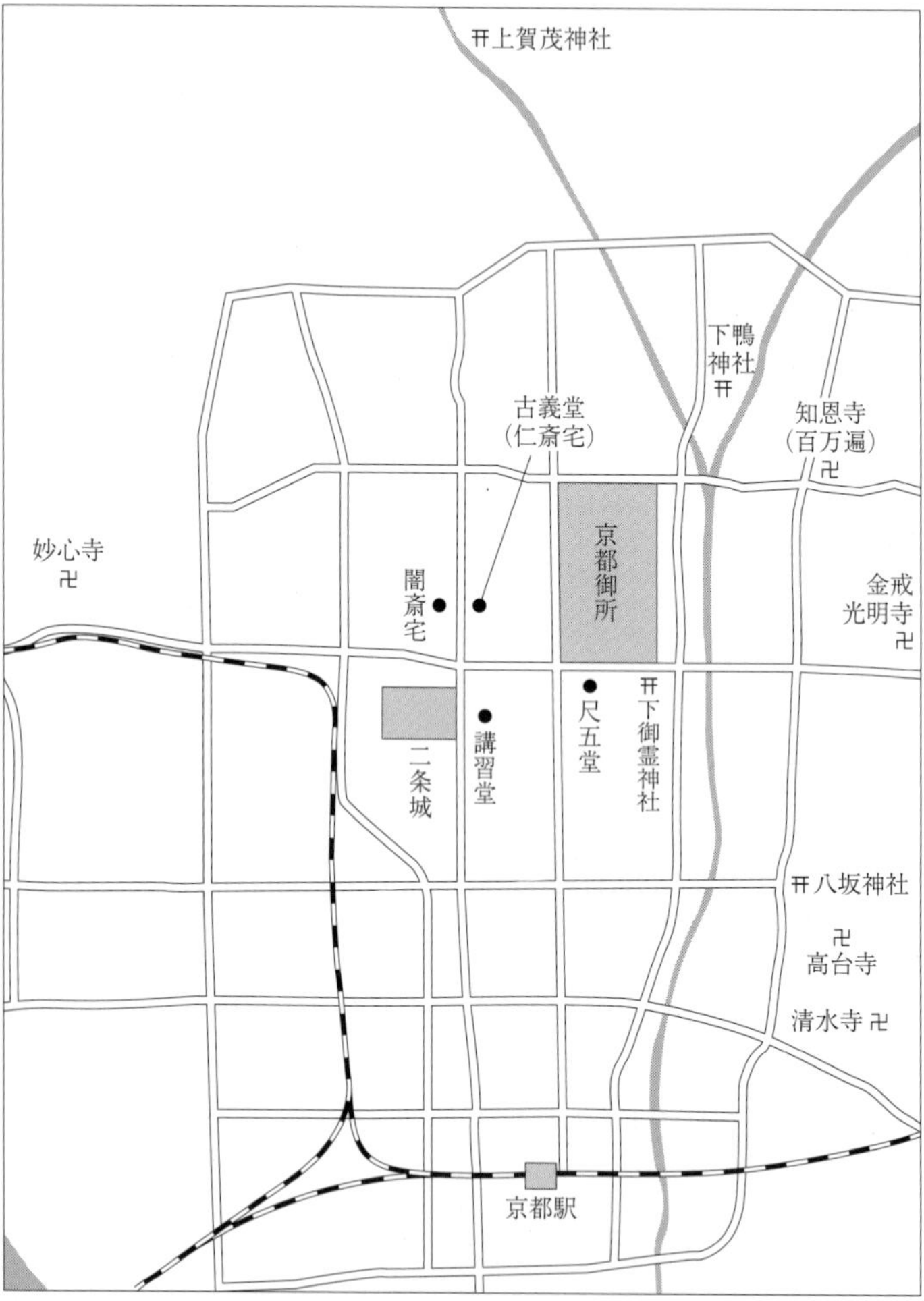
上賀茂神社
下鴨神社
知恩寺（百万遍）
古義堂（仁斎宅）
京都御所
妙心寺
闇斎宅
金戒光明寺
二条城
講習堂
尺五堂
下御霊神社
八坂神社
高台寺
清水寺
京都駅

京都付近地図

川通りを南に下ったところ、二条城の東側にあった。地図を見ればすぐに分かることだが、闇斎が暮らす葭屋町から歩いて一五分も南に下れば尺五の講習堂の前にたどり着く。闇斎と仁斎ほどではないにしても、広い京都のなかでは目と鼻の先と言ってもよいほどの距離である。

尺五の経歴については、『尺五堂先生全集』にある徳田武「解説・解題」に詳しく述べられているが、それによると連歌・俳諧で高名な松永貞徳《ていとく》（一五七一～一六五四）の次男で、文禄元年（一五九二）に京都の三条衣棚《ころもたな》で生まれた。幼名を昌三郎と言い、のちに昌三と改名する。幼い頃から学業に秀で、一一歳の時に作った詩は多くの人を驚かせたと伝えられている。その頃から遠縁――尺五の曽祖母が惺窩《せいか》の伯祖母《おおおば》という関係――にあたる藤原惺窩（一五六一～一六一九）の門人となり、のちに林羅山（一五八三～一六五七）・堀杏庵（一五八五～一六四三）・那波活所《なわかっしょ》（一五九五～一六四八）と併せて藤門四天王と称された。

藤原惺窩（『先哲像伝』より）

惺窩はもちろんのこと、九歳年長で議論を好み、とかく人と争うことの多かった羅山でさえも尺五のことをいろいろと引き立てようとしたと伝えられているほどに、学力ばかりでなく温良な性格も世にもてはやされる理由であった。若い頃は豊臣秀頼から、また壮年になってからは加賀・前田家をはじめとして多くの諸大名から招かれたが、終生仕えることはなかった。また地元の京都でも公家衆や五山関係の僧侶たちからも好意をもって迎えられていた。

尺五は、寛永五年（一六二八）三七歳の時に、三条衣棚の自宅とは別に西洞院《にしのとういん》二条南に土地を求め、そこに最初の家塾である春秋館を開いた。さらに寛永一四年には、京都所司代であった板倉重宗（一五八六〜一六五七）の後援を受け、重宗の父勝重が所有していた二条城東門外の土地（堀川二条）を与えられて講習堂を開く。東西一八間・南北三〇間という広い土地ばかりでなく、建物まで重宗が負担したという話だから、その力の入れ方もかなりのものであったことが分かる。この時期は幕府と朝廷との緊張関係が高まっており、幕府側からの文教振興の形を借りた懐柔策でもあったのだろうが、重宗が個人的に尺五のことを尊敬していたことも大きな要因だったろう。重宗の働きかけがあったためか、あるいは公家衆側に思惑があったからか、翌年には後水尾天皇（一五九六〜一六八〇）自らが講習堂の扁額を書いて与えるということになった。

さらに慶安元年（一六四八）五七歳の時、後光明天皇（一六三三〜一六五四）から御所の南の土地（堺町御門側）が与えられ、今度もやはり板倉重宗が建物の建築を援助した。このとき友人の石川丈山（一五八三〜一六七二）がその場所を「天（天皇のいる御所）を去ること五尺なる者」と賞賛したことから、それにちなんで尺五堂と命名したと伝えられている。また、これは尺五という彼の号の由来ともなっている。

このようにほぼ一〇年ごとに家塾の名称と場所が変わったことになるが、重要なのは、新しい塾が出来ても以前のものが閉じられたわけではなく併行して存在していたことで、むしろ尺五が経営する塾が増えたと考えた方がよいということである。

講習堂が開かれたのち、春秋館は長男の昌易《しょうてき》（一六一九〜八〇）が継承していた。昌易の号は寸雲であるが、春秋館という別号でも知られており、少なくとも尺五が講習堂から尺五堂へと移るまでは春秋館に居住していて、それにちなんだ号を名乗っていたと思われる。講習堂と春秋館の地理的関係は、二条城東門に面した堀川通から三つほど通りを東へ移動したところが西洞院通で、しかも春秋館のあった場所が二条通の南というのであるから、講習堂のほぼ東隣にあったと言ってもよいような位置取りである。

ついでに紹介すると、尺五の生家は、西洞院通からさらに三つほど東に移動したところが衣棚通で、そこから少し南下すれば三条通となるから、やはりかなり近い場所であったことになる。尺五もまた、生まれ育った、なじみの場所から離れることなく生涯を過ごしていたのである。

尺五が尺五堂に移った後、講習堂はやはり長男の昌易が継承していたが、その子の昌琳の時にかなり衰退したために、尺五の後妻妙倹が産んだ四男の永三（一六三三〜一七一〇）が代わって継ぐことになり、以後はその子孫が明治初年まで継承している。日本の学塾のなかでも長期にわたって存続したまれな事例である。

永三は号を思斎と言い、別に懐徳堂とも号したというので、長男の昌易が講習堂を継承していた時期には懐徳堂として別に教えていたようであるが、それがどこなのかはよく分からない。永三は、甥の昌琳が家業とも言える講習堂の経営を衰退させたことにひどく憤っていて、講習堂の歴代当主の系譜から除外したばかりでなく、なおかつ位牌も裏返にして置いていたと伝えられている。

尺五は先に触れたように藤門四天王と称されていた。藤原惺窩も優秀な門人を多く育てたことで知られているが、元和六年（一六二〇）には没している。藤門四天王のうち、林羅山は、京都にも家があったが、徳川家康に重用されるに従って江戸での生活が多くなり、とくに三代将軍家光から上野忍岡に土地を与えられると、そこを拠点に門人の教育にあたった。また堀杏庵は、医学も兼修していたが、尾張の徳川義直に仕えたために名古屋での生活が長かった。那波活所も紀伊の徳川頼宣に儒臣として仕えたため、和歌山で暮らすことが多かった。もちろん石川丈山のように詩文に優れた人物も京都にはいたが、儒教を教えるとなると、惺窩亡き後は尺五をおいて他にいなかったと思われる。

尺五の著作としては『四書考』『七書備考』『七書諺解《げんかい》』——『七書』という名称はあまり聞き慣れないが、いわゆる兵学関係の『武経七書』ではなく、易・書・詩・春秋などといった「七経」のことを指す——があったとされるが、現在は『彝倫抄《いりんしょう》』（寛永一七年刊）以外には伝わっていない。『彝倫抄』については、陳淳（北渓）『北渓先生性理字義』をことのほか重んじているが、太極・理といった原理論よりも「居敬」といった実践を重視しており、『彝倫抄』という書物の性格にもよるのだろうが、入門者に向けた日常卑近の倫理道徳を強調している点に特色があるという（玉懸博之「松永尺五と小瀬甫庵の思想」）。

このほかにも、父貞徳の命により建仁寺で仏教を学び、一年で大蔵経《だいぞうきょう》をすべて通覧したという逸話が残されているように仏教にも造詣が深かったようである。この点から、師であった藤原惺窩の教えを忠実に継承して、儒教を中心としながら、そこに仏教の教えにも通ずるところがあるという儒仏一致論の立場を取っていたと考えられている。

このほか、尺五が訓点を施したとも、長男の昌易によるものとも伝えられる『首書 五経集註』（寛文四年刊）には、いわゆる「文選訓み」と呼ばれる音訓両訓法に基づく旁訓があり、こうした古い訓み方を採用しているところが京都の公家衆に人気があった理由だったろうと考えられてきたが（大江文城『本邦儒学史論攷』）、むしろ羅山の初期の訓点に近かったのではないかという意見もある（村上雅孝「松永昌易の「首書五経集註」における訓点について」）。いずれにしても尺五およびその息子たちは、若干古風な要素を残しながらも、惺窩から受け継いだ朱子学の新しい知識を売り物に京都の学問世界のなかで大きな地位を占めていたと見てよいだろう。

この尺五の門下からは、木下順庵（一六二一～九九）・貝原益軒《かいばらえきけん》（一六三〇～一七一四）・安東省菴《せいあん》（一六二二～一七〇一）といった多くの人材が輩出されている。このうち木下順庵は、尺五が暮らしたところから南東に位置する京都・錦小路に生まれていて、現在ではその生家近くに記念碑が建てられている（錦小路通烏丸西入南側）。順庵も京都で学塾を開いていたが、その場所は東山と伝えられており、あるいは尺五やその子供たちへの遠慮があったのかもしれない。その後、尺五の後継者として加賀・前田家に迎えられるが、永三とともに就任することを条件としたというところからも、順庵の師弟関係を重んじる姿勢が窺えよう。

儒学者ならではの道徳心とも言えるが、勘ぐればそれぐらいの「気配り」をしなければ京都で生き抜くことは難しかったということでもあろう。京都を拠点としながら時折金沢に出向くという状況であったようだが、晩年は幕府儒官となり、江戸で暮らしている。金沢における門人に室鳩巣《むろきゅうそう》（一六五八～一七三四）、江戸では新井白石（一六五七～一七二五）や雨森芳洲《あめのもりほうしゅう》（一六六八～一七五五）などがいて、多くの人材を育てたことで知られているが、順庵がかならずしも京都で多くの門人を育てていたわけではないことにも注意しておきたい。

また貝原益軒は九州・福岡藩、安東省菴も九州・柳川藩の出身であり、尺五のもとで勉学したのち、それぞれ地元に帰って活躍したことはよく知られている。彼らは京都の出版業者とは懇意であり、伊藤仁斎や木下順庵といった儒学者たちとも交流があったようであるが、だからといって、京都の学塾を脅かすような存在ではなかった。

闇斎が京都に戻ってからだいぶ後の時代まで見渡してみたが、松永尺五の尺五堂とその子供たちが経営していた講習堂は、当時の京都にあって、いや日本全体にあってもやはり群を抜く存在であったと考えてよいだろう。

こうした状況の下、闇斎は儒学をもって同じ京都に、しかもすぐ近くで生きてゆくことになる。そこで、京都に戻ってから明暦元年（一六五五）に塾を開くまでの約一二年間は、闇斎が京都で生き抜いてゆくために力を蓄える準備期間だったと考えるべきだろう。すぐに塾を開いて名前を売りだすといった過激な行動は避け、『闢異』や『大家商量集』といった書物を著しながら、自分自身の学力を磨くといった穏便な行動を取ったものと思われる。闇斎自身がどこまで意識して行動していたかは、その内面を知りうるような資料は残されていないので不明としか言いようがないのだが、結果的にはそのように受け取ってよいであろう。

ところが、松永尺五に並々ならぬ好意を寄せていた後光明天皇が承応三年（一六五四）九月に崩御し、またそれ以上に尺五を常に庇護していた板倉重宗が同年一二月に京都所司代を辞職した。ついでに言えば、後光明天皇崩御の前年、承応二年に尺五の父松永貞徳が八三歳の高齢をもって没していた。これらのことは闇斎の開塾と直接関わりはなかったのかもしれないが、時代は明らかに変わりつつあった。尺五自身も明暦三年（一六五七）六月に六六歳で没しているが、それは奇しくも同門であった林羅山の死去と時を同じくしていた。

兼山の助力と門人

野中兼山から居宅を与えられた闇斎は、しばらく雌伏のときを過ごす。『闇斎年譜』には住居ばかりでなく、「粟《ぞく》百石」を与え、六〜七名の門人をつけたと記されている。

「粟」とは籾米《もみまい》のことで、一般に籾をとると半分になると考えられているから、実質は「米五〇石」である。米の値段は江戸時代の前期と後期では大きく異なるし、ほぼ同じ時代でも豊作か不作かによってもかなりの変動がある。経済関係の資料によれば、闇斎が京都に戻った寛永一九年（一六四二）は全国的に凶作で、米一石が銀五七匁《もんめ》もしたという。ただし、その前年の一八年は二四匁で、二〇年は三七匁であった。このようにかなりの変動があるが、平均をとって四〇匁と仮定すると、当時の金銀交換比率は銀五〇匁で金一両であり、江戸前期は金一両が現在の一〇万円ほどなので、ほぼ四〇〇万円から五〇〇〇万円相当の「支度金」が援助されたことになる。

出費の方は身分によって大きく異なり、闇斎がどのような生活水準を保っていたかによって大きく異なるが、それを窺い知るような資料は残っていない。一般には、庶民であれば夫婦二人と子供二人の家族が年間四両ほどで生活できたとされている。また武士に支給された「扶持米」――これは大人の男性一人が一日に食べる玄米の量から算定された――が年間一人あたり一石八斗で計算されていたことを考慮すれば、闇斎一人だけの暮らしであったならば、相当の年数を食べていくことができるような援助が兼山から与えられたと考えてよいだろう。

門人については、『闇斎年譜』の注記に、闇斎が京都に戻ってからも土佐に行くことがあり、永田宗意の家に泊まり、また兼山の領地である本山に行って学問を講じたことが数年にわたったが、それが何時のことか、はっきりしないと書かれている。『闇斎年譜』の著者である山田慥斎は土佐における門人と考えたのかもしれない。京都には土佐・山内家に関わる屋敷などもあって、関係者も暮らしていただろうが、わざわざ京都まで門人を派遣しただろうかという疑問も残るから、その可能性は高い。

ただし、幕末から明治初期にかけて活躍した楠本碩水《せきすい》の門下生であった岡直養《なおかい》の「崎門学脈系譜」には、兼山の「騎士」と記された門人が二名挙げられている。ともに姓名のみであるが、伊藤重剛（名は勝、または勝兵衛）と片岡義（字は正之、義右衛門と称す）と書かれている。「崎門学脈系譜」には、そのほかにも一〇名程度の土佐出身の門人が記載されているが、なかには死亡した時期が元禄や正徳という者――享年が分からないので、若くして門人となり、長寿であれば、初期の闇斎に学んだ可能性も残るが——もいるので、出身地が土佐であるからと言って、すべてがこの時期に弟子入りした者とは限らない。谷秦山のように、晩年の闇斎に学び、再び土佐に戻って「南学」を再興する者もいたからである。

それとは別に兼山と闇斎に学んだ黒岩慈庵（一六二七〜一七〇五）という儒学者がいて、土佐では二代藩主忠義の侍読となり、のちに福岡藩儒となった人物であるが、朝鮮の李滉『朱子書節要』に訓点を施したことで知られている。植田玄節（一六五一〜一七三五、号は艮背）が語ったことをまとめた『艮背語録《ごんはい》』の門人に関する記述では、「絶交」という項目を立てて佐藤直方などの名前を記しているが、真っ先にこの慈庵の名前が挙げられている。そこでは「ソリタテノ門人」であり、幼少期から教えていたが、学問に怠りがあったという理由で破門されたとある。慈庵がいつ頃、どこで闇斎に学んだかは定かではないが、若い頃から闇斎について学んだとすれば、闇斎が京都に戻った時期の門人の一人であったと考えても不都合はない。

このように不明なところも多いのだが、兼山の「騎士」、つまり山内家の家臣ではなく野中家の家臣であった門人がいたところをみると、『闇斎年譜』にある通りに、京都に戻った闇斎が京都もしくは時折出かけた土佐において、兼山が命じた幾人かの門人に教授していたことは確かだろう。

ただし、それはやがて正式に塾を開くために講義の準備をするという程度の意味はあったのかもしれないが、それによって生計が成り立つというところまではいかなかったと思われる。この時期の闇斎はあくまでも「雌伏」の状態にあったからである。

2　仏教批判

『闢異』の執筆

門人からの「束脩《そくしゅう》」はともかく、兼山からの「支度金」によって闇斎の生活がある程度成り立っていたとして、では、この時期の闇斎は何をして過ごしていたのだろうか。読書三昧という優雅な過ごし方もあったかもしれないが、もう一つ考えられるのが著述活動である。実際、この時期に闇斎が著した著作が多く残っているが、これは大きく二つに分けることができる。一つは闇斎自身の考えが示されているもの、もう一つは中国などで出版された朱子学関係の書物に訓点を施したものである。

本章では、このうちの前者を中心に述べるが、それには正保四年（一六四七）に著した『闢異』と、その五～七年後に書かれた『大家商量集』がある。ただし、闇斎自身の考えと言っても、序文や跋文は闇斎自身の言葉で文章が書かれているが、本文そのものは朱熹などの文章を収録するという形式となっている。そして、この形式はほぼ生涯にわたって継続された、闇斎特有の編纂形式と言うことができる。

またこの時期に朱熹の著作に訓点を施したものには、慶安三年（一六五〇）に完成した『白鹿洞書院掲示集註』《はくろくどうしょいんけいじしっちゅう》や、同四年に跋文が書かれ、その後の明暦元年（一六五五）頃に出版された『敬斎箴集註幷《けいさいしんしっちゅうならび》附録』などがあるが、これらについては次章でまとめて紹介することにしたい。

『闢異』については、闇斎が仏教との決別を力強く宣言したものとしてよく知られている。「闢《へき》」とは「しりぞける」という意味、「異」は「異端」の意味であり、もともとは老荘といった儒教に対抗した諸家を指す言葉であったが、朱子学などの近世中国の儒教では老荘よりも仏教、とりわけ禅を異端として想定するのが一般的である。近世になると儒教が再興される際に、仏教から理論的な枠組みや修養方法などを流用してきたという経緯があって、老荘やそこから発展したとされる道教よりも仏教の方がより手強い異端として意識されていた。儒教内部でも、朱子学の人々が陽明学を批判するとき、異端である仏教の禅に近いという議論が主張されている。

仏教が盛んだったところに儒教が新たに勢力を拡張してきたというのが東アジアの近世における大きな思想動向であったから、儒教が盛んになった宋代以降、儒学者による仏教批判は枚挙に暇がないほどであり、朝鮮や日本などでも儒教が広まり始めた時期には同様な現象が起きている。儒教とは何か、儒教のどこが優れているのかということを人々に説明しようとすれば、どうしても方法的に類似している仏教、とりわけ禅に関して批判的に言及せざるをえないということである。

闇斎もまた儒教全般のこうした傾向のなかで仏教批判を行ったのであるが、そこにはすでに見てきたように闇斎自身が仏教から儒教へと「転向」したこと、それによって土佐を追われて京都に戻らなければならなかったという個人的な動機も強く関わっていたはずである。闇斎にとっては、仏教よりも儒教がどのように優れているかということは、逆に仏教のどこが問題なのかを明確に示すことであり、そのことは自分自身のアイデンティティーを確立するうえでも必須の作業であったにちがいない。

闇斎は、『闢異』の冒頭に序文とも言える文章を記しているが、それは「子朱子曰、正道異端、如水火之相勝、彼盛則此衰、此強則彼弱」という朱熹の言葉の引用から始まるものであった。「子」とは尊称で、「朱子」だけでも尊敬の意味が籠められているが、その前にさらに「子」をつけているから最大限の敬意を払った表現となる。朱熹の言葉は、『論語』為政篇「子曰、攻乎異端、斯害也已」に関する『論語或問』からの引用であるが、「正道」すなわち儒教という正しい教えと「異端」とは火と水のように相容れない関係にあり、両者の間に妥協など存在しないという意味である。

続けて闇斎は「熟視異端之害、而不一言以正之、亦何以祛習俗之弊哉」と書くが、これも少し表現は異なるが、『論語或問』にある朱熹の言葉である。異端の弊害を目の当たりにして、何も言わないのであれば、世俗の誤りを退け正すことなどできはしないという趣旨である。

さらに続けて『孟子』滕文公《とうぶんこう》篇に見える孟子が公都子の問いに答えた内容に思いを致すべきだという朱熹の発言が書かれていて、これもまた『論語或問』からの引用である。公都子が皮肉混じりに「先生は議論がお好きと聞いていますが」と質問したのに対して、孟子は「あえて論弁を好むわけではないが、聖人の時代から時間が過ぎて、世の中が混乱し、邪説が横行するようになった以上、それらを斥けることこそ、聖人の道を学ぶ者の責務である」と熱弁をふるったというのが『孟子』滕文公篇の話である。

孔子から孟子へという伝承だけでなく、それに先立つ堯・舜や周公などの事績の継承を孔子が目指したところから儒教が始まったというのが儒教成立に関する定説であり、また孟子以降は、異端の横行によって儒教が衰退せざるをえなかったところに北宋の道学者が現れ、それらの人々の学説を継承し集大成する形で朱子学が成立したというのが朱子学に関する定説である。

闇斎の上記の文章は、闇斎自身の言葉ではないにしても、「道統」と呼ばれる儒教のこうした系譜が一面では異端との格闘の歴史であったことをはっきりと宣言したものと言える。なお、若干補足しておけば、『論語或問』は、『論語集註』とならぶ朱熹の主著の一つで、『論語集註』がいわゆる注釈という形式をとるのに対して、『論語或問』は、問答という形式を借りて、先行する北宋道学の人々の議論について朱熹自身の考えを述べたものである。

そして、為政篇の「攻乎異端」について言えば、「異端の説を学んでも害にしかならない」というのが朱熹による解釈であり、その場合「攻」は「講習」という意味に解釈する。しかし『論語或問』を見ると、北宋道学の中には「攻」を「攻撃」という常識的な意味に解釈する者も多かったことが分かる。その場合は、「異端を攻撃しても害をもたらすだけだ」と、意味がまったく逆になってしまう。異端を意識するよりは自己の問題だけに集中すべきだという解釈であり、あえて敵を作らないことに重きを置いた、思想運動としては穏当な方針だと見ることができる。

現在の研究では、孔子の言う「異端」が何を指すかよく分からない以上、判断は保留せざるをえないという解釈が一般的であるが、朱熹の解釈を尊重すれば、為政篇の「攻乎異端」という一文は、孔子の発言であるだけに、儒教の存在意義が異端との思想闘争にあることを公的に宣言したものとして位置づけることができる。そして、闇斎はそのようなものとして儒教を理解していた。

『闢異』の内容と
闇斎の思想遍歴

『闢異』の本文は、『朱子語類』に収録された「攻乎異端」の「攻」に関する朱熹の説明から議論が進められ、正しい学問とは何かという観点から儒教、とりわけ朱子学の内容が説明される。その後に仏教への批判、すなわち仏教が人倫や礼法を壊すものであること、またその輪廻転生・因果応報・天堂地獄説がいかに誤りであるかが説明される。

これらの説明はすべて引用によるもので、儒教に関する箇所では『四書大全』に収録された『大学』『中庸』に関する朱熹の議論と「白鹿洞書院掲示」という朱熹の教育方針が示された資料が用いられている。また仏教批判では、門人たちの質問とそれに対する朱熹の答えとを筆録したものをテーマ別に分類・編纂した『朱子語類』以外に、朱熹が書いた詩文や書簡などを収録した『朱子文集』から関連する文章が抜粋されている。そのほかに二程子や謝良佐《りょうさ》（上祭）といった北宋の儒学者、さらには宋末・元初に活躍した黄震（文潔）、明代の薛瑄《せっせん》（敬軒）や蔡清（虚齋）などの文章も引用されている。

朱熹自身も若い頃に仏教を学んだ経験があり、朱熹が継承しようとした北宋の道学者の多くも仏教を真剣に学んだ経験がある以上、仏教批判に関する資料は数多くあり、その中から適切な資料を取りだすためにはそれなりの知識と知見が必要とされる。闇斎がなんらかの先行する議論を参考にした可能性はあるにしても、やはり自分なりに朱熹の著作や関連する儒学者たちの著作を読み進めた成果だと思われる。

ついでにやや専門的な話題になるが、明代の儒学者、『読書録』『読書続録』の著者である薛瑄、また『四書蒙引』の著者である蔡清の文章が引用されていることに注目しておきたい。これら明代儒学者に対して闇斎はのちに批判的になるからである。

薛瑄については『薛文清公策目』が闇斎の跋文をつけて出版されているが、そこでは「ある人物によって持ち込まれたこの書が貴重だから刊行することにした」と述べており、かならずしも闇斎自身は薛瑄を高く評価していたわけではなかったことを窺わせる。また蔡清の『四書蒙引』についても、朱熹の四書に対する数多くの注釈書、とりわけ『大全』以後の注釈書のなかでは抜きんでた存在であるが、『大全』と同じく不必要な言辞が多く見られると闇斎は批判的に見ていた（文会筆録三）。闇斎の『文会筆録』をみると、こうした明代の儒学者の書籍によく目を通していたことが分かるが、朱熹後学の様々な注解を排斥して、朱熹そのものに戻ることを追究したのが闇斎の学問に対する基本的な態度であった。

これと関連して、そうした闇斎の基本的な方針に強い影響を及ぼした朝鮮の儒学者、李滉《イハン》（退渓）からの引用が『闢異』には見られないことにも注意を払っておく必要がある。仏教批判ということであったからかもしれないが、少なくともこの段階では李滉の主張の重要性に闇斎は気づいていなかった可能性が高いからであり、またその後の闇斎が何を重視するようになったかを知るうえでヒントを与えてくれるからである。

『闢異』には、闇斎自身の文章、それも自分の経験を語った文章が跋文として附されている。跋文のテーマは引用した諸文章の意義を説明することにあり、なかでも二程子や朱熹が「陰用陽闢」の立場にあるという通説、つまり仏教を陰で利用しながらも表面上はそれを否定していたという議論——

闇斎からすると「大いなる誤解」――に対する反論が中心となっている。それに付随する形で、幼い頃に儒教を学んだものの、童子になってからは仏教に専念し、二二歳から二三歳の頃に空谷景隆の議論をもとに儒仏道三教の一致を説いたこともあったと自身の経験を述べている。

この闇斎が書いたという文章は残されていないので内容は不明なのだが、儒教・仏教・道教の教えが一致するという議論は古くから、それこそ中国で仏教が広まりだした頃からあったが、とりわけ明代には三教一致なのだからそのどれか一つだけを信奉するのはおかしいという議論が流行している。明代中期の僧侶である空谷景隆の『尚直編《しょうじきへん》』も三教一致論を展開し、二程子や朱熹といった儒学者たちの主張が仏教に基づくことを主張していたが、ちょうど闇斎が土佐に滞在している最後の時期(寛永一八年・一六四一)に和刻本が京都の書肆から出版されている。漢文の読解力に長けた闇斎がそれを読んだとは思えないし、闇斎の書き方からすると『尚直編』を読んだのはもう少し前のことだと思われるが、和刻本が出版されていたことは、その頃『尚直編』に関心を持つ人々が多く存在していたことを示している。

こうしたことを考えると、闇斎がわざわざ空谷景隆について触れているのは、自分自身の経歴をふり返って「反省の弁」を述べるという意味が強かったとは思われるが、当時の風潮に警鐘を鳴らすという意味もあったのでないかと推測される。そのぐらいの状況を読む力がなければ、京都の学問世界で生き抜くことは難しいだろう。

闇斎は続けて、二五歳で朱熹の書物に接してからは仏教の誤りを悟り、儒教に帰するようになったと述べる。そして三〇歳になった今は、孔子のように「三十而立」とまではいかないが、自分の過ちを深く反省し、他の人が同じ轍を踏まないために『闢異』を著したと述べている。

闇斎は寛永一九年（一六四二）に京都に戻ったあと、僧名をそのまま使用するか、父親の名乗りでもあった「清兵衛」を称していたと思われるが、『闢異』が書かれる前年の正保三年（一六四六）に「嘉右衛門（加右衛門）」という名乗りを使用するようになっていた。このとき同時に、儒学者風な名として「柯」（のちに「嘉」）、字《あざな》を敬義、号を闇斎としている。ここからも闇斎が儒学者として自立しようと努力していたことが確認できる。

「闇斎」という号は、朱熹の「晦庵」という号にちなんだものであり、「敬義」という字《あざな》は、朱子学の「持敬」ないし「居敬」という修養法に基づいている。この修養法は、「窮理」、すなわち理を究めるために精神を集中させ続けるというものであった。精神の集中という点ではもう一つ、「静坐」という修養方法があったが、それが仏教の禅ときわめてよく似ているのに対して、こちらは儒教独自の修養方法として位置づけられていた。『闢異』でも、朱熹が門人にその重要性を語った箇所が採用されていて、闇斎が最も重んじた修養方法であった。

ただし、本来中国では、字《あざな》は、親がつけた諱《いみな》とは別に、成人するにあたって信望のある知人からつけてもらう「呼び名」であった。日本では名前に関するこうした習慣がなかったので、儒学者自らが字《あざな》を考案することが多かった。闇斎の場合も自分自身で選んでいたと思われ、そうだとすると、朱子学の中心的方法として「敬」を実践するという闇斎の強い意志の表明であることが強く印象づけられる。

3 林家への不満

日本儒教の曖昧性

改名の問題にしろ、『闢異』の執筆にしろ、ここには儒学者として自立するためにはそれ以前の自分ときっぱりと決別しなければならないという闇斎の強い意志が窺えるが、跋文で、三〇歳を迎えてもまだまだ自立にほど遠く、さらなる研鑽が必要だと語っているのは、闇斎の偽らざる実感だったたであろう。それはけっして謙遜の辞などではなかったと思われる。

ただ、こうした自分自身の問題とは別に、『闢異』の跋文からは同時代の状況に対する闇斎の憂慮を窺うことができる。一つは日本では仏教批判が不徹底だという問題であり、もう一つは仏教以上に手強いキリスト教の問題であった。

仏教に対する懸念は、『闢異』そのものが仏教の排斥を主張したものであったから当然の議論だとも言えるが、たんに中国の排仏論を踏襲するといった形式的な議論以上の危機感を闇斎が抱いていたことをそこに知ることができる。つまり、闇斎から見ると、日本の現状は二つの方向から生じた危機に直面していた。儒教側からと仏教側からの、それぞれ別々の動機に基づく動向ではあったが、それらが関連づけられることによって儒教と仏教の境界が曖昧になることからもたらされた危機である。

まず儒教側からの動きということについて説明すると、これは、日本の儒教を代表する林家が幕府に仕えるために、それまでの形式に則って「僧形」をとったことに起因していた。

林家の当主である林羅山は京都に生まれ、建仁寺で仏教を学んだが、朱子学を修めて藤原惺窩の門人となった。幼い頃から秀才として知られていたが、宋・明や朝鮮の儒学書を広く学んで該博な知識を持っていた。惺窩に入門するに際して面談した折、すでに惺窩よりも多くの知識を持ち、羅山の質問に答えるために惺窩はわざわざ羅山から書籍を借りて読んだという逸話が残されている。羅山が惺窩を師と仰いだのは、知識という点からではなく、むしろ惺窩の高潔な人格からであったとされる。また文学では、すでに述べた松永尺五の父、松永貞徳の文才を高く評価し、親しく交遊している。その後、惺窩が徳川家康に招かれたものの仕官を断り、かわって羅山を推薦したことから、羅山は家康の側近として仕えることになる。その際、それ以前の慣習から剃髪して僧形となり、「道春《どうしゅん》」という法号を名乗ることになった。

羅山は名を信勝《のぶかつ》と言い、字は子信、羅山あるいは羅浮子などの号は儒学者として使用したものである。林家の当主が法号を称することをやめたのは、元禄四年（一六九一）、羅山の孫の林信篤《のぶあつ》が「大《だい》学頭《がくのかみ》」に任じられてからのことである。幕府に仕えることで日本の儒教の振興を果たすべき地位に立つことになった人物が、形式的ではあるにしても同時に僧侶――高位ではあるが、最上位ではない――でもあるというきわめて日本的な曖昧さがここに生まれることになった。

羅山の剃髪問題は近世初期の儒学者たちにとってきわめて重大な関心事であり、中江藤樹（一六〇八〜四八）なども批判していたが、闇斎にとってはより深刻な問題であっただろう。一般に羅山も闇斎も若いときに仏教を学んでから儒教に移ったと言われているが、羅山の場合、たしかに建仁寺で仏教を中心とした学業に励んでいたが、出家を拒絶して家に戻り、独学で朱子学を学んだとされている。その後、友人に乞われて講義をしたことから、公家衆、とくに博士家から睨まれて大きな問題となったことが羅山の名が世間に知られる契機となった。

つまり、羅山は仏教へと進む可能性がありながらも、ぎりぎりのところで踏みとどまり、儒学者として大成したという経歴の持ち主であった。その羅山が、家康に仕えて自身が蓄えた儒教の知識を生かすためとはいえ、また形式的なものに過ぎなかったとはいえ、僧侶の姿をとったことは、今までの人生が無駄になったとしても、それでも構わないという一大決心のうえで、仏教から儒教へと「転向」した闇斎にとって、あまりにも安易で無節操な身の処し方、許しがたい行為だと思われたにちがいない。

闇斎はこの後も羅山および林家への批判をやめず、慶安四年（一六五一）には「世儒剃髪弁」（『垂加草』巻八）を著し、世俗に従っただけだという林家の弁解を徹底的に批判した。さらには明暦二年（一六五六）の『孝経刊誤』の出版と関わっていたと推測される「題孝経」という詩（『垂加草』巻三）でも「剃髪腐儒子」という手厳しい表現を用いている。闇斎からすれば、いかなる非難を受けようとも世俗を正しい方向へと変えてゆくことこそが儒学者の使命であり、世俗と妥協して曖昧な態度を取ることは儒教を放棄するに等しい行為だと言わざるをえなかったのである。

というのも、仏教側もまた、日本では出家と在家との境界が曖昧な状況にあったからで、闇斎の目にはより危険なものに見えていた。『闢異』の跋文のなかで闇斎は、わざわざ親鸞（一一七三～一二六二）の名前を挙げて、日本の現状への危惧を露わにしていた。

日本仏教の曖昧性

親鸞が始めた浄土真宗は、よく知られているように妻帯肉食を認めるなど、出家と在家の境界を取り払ったところに大きな特色があった。もちろん、そこには既存の仏教の枠外に置かれざるをえなかった人々の救済を目指し、阿弥陀仏による絶対他力を主張する親鸞なりの考えがあったのだが、祖父や父が浄土宗の信者であり、自身も比叡山や妙心寺で仏教を学んだ闇斎からすれば、親鸞の主張は本来あるべき仏教から大きく逸脱したものとしか見えなかったにちがいない。

もちろん、中世後期の日本社会を揺るがした「一向一揆」も闇斎の頃には、幕府によって東西の本願寺に分割されるなど、その勢力もほぼ押さえ込まれた状態になっていたので、治安面での脅威はほとんどなくなっていた。ただ、そうであるがゆえに、世俗との境界が不明瞭な浄土真宗の在り方はかえって不気味なものに映ったであろう。出家者、つまり僧侶であれば、幕府が発令した仏教各派への法度《はっと》によって統制することは可能であるが、在家者と区別がつかない仏教徒は、誰が何に基づいて管轄すればよいかはっきりしない。闇斎が、寺社を一般社会と分離した幕藩体制における法規上の問題をどこまで認識していたかは不明であるが、漠然とした危機感のようなものは抱いていたに違いない。そうした不明瞭な状態が社会の習俗として徐々に広がりつつあったからである。

さらに、なおいっそう悪いことには、そうした習俗を率先して改めさせる役割を担うはずの林家もまた、先に述べたように当時の制度上からの措置によるものであったにしても、同じように出家と在家の狭間に立つような状況が起きていたのである。闇斎からすれば、仏教側の問題も重要には違いないが、まず第一に儒教側において、きちんとした現状認識とそれに基づく対応策を講ずるべきなのである。『闢異』のなかで、儒教の使命を「異端」との闘争と位置づけたのも――闇斎からすれば、「事実」の再確認ということであったに違いないが――以上のような動機があったからである。

4　キリシタン問題

「キリシタン」の脅威と熊沢蕃山

もう一つの問題は、キリスト教である。キリスト教は一六世紀中頃にイエズス会のフランシスコ＝ザビエル（一五〇六〜五二）によって伝えられ、西日本を中心に広まっていた。闇斎は「蛮学天主之教」と書いているが、当時は「キリシタン」が一般的な言い方であった。キリシタンは「吉利支丹」という漢字表記が広く用いられていたが、その後の弾圧などにおいて「切死丹」とか「鬼理死丹」という当て字も用いられ、五代将軍綱吉の時からは、その名を忌んで「吉」字をはずし、「切支丹」と書かれることが多い。

キリシタンは一向一揆と違って、島原の乱が寛永一四年（一六三七）に起きているから、闇斎にとってはまだ記憶に新しい脅威だったと思われる。幕府は慶長一七年（一六一二）に禁教令を発布し、島原の乱を経た寛永一七年（一六四〇）に宗門改役を設置する。しかし、幕府が諸藩に宗門改役の設置を厳しく命じたのは寛文四年以降のことであるから、闇斎が『闢異』を書いた頃はまだキリシタンの禁止が徹底されていたわけではなかった。それゆえに闇斎はたとえ「国法」で禁じられていなくとも、異端としてキリシタンを排撃するのは儒学者の務めであると書いていて、キリスト教との徹底的な対決を主張している。

闇斎は、朱熹の「孔子の時代に仏教がなく、したがって経書に仏教の弊害が書かれていないが、もしも孔子が今の時代に生まれたなら、必ず仏教を異端として非難したに違いない」（朱子語類・釈氏）という発言を引いて、これは現在でも同じであり、朱熹の書物にキリシタンのことが書かれていないからといって、それが容認されることはありえないと述べている。

このようなことを闇斎がわざわざ書いているところを見ると、その当時キリシタンを容認するような儒学者がいたのかもしれない。それに関連して思い出されるのは、闇斎が『闢異』を書いた時期から少し遅れた頃に、林羅山が『草賊《そうぞく》前後記』――著者名は「路陽子」となっているが、路は道、陽は春の意味で、「道春」すなわち羅山の法号をもじったものと考えられている――を著して、熊沢蕃山（一六一九～九一）をキリシタンと同じような考えの持ち主だと名指ししていたことである。

「草賊」とは山野に潜む盗賊というのが本来の意味なのだが、「天草の賊」すなわち島原の乱を起こしたキリシタンをも指す言葉であった。『草賊前後記』は、慶安四年（一六五一）に起きた由比正雪の乱について書かれたもので――正確には「前記」は慶安四年、「後記」は承応元年（一六五二）に成立

熊沢蕃山（『先哲像伝』より）

している——、由比正雪らの一味は熊沢蕃山の思想に共鳴する者たちであり、その蕃山の主張はキリシタンと同じだと非難していた。

羅山自身は、一六世紀後半中国での布教に大活躍をしたイエズス会のマテオ・リッチ（中国名は利瑪竇）の著書『天主実義』を読み、また当時の日本人キリシタンとしては最高の知識を持っていたハビアン（一五六五〜一六二一）と論争をしたほどであり、当時の儒学者としては珍しくキリシタンに関する知識を持っていた。それゆえにキリシタンの危険性が差し迫っていることに警鐘を鳴らす必要性を痛感していたのだと思われる。ただし、この蕃山に対する批判は、羅山の「偏狭」な性格を示す事例としてばかりでなく、朱子学そのものの非寛容性を示すものとしてもよく紹介されていて、現在では事実とは考えられていない。

熊沢蕃山——字は了介、伯継《しげつぐ》が名である——は、闇斎より一歳年下で、同じく京都で牢人の子として生まれていた。父の野尻一利は、はじめ加藤嘉明に仕え、のちに鍋島家に仕えたが、蕃山誕生当時は牢人となって京都に暮らしていた。蕃山は八歳で母方の祖父熊沢守久の養子となり、熊沢姓を名乗る。熊沢守久は、福島正則に仕えていたが、正則が改易されたのちは水戸の徳川光圀に仕えていた。詳しい経緯は分からないが、蕃山は一六歳のとき、京極高広——池田輝政の女婿にあたる——の紹介で輝政の孫の池田光政（一六〇九～八二）に仕えることになった。

しかし、その後いったんは池田家を離れ、近江・桐原（現・滋賀県近江八幡市）にあった熊沢家に戻り、学業に専念する。このときに琵琶湖を隔てた近江・小川村（現・滋賀県高島市）に隠棲していた中江藤樹を知り、八カ月という短い期間であったが教えを受けた。その後ふたたび池田光政に仕え、藩政改革で大いに力を奮う。中江藤樹が晩年になって陽明学を信奉したため、現在では蕃山も陽明学の系譜に入れられているが、実際には儒教の知識を用いた「実学」的側面が強い。現在では、儒教の知識を現実の政治において実践しようとした、近世前期の数少ない儒学者の一人と高く評価されている。

そうではあるが、羅山が蕃山を危険視したのはこの陽明学への傾斜にあった。中国でも、明代から清代前半にかけては朱子学と陽明学の関係をどのように捉えるかは一大イシューとなっており、とくに陽明学が盛んとなってからは朱子学の側から陽明学を禅、すなわち異端と同じだという批判が提起されていた。羅山はそうした明代儒学をよく学んでいたこともあり、陽明学をきわめて危険な思想として認識していた。そのことが羅山が蕃山を批判するに至った重要な理由だと考えられている。なお、闇斎もまた陽明学の危険性を意識した書物（『大家商量集』）を著しているが、それについてはあとで述べよう。

中江藤樹（『先哲像伝』より）

キリシタンの問題に話を戻すと、羅山の蕃山批判は難癖に近

王守仁（陽明）
（『晩笑堂竹荘畫傳』より）

く、蕃山自身の書いたものを見ると、死後の問題に関してはキリシタンの方が仏教よりも「うわ手」で、儒教が盛んになって仏教が排斥されない限り、将来の日本はキリシタンの国になってしまうだろうという危機感を表明していた（『集義外書』巻八および一〇）。こうした危機感からキリシタンについて関心をもっていたがゆえに、かえってそれを逆手に取られて羅山から非難を受けたということかもしれない。

結局のところ蕃山は、他にも事情があったようであるが、幕府から嫌疑を受けたという理由によって池田家を致仕することになり、万治元年（一六五八）には京都に移って塾を開いている。ついでに言えば、蕃山が京都にいたのはわずか二、三年にすぎなかったが、名声が高まったこともあって、京都所司代から追放という処分を受ける。その後も各地を転々とするものの、ついに貞享四年（一六八七）、六九歳という高齢にもかかわらず、下総の古河に謹慎・蟄居させられ、元禄四年（一六九一）に亡くなっている。

『朱子家礼』と「キリシタン」問題

「草賊」ということに関連しては、すでに紹介したが、土佐の野中兼山が同じ慶安四年（一六五一）に母親の葬儀を『朱子家礼《かれい》』に従って行ったところ、キリシタンではないかという嫌疑を幕府から受けたという話が思いだされる。この事件も蕃山と同じく藩政に関する藩内部の対立が大きく関わっていたと推測されるが、表面上はあくまでも葬儀のやり方が当時の慣例と大きく異なることから、「草賊」、すなわち島原の乱を引き起こしたキリシタンではないかという疑いが生じたという話であった。

しかし、兼山の場合は、他ならぬ羅山の取りなしによってことなきを得た。兼山が朱子学を信奉しており、羅山自身も『朱子家礼』の実践を試みていたことが大きかったのだろう。慣習的な葬儀と異なるからという理由で『朱子家礼』が禁止されることは、羅山としても受け入れがたく、むしろ、この事件を利用して、積極的に『朱子家礼』を推進する方向を開きたいという思惑があったものと推測される。

兼山の母親の葬儀に際して闇斎は、すでに紹介したように母親の事績を記した「秋田夫人壙誌《こうし》」――「夫人秋田氏墓表誌」と題する文章もある――を書いたばかりでなく、墓所が「帰全山」と命名された由来を記した「帰全山記」を著していた。闇斎自身については、それに先立つ慶安三年（一六五〇）に、『朱子家礼』に則った祀堂《しどう》とそこに安置する祖先の神主《しんしゅ》を作ったと『家譜』に記されているから――『闇斎年譜』では前年の慶安二年とする――、兼山とほぼ同じ時期に『朱子家礼』の実践を企図していたことが分かっている。それゆえ闇斎が『朱子家礼』をより深く研究していたことから、兼山は墓誌銘の執筆など、葬儀ばかりでなく、その後の埋葬においても重要かつ必須のことがらを闇斎に託したのだと考えられる。

「帰全山記」では、兼山の母親が早く夫に先立たれながらも子供を立派に育て、天寿を全うできたことが儒教における最も重要な実践道徳である「孝」に他ならないと称賛しているが、そればかりでなく仏教の伝来によって火葬が一般化したことや、兼山が実践した朱子学の葬祭儀礼がいかに重要であるかなどについての言及もある。なかでも、「大化の改新」の際の争乱——闇斎は「入鹿之乱」と記す——によって古記録が失われたために仏教伝来以前の日本の葬礼は分からなくなったが、伊勢では火葬が禁じられているところからすると、儒教的な葬祭儀礼に近いものが「隆古之遺風」だったに違いないと書かれているところは注目に値する。

仏教以前の日本の風習が儒教と同じであったというこの種の理解は、近世初期の儒学者にはそれほど珍しいものではないのだが、のちのちの闇斎の思想、とりわけ神道に関わる古代日本のイメージについて検討するうえでは注意を払っておく必要がある。また、ここで伊勢神宮のことにわざわざ触れている点は、闇斎の神道研究が、いわゆる伊勢神道と呼ばれる伊勢神宮を中心に発展してきた系統を中心に行われていたことにも大きく関わっていたと思われる。

5　陽明学批判

陽明学の流行

いずれにしても上述したような仏教やキリシタンをめぐる問題からは、闇斎が当時の日本における「宗教」の現状について強い危機感を持っていたことがはっきりと示されている。とくに『朱子家礼』の実践は、たんに統治の道具として儒教を広めるということだけでなく、死後の問題を説いて人々を惑わしている仏教、さらにはそれ以上に危険なキリスト教の登場という現在的課題をいかに打開するかという重要な戦略として位置づけられていた。

闇斎は日本の現状、それも「宗教」的な問題に対するこうした鋭敏な感覚から朱子学の実践を選択していたのであり、ただ観念的に朱子学を理解していたにすぎないといった従来の評価は大幅に見直さなければならない。先に触れた陽明学批判の問題も、本来異端に対抗すべき儒教のなかで、内側からそれをつき崩すような事態を引き起こしているという理解が、闇斎に陽明学への危機意識を募らせた最大の要因であったと考えるべきである。従来言われてきたような、朱子学を信奉しているなかで、多くの朱子学者が行っているから形式的に踏襲したにすぎないということではなかった。

『大家商量集』には闇斎の序文がつけられているが、年月が明示されていないのではっきりした時期は確定できないものの、『闢異』が書かれてからおおよそ五年から七年ほど経過した頃、すなわち承応元年（一六五二）から承応三年にかけての時期だと推定されている（近藤啓吾『山崎闇斎の研究』）。

ただし、刊行そのものは、出版人が「武村市兵衛」となっている点からすると、もう少し後、寛文年間（一六六一〜七二）の末頃から延宝年間（一六七三〜八〇）にかけての時期だったかもしれない。闇斎の門人には初代と二代目の「武村市兵衛」がおり、寛文末年以降、闇斎は彼らの経営する寿文堂で多くの書籍を出版しているからである。寿文堂は、闇斎およびその門人たちの著作をほとんど独占する状態で出版していたが、三代目の頃、享保年間になって潰れてしまったという（藤井隆『日本古典書誌学総説』）。この時期になると、儒学に限っても、仁斎や徂徠、あるいはその門人たちの手になる経書や史書など、さらには実用書や詩文集といった多彩な出版物が刊行されるようになっていたから、闇斎系のものだけでは経営が成り立たなくなったのかもしれない。

ところで、『大家商量集』の末には、闇斎が真辺《まなべ》仲庵——のちに藤井懶斎《らんさい》と名乗る——に宛てた書簡が二通附載されており、真辺仲庵すなわち藤井懶斎に関する事績からも『大家商量集』が承応年間に執筆されたと推定される。

真辺仲庵（?～一七〇九）は高松出身の儒者で、承応元年（一六五二）の頃に闇斎を訪問していて、『大家商量集』附載の書簡はその頃のものと考えられている。近代になって闇斎の門人を系譜化したものには懶斎を加えることが多いが、この時期の闇斎がまだ家塾を開いていなかったこともあり、懶斎が正式に入門したわけではなさそうである。闇斎を訪問するよりも早く寛永一九年（一六四二）に久留米藩の儒医となり、さらに延宝二年（一六七四）に致仕して京都に隠棲する。藤井懶斎というのは京都隠棲期の名乗りで、独学で朱子学を修めて多くの啓蒙書を著した中村惕斎《てきさい》（一六二九～一七〇二）や木下順庵門下の室鳩巣（一六五八～一七三四）との交流でよく知られている。

その懶斎が、真辺仲庵時代に陽明学を信奉していたかどうかは、闇斎の書簡以外に確認が取れないが、闇斎を訪ねた時期からの友人に米川操軒（一六二六～七八）がいて、彼は最初中江藤樹に入門していたから、そうした交際のなかで懶斎が陽明学に関心を持ったとしてもおかしくはない。米川操軒はやがて朱子学へと移り、『敬斎箴学規諺解《げんかい》』を著している。懶斎よりも早く闇斎の下を訪れていたことから、彼もまた闇斎の門人に数えられることが多いが、操軒の朱子学「転向」が闇斎の影響によるものなのか、あるいは懶斎同様に交流のあった中村惕斎の影響なのか、定かではない。

操軒に関するもう一つ有名な逸話は、やはり交流のあった伊藤仁斎（一六二七～一七〇五）が朱子学を否定して独自の学問（古義学）を主張したとき、それを非難して絶交したというものである。じつは、この仁斎も朱子学を離れる前に一時陽明学に傾倒したという話が伝えられている。狭い京都のなかで儒教に関心を持つ人々が多くなり、近代になって整理される学派的な関係ではなく、むしろそれを越えた幅広い人的交流が行われていたと見た方がよい。そして中江藤樹の影響といってもよいのかもしれないが、京都においても陽明学に惹かれる人々が活動し始め、それに対抗すべく朱子学の意義を主張しなければならない事情があったことは確かであろう。

もう少し憶測をたくましくすると、『大家商量集』の成立は承応の初年頃であるが、その出版は、真辺仲庵が京都に戻り、藤井懶斎として活動する延宝二年以降のことかもしれない。すでに断片的には触れてきたことであるが、闇斎の著作に見える書物や人物には、その執筆した時期に、それらの書物が読まれたり、人物の名前が知られだすなど、その時代の状況に敏感な闇斎の一面を窺わせるところが見られるからである。


『大家商量集』の内容　「大家商量」というのは、雅語を選ぶことの多い漢文のテキストでは聞き慣れない言葉であるが、闇斎は真辺仲庵宛の書簡のなかで『朱子文集』（巻五四）に収録された朱熹の「答諸葛《しょかつ》誠之書」から採用したと述べている。書名の経緯を説明するために真辺仲庵宛の書簡を附録としたという解釈も可能であるが、生き馬の目を抜くような京都の学問状況

陸九淵（象山）
（『晩笑堂竹荘畫傳』より）

を考えると、それ以外の事情もあるように思われる。

というのも、この朱熹の書簡は『大家商量集』の本文にも採用されているが、朱陸の異同を問題にする際によく引用され、つとに知られた資料であったからである。諸葛誠之は陸九淵（象山）に学んでいたものの、朱熹と陸九淵の論争に際して、両者の調停を図ろうとし、かえって朱熹にたしなめられる結果に終わったのだが、それを示すのが当該の書簡であった。陸九淵自身は諸葛誠之を評価していたようであるが、彼の門人の中には諸葛誠之のことを陸学の徒ではないと考える者もけっこういたようである。

「大家」とは「みんな、多くの人々」という意味、「商量」とは「図る、考える」という意味で、ともに俗語（口語）である。もちろん現代の中国語（漢語）でも使用されているほど、ごく普通の言葉である。第三章の土佐「南学」との関わりのなかで紹介したように、闇斎は宋明の俗語に詳しく、それが彼の卓越した読解力の原動力となっていた。

朱熹の書簡のなかで「大家商量」という言葉が出てくる一節は、「義理について考えるとき、多くの人々が論議すると、始めはなんでもなかったことでも、いろいろな問題が絡んできて、最後には大きな対立となる」という意味になる。純粋に学問上の議論でも、そこに人間関係が絡んで感情的な対立となることは現在でもよくあることだが、陸九淵との論争に、それとは直接関わりのない問題を横あいから持ち込んで欲しくないという朱熹の諸葛誠之に対する気持ちが込められていた。

ここから推測すると、あるいは真辺仲庵も諸葛誠之と同じく朱陸を調停するようなことを闇斎に告げたのかもしれない。闇斎と直接関わる人物との対立ではなく、朱子学と陸学、ひいてはその後継たる陽明学との学問上の対立に関することであったろう。少なくとも闇斎はそのように受け取ったらしく、朱熹と陸九淵のやり取りだけでなく、朱熹が門人たちに陸九淵の問題点を指摘した発言などを抜きだして、本書をまとめることにしたと思われる。

ただ、附載された真辺仲庵宛の書簡をみると、以前会ったときには陸学の毒にあてられたように見受けられたが、現在では「尊朱悪陸」の立場に代わり、ともに勉学に励むということなので、何とも喜ばしいと書かれているから、必ずしも真辺仲庵のことだけを念頭において本書が書かれたわけではないのかもしれないが、真辺仲庵の訪問が闇斎の陽明学に対する危機意識に火をつけたことは間違いないだろう。書簡のなかでは、「表朱裏陸」の徒として藤原惺窩の名が挙げられていて、中江藤樹のことには何も触れられていないが、先に紹介した米川操軒の事例から分かるように、闇斎が藤樹のことをまったく知らなかったはずはないだろう。先に述べたように、熊沢蕃山が京都に居を構えるのはもう少し後のことになるが、その動静についても闇斎が知っていた可能性もある。

もっとも『大家商量集』の本文は、『朱子文集』と『朱子語類』から陸九淵の学問・思想に関する朱熹の発言を収録したもので、陽明学を直接批判したものではない。ただ陽明学を提唱した王守仁が、元代から明代前期の「朱陸同異論」を継承し、陸九淵の議論を発展させたものとして自身の思想を位置づけていたことを勘案すると、朱熹に戻って陸九淵の学問・思想が抱える問題点を確認することは、むしろ陽明学をその根柢から批判することであったと言える。闇斎の意図も、真辺仲庵などをめぐる現状への批判だけでなく、そうした眼下の危機を打開するためには朱熹という原点に戻って再確認しなければならないという方法意識――これは『闢異』も同じであった――に基づいていたと思われる。

朱陸の異同という問題は闇斎の学問・思想の形成と大きく関わっているのだが、それが東アジアの儒教思想全体に果たした歴史的経緯については最後の章でまとめて論じることにして、朱陸の異同を論じることが最も本質的な陽明学批判となる点についてだけ簡単に説明をしておきたい。

朱陸異同問題

朱熹と陸九淵の論争は、宇宙生成論をめぐる問題、すなわち周敦頤《とんい》(濂渓)の『太極図説』をどう評価するかに始まって、具体的な修養方法に至るまでの幅広い問題が扱われているが、北宋に始まる新しい儒教、とりわけ「道学」における最も核心的となる議論だと言える。同じく「心の修養」を基本としていたとしても、朱熹のように儒教経典の学習を媒介した「格物窮理」を必須の作業とするのか、あるいは陸九淵のようにもっと直截的な修養方法だけでよいとするか、現在に至るまで解決のつかない問題である。

そうしたなかで重要なことは、朱子学が官学化された元代で、朱陸に大きな相違はなかったという議論が生まれ、明代前期には「早異晩同」、すなわち最初の頃は朱熹と陸九淵の考えに違いはあったにしても、最後に両者は一致を見るようになったという理解が広まったことである。朱熹が陸九淵の主張を徐々に理解し、最後はそれに同調したと言うに等しいこの議論は、当然のごとく朱子学を信奉する人々から強く批判されるが、「早異晩同」論をより発展させる形で陽明学が成立したことから、その後は陽明学をめぐる議論へと話題は移ってゆく。

陽明学は、たんに朱子学を否定するのではなく、もう一つの儒教の系譜――二程子のうち、兄の程顥《こう》(明道)から陸九淵へと続く系譜――が存在しており、じつは朱熹自身も最後にはそちらに同調したことを強調しながら、朱子学に潜む問題点をえぐりだすように登場してきたのである。陽明学が登場した後は、陽明学そのものの問題点を批判するだけでなく、その成立の根拠とされた「早異晩同」論に対する批判も同時に行う必要に迫られたのであった。

闇斎が問題視していたのは、こうした陽明学の成立をめぐる問題に対する朱子学側の議論の弱さである。真辺仲庵への書簡では、明代の儒学者陳健(青瀾)の『学蔀通弁《がくほう》』と馮柯《ひょうか》(貞白)の『求是編』を挙げて、彼らが陽明学が登場した状況を憂えて批判書を著したこと自体は評価できるものの、朱熹の議論の根本を理解するまでには至っていないと述べている。

この二人の著作は陽明学を批判したものとしてよく知られており、とくに『学蔀通弁』は明・清や朝鮮においても大きな影響を与えていたが、日本でも林羅山をはじめとする多くの朱子学者に珍重された書物であった。羅山が藤原惺窩に初めて会ったときにこの書物について質問し、まだ読んでいなかった惺窩は羅山から借りて読んだとか、安東省菴や貝原益軒などが若い頃にこの書を読んで朱子学の優れていることを再確認したという逸話がよく知られている。

しかし、闇斎からすれば、これらの著作は陽明学を批判することを目指したがゆえに、かえって朱熹そのものの思想から逸脱しかねない問題を内包していた。そのことに気づかず、陽明学を批判するところだけを喜んでいるようでは、朱熹の思想に到達することは不可能なのである。朱熹の思想は朱熹自身の言葉によって理解されなければならない。これこそが、繰り返し湧き起こる「異端」との闘争において、自分たちが勝利するための唯一の方法だと闇斎は確信していたにちがいない。

以上のように見てくると、仏教から儒教に「転向」した闇斎が、京都に戻ってから最初にとった行動は、仏教、さらには仏教よりも危険であるかもしれないキリスト教、そして儒教の内にありながらも仏教やキリスト教に近い陽明学といった「異端」に対する警戒心を喚起するための著述活動、あるいは啓蒙活動であった。それは、闇斎の学問がたんに観念的に作りあげられたものだというよりも、近世東アジア全般における儒教の動向、さらには同時代の日本に起きていた思想上の危機的な状況に鋭敏に反応したものであったことをよく示している。そして、こうした自覚をもった先に、朱熹そのものの思想と向かいあう道が闇斎の前に初めて開かれたのである。

第四章　「正統」なる学問の模索

1　家塾の開始

最初の講席
『小学』から始まる

闇斎は明暦元年（一六五五）春、正式に家塾を開いた。家塾といっても、他の儒学者のように「尺五堂」や「古義堂」といった高雅な名前はつけていなかったようであるし、その規模に関しても、のちには門人六〇〇〇名などと言われるが、開塾期がどうであったかを知る資料は残されていない。もっとも、六〇〇〇名というのは誇張にすぎず、闇斎のところに一度でも訪れたことのある人物をすべて含んでのことだと考えられ、実際には、延べにしても三〇〇〜四〇〇名程度であったろうと推測されている。開塾した当初であれば、さらに少ない人数であったと思われる。

それでも『家譜』には、初めて講席を開き、『小学』から始め、『近思録』『四書』『周易程伝』と読み進めて、翌二年の冬、一二月二一日に終えたと誇らしげに記してある。ほぼ二年にわたって続けられた講義ということになる。これによって、一つの書物やテーマについて講義するということではなく、朱子学全体を学ぶという構想のもとに始められた講義であったことが知られる。それは同時に、朱子学がどのようなものであるかについて、闇斎がほぼその全容を理解したと確信していたことを意味していた。

初学だからといって『孝経』や『論語』などからではなく『小学』から始めるというのは、まさしく朱熹の意図に沿った学習課程の実践だと言える。最初の『小学』については、すでに土佐における事績のなかでも紹介したが、野中兼山を中心とした土佐「南学」の人々が苦心して手に入れ、その解読や翻刻に努めた書物であり、闇斎自身もそれに加わりながら、自身の注解を中途で放棄するはめに陥った因縁のある書物であった。

ただし、儒学について何も知識のない段階で『小学』を読んでも簡単には理解できなかったのではないだろうか。朱熹は「童蒙」の学習のために編纂したと述べているが、明・清の中国でも朝鮮でも、幼少期には『三字経』『千字文』などを暗誦させることによって漢字や文章の読み方に慣れさせ、また必要な知識を慣用句的なものによって修得させるのが一般的であった。その意味からすると、『小学』は、全くの初歩というのではなく、これから始まる本格的な学習のファースト・ステップという位置づけであった。

日本でも、全くの初心者に対しては、上記の書籍のほかに『文選』などの文章を習わせることもしていたようである。したがって、闇斎がこの段階で塾生として想定していたのは、まったくの初学の子供ではなく、漢文の訓読や儒教についてある程度の知識をもった大人もしくはそれに近い者であったと思われる。近世日本全般を通じて『小学』は多くの学塾で用いられたが、なかには学習の最終段階で読ませるという選択をしたところもあったほどに、じつはそこに盛り込まれた内容は複雑で煩瑣なものであった。

『近思録』と『四書』

二番目の『近思録』であるが、これは朱熹が呂祖謙（東萊）とともに編集した書物で、朱熹が自分の学問を体系化するにあたって継承した周敦頤（濂渓）・張載（横渠）・程顥《こう》（明道）・程頤《い》（伊川）という北宋四子の著作から重要な記述を選んだものであった。朱熹自身が「四書は六経を学ぶための階梯、四子は四書を学ぶための階梯である」（『朱子語類』巻一〇五）と発言しているように、朱熹によって、最も基本かつ重要なテキスト群として体系化された『四書』を理解するための「必読の書」とされていた。

ただし「必読の書」、「ぜひとも読まなければならない」という理解は、朱熹が使った「好看」という俗語を闇斎が「好《よ》く看《み》よ」と訓んだことに従っている。これについては、すでに孫弟子にあたる稲葉黙斎（一七三二～九九）が「看るに好し」と訓み、「見てもよい」程度の軽い意味だと批判していて（篠原惟秀録「近思録序講例」）、現在ではこちらの方が正確な解釈だとされている。闇斎の勇み足とも言える理解だが、そのことがかえって闇斎が『近思録』をいかに重視したかを物語っていた。

なお『近思録』に関しては、寛永年間に出版された「古活字版」も現在残っているほどにすでに広く流布していた。それに対して、寛文一〇年（一六七〇）五月九日という日付の序文がある闇斎版は、それ以前の通行版から朱熹の門人や明代儒学者の注釈をすべて取り去って、朱熹が採用した本文のみによって構成されているところに特色があった。刊行までにかなりの時間が経過しているが、その間にいくども講義が繰り返されていたのではないかと推測される。

次に『四書』、すなわち朱熹の注釈書の名称で言えば『大学章句』『論語集註』『孟子集註』『中庸章句』――まとめて『四書集註』と呼ぶ――ということになる。この順番は朱熹自身が決めた学習課程であるから、『家譜』には何も記載がないが、おそらく闇斎もこの順番で講義を行ったと思われる。『大学』は孔子晩年の門人の曾子、『中庸』は孔子の孫の子思が著したというのが当時の常識であったから、「道統」という観点からすれば『論語』・『大学』・『中庸』・『孟子』という順序になる。

そして、孟子以降は老荘や仏教によって儒教はいったん途絶え、先に挙げた北宋の四子によって再び蘇ったというのが、朱熹の理解であった。朱熹が新たに経典として体系化した『四書』は学習課程と「道統」との双方を兼ね備えたものであり、ここに他学派に比して朱子学の強みが認められる。また六経は孔子によって編纂されたという理解も常識化していたから、先に紹介した「四書は六経を学ぶための階梯、四子は四書を学ぶための階梯である」という朱熹の発言は、従来から儒教の経典とされていた『五経』に至るまでの学習課程ばかりでなく、孟子でいったん断絶した「道統」が、北宋の四子を経て朱熹にまで及ぶことを確認するという意味も含んでいた。

すでに紹介したが、闇斎は「嘉点」とも呼ばれる『倭板四書』を遅くとも寛文一〇年以前には出版していた。『文会筆録』には、これに関して「私が校訂したうえで、句読を正しくし、倭訓を改めた」(巻三)と書かれていて、博士家や五山に伝えられていたそれ以前の慣習的な訓読法を闇斎が一新しようと努めていたことが分かる。つまり、朱熹の註に新たな解説を加えるのではなく、訓読方法を改めることで「正しい」理解が可能になるように試みたということである。

というのも、闇斎は、たぶん『倭板四書』に先だってと思われるが、寛文七年頃に『四書序考』という書物を出版していた。これは朱熹の『四書集註』それぞれの序文と「読論語孟子法」に訓点と注を加えたものであったが、その注に明・蔡清(虚齋)の『四書蒙引』を多く引用していたことをのちになって反省し、絶版にしたいとまで考えたと伝えられているからである(『文会筆録』巻三・植田玄節『艮背語録』)。『蒙引』や『大全』などの明代儒教の注釈を排除して、直接朱熹の注釈に立ち返って理解するというのが、のちのちの闇斎の基本的な姿勢であった。

『易』の講義の問題点

最後に『周易程伝』であるが、闇斎がこれを選んだ理由を説明するのは少し難しい。六経のうち、『楽経』はつとに失われたというのが当時の一般的な理解であったから、実際には五経、すなわち『易』『書』『詩』『礼』(『周礼』『儀礼』『礼記』)『春秋』(『左伝』『公羊伝』『穀梁伝』)であり、宋代以降は漢唐の古注を否定した新注が数多く作られ、朱熹自身も『周易本義』『詩集伝』を著し、また未完に終わった『儀礼《ぎらい》経伝通解』や門人の蔡沈(九峰)が著した『書集伝』もあった。のちに明代になるとこれらの書物を中心に『五経大全』が作られている。

五経の最初に『易』が挙げられていたという理由が一番大きかったと思われるが、そのほかに闇斎自身が『易』を重視していたこともあって、初回の講義で『周易程伝』が取り上げられたのであろう。しかし、朱熹の『周易本義』ではなく、程頤（伊川）の『易』解釈が取り上げられたことは注意しておかなければならない。『易』とは何かという根本的な問題に関わるような解釈の相違が古くからあり、程頤と朱熹の間にも同様な問題が横たわっていたからである。『易』の文章を哲学的に理解する「義理易」の系譜に繋がるのが程頤の解釈であり、それに対して『易』の占いの側面に着目して理解するのが「象数易《しょうすうえき》」の系譜で、朱熹の『易』解釈はこれに属していた。そうした経学上の問題をはらみながらの『周易程伝』の講義であった。

現在、闇斎関連の書物として『程子易伝』を挙げることがあるが、「艮背先生点《ごんはい》」とあることから、闇斎の門人の植田玄節（一六五一～一七三五）が訓点を付けたものであろう。闇斎が間接的に関与していたかもしれないが、闇斎自身の業績とみなすことはできない。同じく「嘉点」として伝えられる『五経』も、実際には門人の雲川春庵（生没年不詳、名は弘毅）が訓点を施したものである。稲葉黙斎『墨水一滴』には、書肆の寿文堂がこのままでは売れないと考えて勝手に「闇斎点」の三文字を加えたとあるが、真偽のほどは分からない。

「『五経』は、『四書』さえ読めば、とくに学ばなくても理解できる」と闇斎が語っていたという話が伝えられていて（『山崎先生行実』）、これは程頤（伊川）の発言を踏襲したものであるにしても、闇斎が『五経』をまったく無視していたわけではないだろう。もちろん、闇斎自身の『五経』に関する著作としては、『易』に関する著作を除くと、『経名考』あるいは『四五六経名考』と題する、「六経」

とは何かについて解説したものが刊行されているほか、『書』の「洪範」と「堯典」の刑罰に関するもの――『洪範全書』と『刑経』――があるぐらいで、全体としてどのように闇斎が取り組んでいたかはよく分からないと言わざるをえないので、上記のような話が生まれる要因は確かに存在していた。『経名考』は、寛文一〇年以前に寿文堂から出版されており、そこでは『易』『詩』『礼』『楽』『書』『春秋』が「六経」であると説明されていて、これは現在の「六経」の定義と変わらないが、こうした基本的なことから説明しないといけないような当時の事情があったのかもしれない。「洪範」に関する『洪範全書』は、闇斎がかなりの時間と精力を費やした書物であったが、『易』に関する著作群――朱熹の著作である『易経本義』『易学啓蒙』『蓍《し》卦《か》考誤』に訓点をつけて出版したもの――とともに闇斎の学問・思想を考えるうえできわめて重要であるので、第八章でまとめて述べることにしたい。

なお『刑経』は、『四書序考』について紹介した『艮背語録』に、闇斎が「満足できないところがあるので、絶版にしたかったが、書肆が利益を失うことになるので、そのままにしている」と述べたというなかに書名が挙がっていた（谷省吾『垂加神道の成立と展開』）。『四書序考』とは違って明代儒学者の文章が使用されていたわけではないが、『闢異』も挙げられていたことからすると、対抗すべき存在があったとか、書肆からの要請など、時流を意識したことによって出版されたという事情があったのかもしれない。

ところで、闇斎の開塾に伴って野中兼山が送っていた門人数名が一斉に退去し、それがきっかけとなって闇斎と兼山の仲が悪くなったという話が伝えられている。これは『山崎先生行実』が伝える話であるが、先の『四書』さえ読めばよいという話に続いて出てくるので、兼山と関わりのある門人たちがあたかも闇斎の教育方針に不満があったかのような書き方である。それに対して闇斎は手紙を送って何度も釈明したが、兼山はいっさい返事をしなかったという話になっている。

ただ、これが事実であったかどうかの確証はなく、すでに植田玄節が、闇斎と兼山の不仲の原因はよく分からないと、『山崎先生行実』を批判しているほどであり（『山崎先生行実弁』）、また『闇斎年譜』では、すでに紹介したように兼山の「玩物喪志《がんぶつそうし》」を闇斎が諫めたのが直截的な原因だという話を載せている。稲葉黙斎『先達遺事』では、仲違いの理由には触れずに、兼山が人を送って絶交の理由を釈明したのに対して、闇斎は一言も発することがなかったという、先の『山崎先生行実』とは真逆の説明がされている。

闇斎と兼山の交遊については、兼山の母が亡くなった頃を境に具体的な話は何も残されておらず、ほとんど不明と言ってよいような状況なので、両者の対立が始まる時期を開塾の時と考えても、それ以降の時点と考えても、いずれにしてもつじつまが合う。ただ、もしも開塾の時で、しかもその理由が教授方法にあったとすれば、朱子学について理解していたはずの兼山さえも意外に思うほどの、当時にあっては非常に斬新な、あるいは画期的な教育課程が闇斎によって採用されたことになる。

2　講義の方法

「崎門の講釈」

では、闇斎はどのような講義を行っていたのだろうか。現在伝えられている話はほとんど晩年のことなので、最初の講義の時からそうであったかは確かではないが、いくつかの逸話が残されている。

これらの多くは『先哲叢談』などにも若干誇張されて収録されていて、よく知られた話であるが、たとえば一本の棒を持ちながら、それで机を叩きながら講義をしたので、聴く者すべてが顔を上げることもできずにいたという話（『強斎先生雑話筆記』）や、大声を張り上げて講義をしていたので、外で道行く人が立ち止まって聴いていたという話、巳刻（午前一〇時）から授業を始める習慣であったが、ちょっとでも遅れた者は門を閉じて入れなかったという話、講義では細々としたことは省いて要点のみを話したので、一回の講義で『論語』ならば四丁――袋閉じにした紙の表と裏で一丁であるから、今で言えば本の八ページ分に相当する――、『孟子』に至っては六丁以上進むこともあったという話（以上、『尚斎先生雑談録』）などが伝えられている。

こうした授業のあり方は、「崎門の講釈」とも呼ばれ、近世中期以降はやや古くさい教授方法として語られることが多くなる。この時期になると、「会読《かいどく》」あるいは「会業《かいぎょう》」と呼ばれているが、一つのテキストについて何人かの者がそれぞれの解釈を述べるようなやり方が一般化し、一方的な講義は敬遠されるようになっていたからである。もっとも闇斎門下でも「会読」がまったく行われなかったわけではないようだが、師説をきちんと伝承するという意味から講義形式を重視したのだと思われる。現在版本や写本として各地に残っている崎門系の書籍には、「講釈」においてどのような話がされたのかが具体的に分かるような「書き入れ」のある書物も多く、師から門人へと次々に伝承されていたことが知られる。テキストを読むときにどこに注意すべきか、何を最も重要なポイントとすべきかなど、テキストの解読に必要な「心得」といったものが一門のなかで「伝授」されていた。

近世初期の儒学者の授業方法に関する資料が乏しいので断言するわけにはいかないが、こうした日本の「講釈」という授業の形式は闇斎によって確立されたと言ってよいだろう。もちろん、近世の中国や朝鮮においても師と弟子という関係での「講義」やほぼ対等な立場での「会業」が行われていたし、中世日本では博士家の講義や仏教の講説なども行われていたが、闇斎の「講釈」をたんにそれらを模倣したものと見ることは正しくない。そこには闇斎なりの創意と工夫が込められているからである。そのことは現在「講義」とか「講読」という名称で残されている闇斎の授業の内容を記録したものを見れば、いかに簡潔に要点を理解できるかに細心の注意を払っていたことがわかる。テキストを目にしてはいただろうが、耳から入る言葉によって理解できるための様々な配慮がなされていた。

もっとも闇斎が「講釈」という形式を採用したことについては、受講者たちのレヴェルが低かったからだという説もある。闇斎の講義を聞いて「『徒然草』とは何か」と質問した者がいたほどで、だから闇斎は「平易浅近」に講義をしたのだと言う（『強斎先生雑話筆記』）。土佐の学習会においての俗語に関する誤解など、当時はようやく儒教への関心も高まってきたものの、まだまだ一般の武士たちの教養は高くはなかったということを示すような逸話が多く残されている。門人が訓詁《くんこ》に関する質問をしたところ、闇斎が「それは字書にある」とだけ答えたというよく知られた話も（『先達遺事』）、学力が低いばかりか、学習意欲も低いような門人が多いことへの苛立ちであったに違いない。

これとは直接関わらないが、鵜飼金平《きんぺい》（一六四八？～九三）が闇斎の講義に陪席し、大勢の聴衆に紛れていたことを良いことに小刀で爪を切っていたところを見とがめられたという話が残っている（同上）。この話は闇斎が門人に対してことのほか厳しかったという逸話として伝えられているが、今で言えば大学の授業中に携帯をいじったり、化粧を直すなどといったことに類する話で、それを叱責したところでそれほど厳しいとも思えないのだが、近世においても「講義」をする儒学者は聴衆からの「うけ」を意識しなければならなかったのかもしれない。もちろん闇斎はそれを拒否したことで有名になったのだろうが……。

ただ、この鵜飼金平に関する逸話もその背景に注意を払う必要がある。金平は、鵜飼石斎（一六一五～六四）の次男で錬斎《れんさい》と号し、朱熹の『通鑑綱目』に訓点を施したものは「金平点」として世に知られており、また水戸藩に仕えて『大日本史』の編纂に従事し、最後は彰考館総裁にまでなった人物である。そして父の石斎は、江戸で那波活所に学び、万治三年（一六六〇）に京都・油小路で塾を開いて門人を教え、北朝正統論を主張した『本朝編年通史』を著したほか、多くの訓点本を出版している。しかもこれらの著作の出版は多く寛文年間に集中しており、先に紹介した藤井懶斎《らんさい》や中村惕斎《てきさい》など並んで、京都における闇斎のライヴァルの一人と考えてよいかもしれない。そうした人物の子供が闇斎に学び、しかも講義の席上で叱責されていたという話は、闇斎一門にとってかなり「愉快」な話だったと想像できる。

佐藤直方が伝える闇斎の講義方法

闇斎が門人に厳しかったのは事実であろうが、そうした逸話の多くが佐藤直方（一六五〇～一七一九）およびその門人たちによって語り伝えられたものである点に注意を払う必要がある。直方が語ったところでは、「闇斎の家を訪れるときは、心が縮こまって牢獄に入るような気持ちとなり、家から出るときには、ホッとため息をついて虎口から逃れた気分だった」と言う。この話は他の門人が語った「美人を見たり娼家の前を通って心が動いても、すぐに師の顔が思い浮かんで、かしこまった気持ちになる」という話と一緒に載せられていて（『先達遺事』）、いかに闇斎が門人に対して厳格だったかを世に知らしめている。

ところで直方は、福山藩儒であった永田養庵（生没年不詳）の紹介で初めて闇斎のもとを訪れたとき、何を勉強したかと問われ、五経を学んだと答えたところ、闇斎から「大夫、四方に適くには安車に乗る」という文章はどこにあるかと質問されたが、まったく答えることができず、「曲礼篇《きょくらい》にある、『礼記』の冒頭すら覚えていないで、五経を学んだとはなにごとか」と闇斎に叱責されたという話が残っている。さらに一年間研鑽を積んで再訪したときも、たまたま居合わせた書肆が持参した『二程全書』を渡されたが、つっかえつっかえ読んでいたので、闇斎は側にいた鵜飼金平に渡した。金平は序文をすらすら読んで「明人の文章はいかにも華麗だが、浮ついている」とうそぶき、闇斎は「彼ぐらい読めなければ話にならん」と怒ったという話が続く。そこで直方は機転をきかし、経文《けいぶん》を暗誦するだけが学問ではなく、聖学に至るのが自分の望みだと言ったので、闇斎も入学を許したという話となっている（同前）。

直方の逸話を長々と紹介したのは、直方の気持ちを汲んで入学を許したものの、闇斎はその学力を疑っていたようであり、そのためあえて厳しく接したのではないかということを指摘したかったからである。直方の言っていることに嘘はないのだろうが、それは直方個人に限られた体験だった可能性もある。

闇斎が昼夜を問わず門人からの質問を喜んで受け、夜寝ていてもすぐに起きて答えたという話や、闇斎が病気で伏せって蚊帳を張っていたところに永田養庵が訪れ、経学について自分なりの理解を話しだしたところ、重要な話だからということで蚊帳を片付けさせ居住まいを正して聞いたという話も残っている。楢崎《ならさき》正員（一六二〇～九六）が闇斎の側に仕えていたとき、薪を束ねる仕事をしていた最中に闇斎から呼びとめられたので、かしこまって「今日はよい天気でございます」と言ったところ、「天気のことなど聞いていない、経学上の疑問をなぜ尋ねない」と叱られたと言う（同前）。これらの話を勘案すると、むやみやたらに厳しかったわけではなさそうで、むしろ門人それぞれの能力に適った対応をしていたと見ることができる。

浅見絅斎《けいさい》（一六五二～一七一二）が吐血をしたにもかかわらず勉学を厳しく課したという有名な話も、『先達遺事』では、先輩にあたる槇《まき》元真（?～一六九一）が絅斎を休ませるように訴えても闇斎が聞き入れず、元真が「なんとも酷くて薄情な仕打ちだ」と嘆いた話として伝えられているが、『闇斎先生行状図解』では、先輩の元真が申し出たところまでは一致するが、闇斎は「絅斎自身がそう言っているのか」と訊ね、元真が「そうではありません」と答えたので、「それならばそのままにしておけ」と言ったという話になっている。どちらが正しいかは分からないが、後者であれば本人の自主的な判断に任せていたという話になる。

『先達遺事』ではこの絅斎の話に続けて、直方が「毎日、師から激しい叱責を受け、このまま行けば、精力も尽き果てて死んでしまう」と嘆き、それに絅斎が「自分もそう思うが、日本にはほかによい師がいない」と応じたという話を紹介していて、いかに闇斎が厳しく門人に接していたかを知らしめる内容になっている。しかし別の箇所の、さる大名が闇斎に門人の中から招聘できる者を挙げて欲しいと依頼したとき、すぐさま闇斎は直方と絅斎の名前を挙げ、「それ以外は役に立たない者ばかりだ」と答えたという話とつき合わせると、闇斎が直方と絅斎とに格別な期待を寄せていたがためにとりわけ厳しく指導をしていたと考えることもできる。

闇斎からすれば潜在的な能力を認めたからだということになるが、直方には意図的に厳しく指導されたという思いが強かったのかもしれない。のちのち起きる両者の不和は、案外、そんなところに遠因があったのではないだろうか。

3　『敬斎箴』と『感興考註』

『敬斎箴』の出版と講義

『家譜』に載せられている講義の内容が『小学』『近思録』『四書』『周易程伝』に限られていることから、闇斎はそれ以外のテキストは講義しなかったと一般には受けとめられているが、それは誤りである。先に紹介したように「四書を学べば、五経を学ぶ必要はない」という程頤（伊川）の発言を重視したことから、崎門では朱熹の書のみを読んでいたという、揶揄《やゆ》とも非難ともとれる言説がすでに近世から広まっているが、こと闇斎に限って言えば、宋代はもちろん、明代から朝鮮に至るまでの書籍を広く猟渉していた。

幅広い学習の中から徐々に必要なものを絞り込むといった作業を闇斎が行ったのは確かであるが、数少ないテキストに限定してそれを徹底的に学ぶという方法を導入していたのはむしろ門人の佐藤直方であり、さきほどの闇斎の発言も直方の「正統性」を示すためにことさら強調して伝承されてきたところが大きいと思われる。これは、一つの学問・思想の提唱者と継承者の違いといってもよい。独自の方法を確立するために、多くのことを試みた提唱者と、その結果として確立された方法を忠実に守ろうとする継承者の違いということになろう。

実際のところ、闇斎の講義を記述したものとして、現在も「大学章句或問講義」や「本然気質《ほんぜんきしつ》性講義」、それに二種類の「敬斎箴《しん》講義」が残っている。これによって『大学章句』といった特定のテキストばかりでなく、「性」や「敬」といった朱子学において重要な概念についても講義が行われていたことが分かる。これらの資料は、その記録者名から明らかに闇斎晩年のものであり、初期の頃に同じ内容の講義が行われていたとは言えないのだが、おそらく初期の頃から同じような講議を闇斎は行っていたと考えても間違ってはいないだろう。ながい歳月の間に重要だとされるポイントが強調されることはあるだろうが、何を講義するかについては、講義を始めた頃からある程度考えが固まっていたと推測される。

そのことをよく示しているのが、朱熹の『敬斎箴』に関する出来事である。現存する「敬斎箴講義」は晩年のものであるが、儒学者として自立したばかりの初期の頃に、闇斎はそれに訓点を施して出版することを企てていた。このことから、『敬斎箴』が、闇斎によって生涯にわたって重視されていたことが知られるが、その理由は、朱熹の著作であったというだけでなく、「敬」という問題をより実践的に論じることができるという点にあったと思われる。

『敬斎箴』の「斎」とは書斎や書院の寄宿舎などのこと、「箴」は箴言で、暗誦しやすいように韻文で簡潔に書かれたものが多い。書斎や教場の壁などに貼り、そこに書かれた内容を日常的に実践できるように意識化させる目的をもっていた。『敬斎箴』は、日常生活において「居敬」を実践するための心得が一〇カ条にわたって挙げられたもので、闇斎は逐条的に注をつけ、最後に考異および朱熹や門人、元代や明代の儒学者の論説を附録としてつけて刊行した。

この注には朱熹自身の発言もあるが、『性理大全』などに掲載された熊《ゆう》氏・呉氏や、明の呉訥《とつ》の発言も採用されていて、闇斎は晩年になって彼らの発言には必ずしも朱熹の箴言と一致していないところがあると述べていたという。また附録の論説も黄榦《こうかん》（勉斎）や陳淳（北渓）はまだよいとして、元の呉澄（草廬）や明の胡居仁（敬斎）のものまで採用していた点で、やはり晩年の闇斎の理解とは異なるところがある。しかし、そのことがかえって闇斎が広く関係資料を猟渉していたことを証明している。

闇斎が刊行した『敬斎箴』には、序文と跋文とが付けられている。序文は明暦元年（一六五五）で、この頃に出版されたものと思われる。跋文はそれより前の慶安四年（一六五一）で、これは初刷と後刷では部分的に文章が異なっている（阿部隆一「解題」、日本思想大系三一『山崎闇斎学派』）。初刷では「野中千」という門人のためにまとめたとあるが、後刷では「二三子」と不特定なものに変更されている。

この野中千については、『敬斎箴』の跋文以外にも、時期は不明であるが、彼に命じて『大学』の「正心」の二文字を用いて自身の花押を作らせたという話が見え（「作判命野中千説」、『垂加文集』巻二）、闇斎が目をかけていた門人の一人で、身の回りのことを頼めるような間柄であったと推測される。『敬斎箴』が刊行された明暦元年以降のある時点で闇斎から離れたものと思われる。闇斎の開塾が同じく明暦元年であったこと、また野中という姓であることなどから野中兼山と関わりがあるのかもしれないが、今となっては初期の門人であったこと以外にその経歴は不明である。

『敬斎箴』における「敬」の工夫

『敬斎箴』は「敬」の工夫、すなわち修養的実践が説かれているために、闇斎の門下ではことのほか重視され、日本思想大系の『山崎闇斎学派』には闇斎の門人たちによっても同じような講義が各地に残されている。したがって、日本における『敬斎箴』の受容が闇斎およびその門人を中心にして展開してきたのは間違いないが、すでに触れたように米川繰軒にも『敬斎箴学規諺解《げんかい》』なる著作があることに注意しなければならない。繰軒の『敬斎箴学規諺解』がいつ頃刊行されたのかはよく分からないが、闇斎と同時代に同じような関心を持つ者がいたことを示しているからである。

ほかに佐藤直方・浅見絅斎・三宅尚斎《しょうさい》という門人たちの講義が収録されている。さらに直方や絅斎

米川繰軒は闇斎門人に加えられることもあり、『敬斎箴』に関する書物を出版したのは闇斎の影響と考えてもよいだろうが、伊藤仁斎もほぼ同じ時期に関心を持っていたとなると、やはり同時代的な関心と言うべきかもしれない。仁斎が『敬斎箴』に関心を向けたのは承応二年（一六五三）二七歳の頃とされ、「敬斎」と号し、居所に「誠修」と名づけたという話はよく知られている（「敬斎記」、『古学先生文集』巻一）。その後もさらに「宋学」の研究を続けたが、闇斎が塾を開いた頃に隠棲し、「宋学」への疑問から陽明学や禅学にも関心を向けたと言われている。

そういえば、繰軒もまた陽明学に惹かれた時期があった。闇斎の『敬斎箴』への関心が、ほぼ同じ頃に著された『大家商量集』の著述、つまり陸学批判を通じて間接的に陽明学を否定しようとしたことと大きく関わっていたのは確かであろう。たんに朱子学の学習における問題として選択されたと考

えるよりは、陽明学批判という観点から「敬」への関心が高まり、その点から朱熹の『敬斎箴』の目が向けられたと推定できるということになる。そして、こうした関心が一人闇斎にとどまることなく、当時の日本においてある程度共有された問題関心であったことにも注意しておく必要がある。

『感興考註』の出版

闇斎の著述に話を戻すと、『敬斎箴』刊行以前の活動として、最も早いものに正保三年（一六四六）『白本感興《かんきょう》詩』の出版があった（池上幸二郎「闇斎先生著書解説」）。これは、朱熹の「斎居感興」二〇首を「白文」、すなわち訓点をまったく施さないもののままに採録し、さらに明代初期の儒学者方孝孺《ほうこうじゅ》――別名を正学と言い、闇斎はこちらの名を挙げている――の「読感興詩」全文とを併せたものであった。

詩作、つまり詩を詠むという行為については北宋道学でも見解が分かれていて、程頤（伊川）は「玩物喪志」として斥けたが、邵雍《しょうよう》（康節）は自らの思想的な境地を詩によって表現することを目指した。朱熹の「斎居感興」は、後者を受け継ぐと同時に、「思想詩」と呼ばれる領域を確立したものとしてよく知られている。もちろん、朱熹自身は詩人として朝廷に推挙されるほどの才能の持ち主で、各地の名勝を詩に詠んだり、友人と詩を倡和するなどといった「文人」としての活動を生涯にわたって行っている。

だが、「思想詩」はそれとは異なり、いわば内面の修養として、心のうちに沸きあがることがらを言語化するという実践行為であった。「斎居感興」は朱熹四三歳のときの著作であり、四〇歳のいわゆる「定論」を経て、多くの主著をまとめるさなかに作られていた。「斎居感興」のテーマは、一言で言えば「居敬窮理」の体認であり、闇斎がそれを「白文」で刊行したのは、おそらく暗誦に便利だったからだろう。内容をきちんと理解すること以上に、音読のまま繰り返し暗誦すること、つまりは自らのうちに同一化させるという意味での体認を目指したのかもしれない。

ただし、闇斎は『敬斎箴』の刊行とほぼ同じ頃に、『白本感興詩』に手を加えた『感興考註』も出版していた。こちらは「斎居感興」に訓点と注釈を加えたもので、最初に朱熹の序と方孝孺——闇斎は遜志斎の号で呼ぶ——の「読感興詩」の後半を掲げている。闇斎自身の序文は明暦二年(一六五六)に書かれており、「斎居感興」の重要性を指摘するだけでなく、その存在すらも知らない人々が多いことを憂慮してのことであると、刊行の理由を説明している。

序文では、さらに孔子が詩を『五経』に加えながらも、その後は衰退し、北宋の程顥《こう》(明道)が「孔門吟詠之遺法」を再興し、朱熹がそれに従って詩を詠んだのがこの「斎居感興」であると述べている。現在では、先に指摘したように程頤《い》(伊川)と朱熹では詩作に対する理解が異なるとするだけでなく、程顥もまた詩を「玩物喪志」として警戒していたと理解している(三浦国雄「伊川撃壌集の世界」)。しかし、闇斎は「思想詩」という形式が程顥から朱熹へと発展してきたと、ある種調停的な解釈をしている。程頤ではなく、程顥の名を挙げたところに、闇斎なりの工夫があったと言えるだろう。

さらに序文では、日本の「倭歌(和歌)」も、言葉は違っていても、その情趣は同じだと述べている点も注目される。この理解そのものは、当時にあってはごく一般的な理解と言えるが、闇斎も同じように考えていたという点が重要である。論理的な理解ではなく、感覚に属する「情感」において、中国も日本も同じだという議論は、闇斎が儒教の実践を広く押し進めてゆくうえで重要な意味を持っていたからである。

一般に闇斎自身の詩文については、その学説や思想と異なり、ほとんど評価されることはないが、それは彼自身が詩文を売り物にしていなかっただけで、その素養と関心は高かったと言えよう。闇斎自身の詩文は、闇斎が生前に自らまとめようとし、のちに植田玄節（一六五一～一七三五）によって出版された『垂加草』に収録されているが、そのほかに跡部良顕《よしあきら》（一六五八～一七二九）が編纂した『垂加文集』にも収録されている。ただ、自然の情景やそこから湧き起こる情感などを主題にした詩集への関心が高い日本では、「思想詩」への関心はそれほど高くない。その意味からしても、この先の漢詩文研究において、闇斎の詩を「思想詩」という観点から研究するような気運が生まれることを期待したい。

『感興考註』の闇斎の序文は明暦二年に書かれたが、実際の刊行は明暦四年、村上平楽寺からのものが最も早いとされている。闇斎は、そのほかにも朱熹の紀行詩とも言える『山北紀行』、「雲谷記」と「雲谷二十六詠」を併せた『雲谷記』を出版しており、朱熹の「文学」的な側面の紹介にも力を注いでいる。闇斎にとって、朱熹は、経学ばかりでなく、詩文の制作といった全人格的な活動の模範であったのである。

『孝経刊誤』『孝経外伝』『朱子訓蒙詩』の出版

このほかに同時期の闇斎の業績として明暦二年（一六五六）に刊行された『孝経刊誤』と『孝経外伝』の出版、明暦三年（一六五七）の『朱子訓蒙詩』の出版がある。

前者の『孝経』に関する著作については、若干の説明が必要であろう。朱熹は五〇代後半に陸氏一派と論争をする一方で、『易』や『詩』、それに『小学』などの編纂を積極的に行ったが、『孝経刊誤』もそうしたものの一つであった。これは、すでに古文・今文の問題が持ちあがっていた『孝経』について、古文を中心に校定を行い、「経」一章・「伝」一四章に整理したものである。ただし、朱熹は『孝経刊誤』の出版だけでは不十分と考えたらしく、それを補足するために『孝経外伝』を作成しなければならないと考えたものの、それを果たすことなく没してしまった。

そこで闇斎は、『小学』所載の文章を「経文」とし、今文の『孝経』や『礼記』などの文章を用いて、その「伝」一〇章を諸書から集めて作成した。この点から『孝経外伝』は闇斎の「創作」と言わざるをえない作品なのだが、『孝経刊誤』と併せて刊行することによって、朱熹の意図を忠実になぞった『孝経』の理解を広めたいと闇斎は考えたのだろう。

というのも、この頃、元の董鼎が『孝経刊誤』に注釈を加えた『孝経大義』が盛んに読まれていたらしく、闇斎が『孝経』に関する二著を出版した前後に、「私記」「講草鈔」「詳解」と銘打った『孝経大義』の和刻本がいくつも出版されている。『孝経刊誤』に注解を施すのではなく、たとえ「創作」に近い形であったとしても『孝経外伝』を編纂し、それを併せ読むことこそ、朱熹の意図を正しく踏襲することになると闇斎は考えたに違いない。ここから、『孝経』が孝の実践に深く関わる以上、この問題を放置することはできないという、儒教の実践に向けた闇斎の強い意志を認めることができる。

『朱子訓蒙詩』――一般には『朱子訓蒙絶句』と呼ぶ――の出版も事情は複雑で、結論を先取りして述べると、闇斎はそのほとんどの詩が朱熹のものではないと考えたが、それにもかかわらず訓点を施して出版したということになる。『朱子訓蒙詩』は九八首の七言絶句をまとめたものであるが、最初の二首を除いて、現行の『朱子文集』には見られないものが集められていた。書物としては南宋末期に現れるが、「訓蒙」と銘打っていながらも、実質的には「斎居感興」と同じような「思想詩」として扱われてきた。とりわけ明の胡居仁（敬斎）が自らの修養や講学に用いたことから広く流行するようになった。

『朱子訓蒙詩』は中国ばかりでなく朝鮮においてもよく読まれたが、李滉《イハン》（退渓）に至って、内容が浅薄であり、言葉の使用も稚拙だという理由から、朱熹自身のものではなく、最初に朱熹の詩二首を置くことによって仮託された偽物だと断定された。闇斎は、最初は胡居仁に従って朱熹の詩と信じていたが、のちに李滉の見解を知って、それが妥当だと考えるようになったと跋文で述べている。これだけでは闇斎が出版した意図がよく分からないが、跋文では、李滉の目にしたものは朝鮮版であったが、それ以前に明で出版された朱熹の詩文集を底本とするると述べているので、テキストによって違いがあると判断していたのかもしれない。あるいは『居業録《きょぎょうろく》』の著者で、「敬」に基づく心の存養と実践躬行を主張した胡居仁の説を完全には否定しきれないと、この段階では考えたのかもしれない。

4　『白鹿洞学規集註』と李滉の影響

朝鮮の李滉の名前が出たが、『朱子訓蒙詩』の刊行よりもかなり前、『敬斎箴』の跋文執筆の前年にあたる慶安三年（一六五〇）に、闇斎は『白鹿洞学規集註』の序文を著していたが、これについても李滉の見解から大きな触発を受けたと述べていた。

李滉との出会い

朱熹は五〇歳の時、ほとんど遺跡と化していた白鹿洞書院を再興し、洞主となって孔子への祭祀である「釈采《しゃくさい》」を執行したほか、「白鹿洞書院掲示」によって教育の大綱を示し、「程董《とう》二先生学則」によって具体的な日課を定めた。なかでも「白鹿洞書院掲示」は朱子学における教育の基本理念が示されたものとして尊重されてきたが、それがいかに重要であるかを闇斎は李滉によって認識させられ、そこで訓点を施して刊行することに決めたというのである。

標題が「白鹿洞書院掲示」ではなく「白鹿洞学規」となっているのは、李滉の見解を踏襲したからにほかならない。じつは前章で紹介した『闢異』のなかでも引用されていたのだが、そこでは「白鹿洞書院掲示」という名称になっていた。もちろん李滉以前にも「白鹿洞学規」と呼んだ例はあるのだが、おそらく李滉に従って「白鹿洞学規」という名称を採用したと考えて間違いないだろう。ただし、闇斎が李滉に強く共鳴したのは、そうした呼称の問題だけではなく、「白鹿洞学規」を日常的な実践として重視する姿勢にあったと思われる。

「白鹿洞学規」の冒頭には、『孟子』滕文公上に見える舜の命によって契《せつ》が定めた五倫、すなわち父子の親・君臣の義・夫婦の別・長幼の序・朋友の信が掲げられていたが、これを日常生活において実践的に体認しなければならないことを李滉は強調し、それゆえに心と身体を一つにした修養を説いていた（『自省録』）。『闢異』が仏教批判を目的に書かれたことはすでに紹介したところだが、仏教、とりわけ禅には「存養の工夫」において誤りがあると闇斎はみなしていたが、その根本的な理由は五倫の教えのような、最も基本的で恒常的な倫理規範をないがしろにしたところにあると考えていた。朱熹が「白鹿洞学規」の冒頭に五倫の教えを掲げた理由がここにあることをはっきりと指摘したのは李滉であり、この点に闇斎は強く啓発を受けたのである。

闇斎がどの時点で、またどのような経緯で李滉の『自省録』などを知ったのかはよく分からないが、おそらく朝鮮の書籍などを広く蒐集していた野中兼山を経由して入手したというのが、最も蓋然性の高い推定である。三〇代半ばから四〇代半ばにかけての闇斎は、李滉の主張から大きな啓発を受け、その実践的な姿勢に深く「共鳴」していた点が大きな特色であった。

闇斎に対する李滉の影響については見解が分かれるところで、生涯にわたって強い影響を受けていたという見解（阿部隆一氏など）、初期には影響を受けたものの、やがて独自の理解へと進んだという見解（近藤啓吾氏など）に分けることができる。しかし、両者を狭い意味での「影響」関係で捉えるよりも、闇斎が李滉の直接朱熹に戻るという「原理主義」的な主張に「共鳴」し、日本における継承・発展を試みたというように整理した方がよいだろう。ただ、それを説明するためには明代や朝鮮の儒教についても話をしなければならず、これに関しては終章でまとめて述べることにしたい。

闇斎における「注釈」の意義

『闢異』の中に取り込まれていた「白鹿洞学規」を単独で、しかも注解をつけて刊行するという闇斎の決断は、たんなる「異端」批判から脱却して、最も「正統」なる朱子学を実践するという方向に大きく踏みだしたことを示している。『白鹿洞学規集註』以後に闇斎が刊行したものについては本章で述べてきたところであるが、これらの多くが朱子学の日常的な実践に関わるものであったことに注目しなければならない。闇斎にとって大きな課題は、林羅山のように明代や朝鮮の書物を参照しながら朱子学を知識として理解することよりも、朱熹の主張したところをいかに体系的に正しく実践するかということにあったと考えるべきである。

一口に実践と言っても、『小学』から始めて『近思録』『四書』という学習の手順は、朱子学における正しい実践の最たるものであったが、その他にも日常的な実践の問題としては、どのようなテキストを選択するかが問題となる。『白鹿洞学規集註』や『敬斎箴』、『感興考註』は、日常的に繰り返し読むこと、あるいは唱えることによって、修養上のテーマをつねに意識化させるために必須のものであった。意識化のはてに、初めて血肉化も可能になるからである。『孝経』もまた、五倫の最初に示された「父子の親」を実践するために必要不可欠なテキストであった。儒教にとって「孝」は恒常的に実践されるべき最も重要な倫理規範だからである。

闇斎の多くの著述が、朱熹の言説を抜き書きしたたんなる繰り返しに過ぎず、「独創性」にまったく欠けているというのがこれまでの一般的な闇斎評価であるが、「独創性」を評価の判断基準として最重要視することは近代に特有なものであり、それ以前の評価が経典（カノン）の遵守という点にあったことからすると、もう少し別な捉え方が必要である。儒教の経学では、新しい経典を作りだすよりは「注釈」という形で従来の経典を修正すること、場合によっては、そうした形式を取りながら新しい意味を付与して別の方向性を示すことすらあったのだから、近代のような自己の思想を明確に示す議論を提示し、そこにおける「独創性」を問題とするような評価基準がほとんど意味を持たないことは明白である。

たしかに北宋道学の儒学者や朱熹、さらには日本の仁斎や徂徠も、今まで理解されてきた注釈とは異なる理解を提示するために経典の字句を大きく変更することさえしているのだが、それによって経典の価値を高めたり低めたりしたにしても、経典それ自体を否定したわけではなかった。

これまでの研究では、「近代」的な意味での独創性をもとに儒学者の評価が序列化され、朱熹の学説から大きく離れた仁斎や徂徠が高く評価される代わりに、羅山や闇斎、あるいはその門下の人々はそれより劣った「思想家」として見下されてきた。ただ「注釈」という行為は、経典の権威にひれ伏すように見えながらも、じつはそれを利用して自分の考えを提出するという迂回路を作りだす作業でもあった。

儒教が再び盛んになった北宋では膨大な量の「注釈」が生産され、それを整理しながら体系づけたのが朱熹であった。朱熹自身もまた相当数の「注釈」を作りだしていたが、さらに朱熹の後継者たちによっても様々な「注釈」——その多くは朱熹の発言をいかに理解するかというものであったが——

が生産されていた。それは元代から明代にかけて、さらには朝鮮においても同じであった。それゆえ、莫大な量にのぼるこれらの「注釈」やそれに関する議論のなかから何を取り出すかということは、じつは高度に「独創」的な作業だとも言えるのである。闇斎の「独創性」が近代科学におけるものとは異なるにしても、質的に異なるという理由で、それを否定することは誤りである。

5　儀礼の実践——釈奠と朱子家礼

以上、述べてきたことから、闇斎が儒教の「正統」である朱子学の実践になみなみならぬ関心を向けていたことが分かるだろう。しかし、朱子学を学ぶためのテキストや、「居敬」という日常的に意識を集中させる方法を説いたテキストとして何が重要であるかを正しく知らしめること以外に、より具体的な実践が存在した。それが『朱子家礼《かれい》』や「釈奠《せきてん》」といった儀礼的な実践である。

闇斎と「釈奠」

まず「釈奠」についてであるが、「釈奠」とは孔子に対する祭祀のことで、中国では古くから天地や祖先に対する祭祀と並んで重視されてきたが、とくに朱子学が正統化された近世になると、公立の学校である太学《たいがく》や国学、また私的な教育機関であった書院などに孔子を祀る施設——孔子の「神主《しんしゅ》」を安置して祭祀を行う施設である「大成殿」のことであるが、一般には孔子廟とか文廟とも呼ばれている——が併設されて、そこで祭祀が行われるようになった。

孔子廟には、孔子だけではなく、顔回・曾子といった門人や子思・孟子といった学統の継承者と認められた者など多くの儒学者が従祀されていた。この従祀者は、自分たちの直前の世代までに及ぶことが多かったため、中国においても、朝鮮においても誰を従祀するかをめぐって政争の種となるほどであった。あるいは学統の継承それ自体が、一つのイデオロギー闘争を呼び起こしていたといった方が正確かもしれない。

こうした孔子廟において、そこに祀られた儒学者たちを対象に、春・秋二回の大祭が「釈奠」であるが、月に一度の簡略化された祭祀を「釈菜《せきさい》」と呼び、書院などではこちらが行われることが多い。日本では「湯島聖堂《ゆしませいどう》」がよく知られているが、これは最初寛永九年（一六三二）に林羅山（一五八三～一六五七）が上野・忍が岡に「先聖殿」として築いた施設が、五代綱吉の時代に湯島に移転され、「大成殿」と改称されたものである。現在の「大成殿」は関東大震災後に再建されたコンクリート製の建物であるが、それ以前の建物は朱舜水《しゅしゅんすい》（一六〇〇～八二）が徳川光圀《みつくに》（一六二八～一七〇一）のために作成した孔子廟の図面（『学宮図草』）と模型をもとに寛政年間に建てられていた。これは明代の建築様式によっており、「湯島聖堂」以外にも会津藩の日新館や萩藩の明倫館のものも同じだという。また現在の「湯島聖堂」に安置されている孔子像は、もともとはやはり朱舜水が日本亡命の際に持参してきたものであった。

このように日本の「釈奠」は朱舜水と深く関わりながら発展してきたと言えるのだが、朱舜水に先だって明から亡命してきた人物に陳元贇《ちんげんぴん》（一五八七～一六七一）がいる。陳元贇は尾張藩主徳川義直《よしなお》

（一六〇一〜五〇）に仕え、書・詩・焼き物といった文物を広めたことで知られている。注目されるのは、前章でたびたび触れた松永尺五（一五九二〜一六五七）が慶安四年（一六五一）にこの陳元贇から教えられた様式に従って尺五堂で「釈菜」を行っていることである。

先に紹介した「湯島聖堂」も、羅山の忍が岡に施設を作るとき、資金から備品に至るまで多くの援助を行ったのが徳川義直であり、近代になって朱舜水ゆかりの孔子像に変わる前までは徳川義直から寄贈されたものが永らく安置されていたという。もっとも徳川義直に「釈奠」に関する知識を伝えたのは堀杏庵（一五八五〜一六四三）だとされ、杏庵は師の藤原惺窩が朝鮮の姜沆《カンハン》（睡隠）から学んだとされる朝鮮朱子学（性理学）における様式を継承していたこと、すなわち赤松広通（一五六二〜一六〇〇）からの依頼によって、姜沆が惺窩に「釈奠」に関する知識を授け、それがさらに杏庵へと伝えられたということが明らかになっているから、陳元贇の知識が直接林羅山に伝えられたというわけではなさそうである。

林家の「釈奠」は幾度も変革が加えられ、平安前期に確立された日本古来の様式を復元・踏襲しようとしていたと考えられているが、ある程度固定された様式となったのは二代目の鵞峰《がほう》（一六一八〜一六八〇、号は春斎）の時、寛文一〇年（一六七〇）の「釈奠」だとされるので、その頃には陳元贇や朱舜水から学んだ明代の様式も取り入れられたのではないだろうか。この点から考えても、惺窩の門人にあたる尺五が陳元贇から学んだ様式を実践した意義は大きかったと思われる。

以上のような経緯のなかで、闇斎は「釈奠」に関してどのような態度を取っていたのだろうか。寛文五年（一六六五）と言えば、保科正之《まさゆき》（一六一一～七三）と初めて面会した年であるが、この年に闇斎は「記家蔵聖像」という文章を書いていて、この頃に孔子像を入手したらしい。あるいは正之から下賜された資金をもとに作らせたか、市賈から購入したのかもしれない。唐銅《からかね》造りというから青銅製で、高さは周尺で一尺八寸五分（約四五センチ）という小さなものであるが、かなり精巧にできているると闇斎は自慢げに述べている。特別な建造物や檀などを作って普段から安置していたのではなく、箱を作って納めていたようである。

それには理由があって、闇斎は「記家蔵聖像」の冒頭で、北宋の張載（横渠）の発言、「家に孔子の真（肖像画）があり、左右に向かいあって坐るように置こうと思ったが、香を焚くことも拝礼することもできないので、しかたがなく巻いて収蔵しておくことにした」（『張子全書』巻七）と引用している。これは、孔子像や高弟たちの像だけでなく、孔子を含む多くの儒学者の「真」を用いて「釈奠」を行っていた林家への批判と読むこともできる。孔子像は所持していたものの、それを礼拝する形式で「釈奠」や「釈菜」を執行することを否定するような文意だからである。

もちろん、この発言は「釈奠」や「釈菜」そのものを否定するものではないから、それとは別に孔子などの「神主」を用いた祭祀――これが本来の「釈奠」のあり方である――を闇斎は行ったのではないかという推測も成り立つが、それを示す資料は残されていない。この種の実践的な儀礼は、いくら書物を通して研究したところで、実物をもって実演しないことには詳細を知ることは難しいから、闇斎ほどの学者であってもその実践には躊躇するところがあったのかもしれない。ここでは、とりあえず、闇斎が「釈奠」に関してどのような対応をしていたかについては疑問が多く、断定できないところがあることを指摘しておきたい。

近世前期日本における『朱子家礼』

一方、『朱子家礼』に関しては多くの逸話が残されている。最も古い記録は『家譜』に見える慶安三年（一六五〇）の記録で、闇斎三三歳のことである。九月に祖先の神主を造り、その月の晦日に『朱子家礼』に則って祭祀を行っていた。

興味深いことは、それに先立つ二四日の夜、闇斎の父がそれに関わる夢を見、また闇斎も二七日に「幽都幽都幽明室」という文字を夢に見たと『家譜』に書かれていることである。闇斎が夢見た言葉は暗示的であるために意味ははっきりしないが、「幽都」とは幽冥の地、「幽明室」は、「明室」が「明堂」と同じであれば、祭祀を行う場所の意味になる。いずれにしても祖先への祭祀に関わる夢であったことは間違いない。

闇斎と夢との関わりについては、出生にまつわる話などをすでに紹介してきたが、両親ばかりでなく闇斎も夢に啓示的な意味を認めていたことに留意しておきたい。翌慶安四年に野中兼山の母が亡くなり、闇斎は土佐に出かけて、兼山が『朱子家礼』に従って葬儀を行うのを助けている。また、それからしばらく経った承応二年（一六五三）に姪の「小三」が亡くなった時も、『朱子家礼』によって「衣《い》衾《きん》棺《かん》槨《かく》」の一切を用意したことが分かっている（「甥女小三墓誌銘」）。したがって、この頃までに闇斎は『朱子家礼』について書物を通じていろいろと研究を重ねていたばかりでなく、実践を通して具体的なことを多く学んでいたと思われる。そうでなければ、いくら知己であったとしても、土佐藩の重職にあった兼山が衆人注視のなかで『朱子家礼』を実践するのに際して手助けすることはできなかったに違いない。

近世日本における『朱子家礼』の実践については、羅山や兼山の事例はすでに第三章で触れたが、その最も古い事例は、「釈奠」と同じく赤松広通や藤原惺窩が朝鮮の姜沆から教えを受けたことに始まるとされている。実施の年代ははっきりしないが、姜沆の『看羊録』には、赤松広通が「三年の喪」を行ったと書かれている。赤松広通は幼い頃に父赤松政秀を亡くしているので、「三年の喪」を行ったとすれば赤松晴政の娘であった母親ということになるが、この時代の女性の生没年などを知ることは難しいから、それが事実であるかどうかを確認するすべはない。

『朱子家礼』の実践に関する明確な事例は、惺窩の門人の羅山が長男叔勝の葬儀を行った寛永六年（一六二九）ということになるが、それ以前に中江藤樹（一六〇八～四八）が、寛永四年に祖父の祭礼を『朱子家礼』に従って行ったという話が残っている。ただし、これは葬儀ではなく、祭礼に関する実践ということになる。

やや詳しい説明になるが、『朱子家礼』では、亡くなった直後から満二年間が「服喪《ふくそう》」期間――詳しく説明すると、自分の父母に対する服喪が「三年の喪」、すなわち満二年間の服喪期間であり、それを最大限の期間として、あとは関係性（等親）に従って減らされてゆく――となり、その後は四代目にあたる子孫が新たに祀られるまでが「祭礼」の対象となる期間とされているから、葬儀を挟んで「三年の喪」を実践するだけでなく、その後定期的に「祭礼」を行うことが義務づけられていた。ついでにいえば、近世日本の「服喪」期間は、仏教の影響もあって五〇日と定められていたから、『朱子家礼』を厳密に実践することは世俗の慣習と背反するところが大きく、すでに兼山のところで述べたように大問題となることもあった。

中江藤樹の事例は「祭礼」の実践に関する最も古いものということになる。また慶安元年（一六四八）に藤樹は亡くなるが、その葬儀は門人たちにより『朱子家礼』に則って行われていた。藤樹が「孝」の実践をことのほか重視していたこともあるが、陽明学の人々の間でも『朱子家礼』の実践は大きな関心であったことを示している。

惺窩の門人ということで言えば、羅山のほかに、京都に暮らした三宅鞏革斎《きょうかくさい》（一六一四〜七五）が、慶安二年（一六四九）に養父の三宅寄斎の葬儀を『朱子家礼』によって行ったことが分かっている。兼山や闇斎が祀堂や神主を作る前年のことであった。

三宅鞏革斎は、本名を合田道乙《どうおつ》といったが、惺窩の門人であった三宅寄斎の養子となった。朱熹の『資治通鑑綱目』に訓点を施して刊行していて、これは「道乙点通鑑」と呼ばれるほどに好評だった。『朱子家礼』に関しては、寛文元年（一六六一）に『喪礼節解』を著し、さらに寛文七年には『祭礼節解』を出版している。『祭礼節解』は漢文ではなく漢字とカタカナを交えた文体で書かれており、『朱子家礼』を広く普及させようとする意図が窺える。この鞏革斎を招いて『朱子家礼』を実践しようと努めたのが備前・岡山藩の池田光政であった。

また、先にも紹介したが、京都にあって独学で朱子学を学んだ中村惕斎《てきさい》（一六二九〜一七〇二）は、明暦元年（一六五五）に家の敷地内に祀堂を造り、三代の神主《しんしゅ》を安置して「祭礼」を行い、その後も『朱子家礼』を実践している。惕斎もまた『朱子家礼』の実践によって朱子学者としての名声を高めていたのである。惕斎は、元禄三年（一六九〇）に『慎終疏節《そせつ》』を、また同じ時に書いた『追遠疏節』を享保二年（一七一七）に出版して、『朱子家礼』の普及に貢献している。

さらに惕斎の友人で、闇斎の『大家商量集』に名前が使われていた藤井懶斎（?〜一七〇九）も、ひらがな混じりの和文で書いた入門書『二礼童覧』を元禄元年に出版しており、惕斎の周りには『朱子家礼』を実践していた者もけっこう多くいたようである。藤井懶斎が藤樹のところにも出入りしていたことを考えると、朱子学、陽明学を問わず、この頃に『朱子家礼』に対する関心が広範囲にわたって高まっていたことが分かる。

中村惕斎（『先哲像伝』より）

闇斎による『朱子家礼』の実践

『朱子家礼』をめぐる近世前期の動向について述べたのは、その実践に関心を向けていたのが闇斎や門人たちに限らないということを示したかったからである。とくに京都においては「流行」と言ってしまうと大袈裟ではあるが、崎門以外の人々も強い関心を示していて、いわば「競合」状態にあった。それ以外にも、「釈奠」のところでも触れた朱舜水によって、水戸藩でも、藩主をはじめとして、史書の編纂に携わっていた藩士たちに広がってゆくことになる。会津・岡山といった好学の大名がいたところでもやはり『朱子家礼』への関心が高まっている。

こうしたなかで、やがて『朱子家礼』と言えば崎門と言われるほどの地位を占めるようになるのだが、そのためにはそれなりに研鑽を積み上げてゆく必要があったに違いない。闇斎の学問の経緯を知るうえで重要な『文会筆録』は、四書五経、北宋道学の人々や朱熹など広い範囲にわたってのノートが集録されているが、その最初の巻では『小学』と『朱子家礼』が扱われていて、しかもその三分の二を『朱子家礼』が占めていた。このなかで最も多く引かれているのは、『朱子文集』に掲載された朱熹の書簡——門人からの質問に朱熹が答えたもの——であり、闇斎が明代に編纂された『性理大全』をそのまま鵜呑みにせずに、もう一度朱熹の言説に戻って確認しようとしていたことを窺わせる。もちろん明代の邱濬《きゅうしゅん》『家礼儀節』や朝鮮の李滉（『退渓集』）に関する言及もあるし、また宋・明で刊行されていた随筆や類書にも注意を払っていて、この問題に対する闇斎のなみなみならぬ努力を知ることができる。

『朱子家礼』に関するまとまった論著は残されていないが、闇斎は父母や姉たちといった近親者の葬儀、あるいは関わりのあった人々の葬儀などで『朱子家礼』を実地に行いながら、日本において実践可能な形態を探っていたのではないだろうか。浅見絅斎系の門人がまとめたと思われる『山崎先生語録』には、会津で試してみた結果、朱熹の説に従って棺の内側を「松ヤニ」で塗るのが一番よい方法であることがわかったという話が載っている。この方法については、『朱子家礼』葬礼・治葬の箇所に見えているが、細部まで注意をしながら読まなければ見つからないほどに細かな話である。そうではあるが、『朱子家礼』を忠実に再現して遺体を納める柩を作ろうと思えば、無視できないことになる。

じつは『朱子家礼』の註には「瀝青」とあり、一般には天然や人造のアスファルト・タール類などを指すが、樹木から作られるものもあって「アブラチャン（油瀝青）」というクスノキ科の木や実から採取されるものがよく知られているという。ただし林鵞峰の『泣血余滴』——明暦二年（一六五六）に母親の葬儀を『朱子家礼』に従って行った記録で、万治二年（一六五九）に出版された——にも「瀝青」を「松ヤニ」と説明しているから、この時期の日本では「松ヤニ」という解釈が一般的であったようである。

闇斎が会津で試してみたというのは、延宝元年（一六七三）の保科正之の葬儀に際してのことであろうか。闇斎は三月に会津まで出向いて、葬儀の「文章司」を務めたという（『土津霊神事実』など）。一般には延宝六年の会津藩士安西平吉の葬儀だと考えられていて、たしかに「安西平吉墓碣」には「仏事ではなく、『朱子家礼』に従った」（『続垂加文集』巻中）とあるが、この頃に闇斎が会津に出向いたことはない。先の『山崎先生語録』ではみずから実地に試してみたような口ぶりであるので、会津において試してみたというのであれば、正之の葬儀か、それ以前の時期のことだと考えるしかない。

なぜ、このような些末に思われることがらにこだわるかと言えば、闇斎が晩年になって祖先の「神主」をすべて焼き捨て、垂加霊社に配祀したと伝えられているからである（『秦山集』）。これまた門人

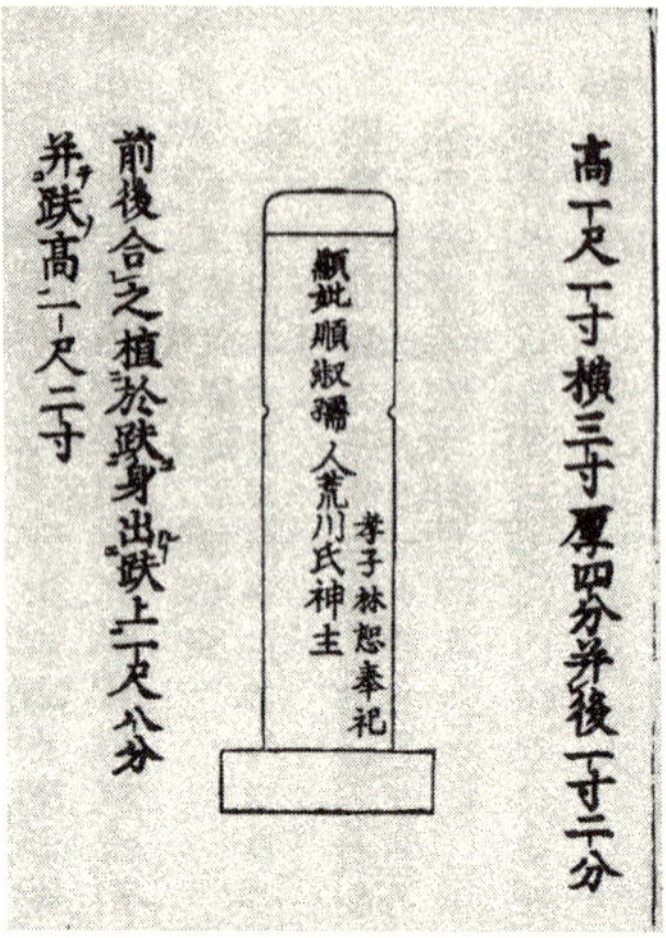

「神主」の図（林鵞峰『泣血餘滴』より）

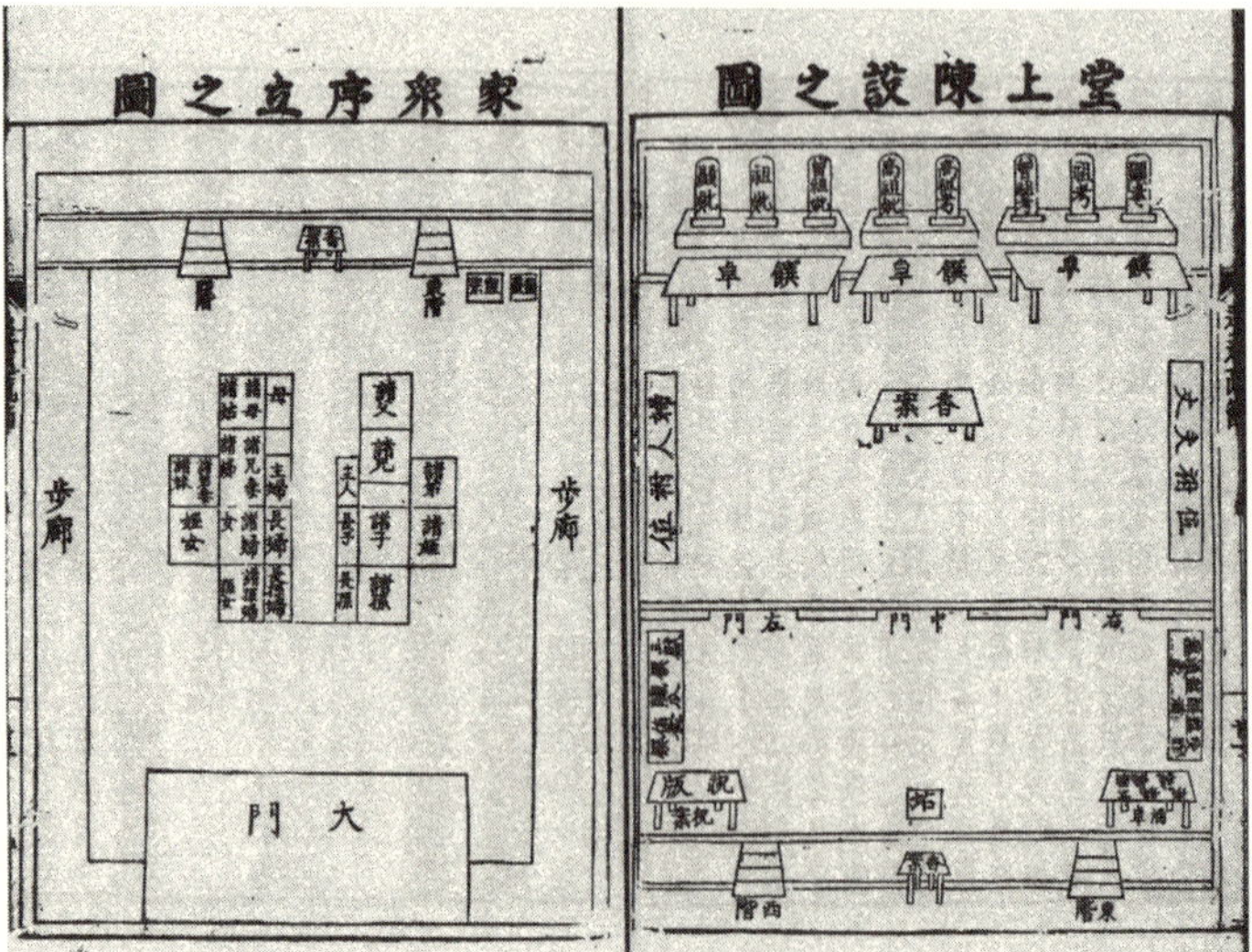

祠堂における「神主」の配置図（中村惕斎『追遠疏節』より）

の伝聞によるものだから、真偽のほどは確かではない。ただ、もしもその通りだとすると、闇斎は日本における『朱子家礼』の実践を中途で放棄したことになり、それはそれで重要な問題となる。

延宝元年であれば、闇斎五六歳の時、延宝六年であれば闇斎六一歳の時にあたり、いずれにしても六五歳で亡くなる闇斎の晩年ということになる。この間、延宝二年一〇月には、かつて初めて『朱子家礼』に則った「神主」を作ったとき、夢まで見て、大いに感動したと伝えられる父の浄因が亡くなっているが、その葬儀の様子がどうであったか、その後の祭祀をどのようにしていたのかなど、何も伝えられていない。この年の二月には、それまで屋敷内にあった垂加霊社を下御霊神社に移転しており、この頃が一つの転機と見ることができるが、詳しいことは不明と言うしかない。

いずれにしても、闇斎は『朱子家礼』の文意を、そのほかの朱熹の発言を参考にしながら確定するとともに、実際に行ってみて、その是非を判断するという試行錯誤を試みていた。しかし、『朱子家礼』はもちろん、「釈奠」にしても、実際に行おうとすれば、様々な細かなことが支障となる。時代ばかりでなく、気候・風土や生活習慣が大きく異なるのだから、儀式で備える物一つを取りあげても、日本には存在していない物もあっただろうし、牛・豚・羊の肉といった供え物のように日本の生活習慣では入手困難な物もあったはずである。

こうした、細々とした所を修正しながら、日本においても実践可能なように形を変えることは、儀礼の本質とも関わる問題だけに時間と労力を必要とする。闇斎が試みたことが具体的に実現するのは、門人の浅見絅斎（一六五二～一七一二）や、さらにその門人の若林強斎《きょうさい》（一六七九～一七三二）の時代になってからのことであった。絅斎や強斎が行ったことは、日本における実践可能性を追求したというだけでなく、闇斎が羅山のことを念頭に置いたうえで、それに対する批判意識を持ちながら儀礼の実践に取り組んでいたことを継承・発展させることであった。先にも紹介したが、羅山の継承者であった鵞峰もまた『朱子家礼』を広めようとしていた。絅斎や強斎は鵞峰を強く批判して、闇斎に始まる「正統」な朱子学がどのようなものであるかを世に知らしめようとしたのである。かくして、闇斎の門人たちによって『朱子家礼』は着実に日本社会に浸透していき、闇斎はその先駆者として位置づけられることになった。

第五章　「啓蒙」という形式の土着化

1　江戸への進出

笠間藩主井上政利

万治元年（一六五八）、四一歳となった闇斎は、三月に江戸に入り、常陸・笠間藩主井上政利《まさとし》（一六〇六〜七五）と伊予・大洲《おおず》藩嫡子加藤泰義（一六二九〜六八）と面会する。京都に戻ったのは八月末で、これ以降、ほぼ毎年同じような日程で京都と江戸の間を行き来している。こうしたなか寛文五年（一六六五）には会津藩主保科正之（一六一一〜七三）の知遇を得ることになり、その後は保科正之との関わりから、以前とほぼ同じような日程で江戸に出向くことになった。

春の終わりから秋の初めにかけて江戸に滞在し、残りを京都で過ごすという生活は、ときおり家族の事情で短縮されたり、季節が逆になるということもあったが、延宝元年（一六七三）保科正之の葬儀のために江戸を経て会津に赴いたのを最後として一五年間の長きにわたって続けられた。本章では、この期間における闇斎の活動、とりわけ前章に引き続いて儒教に関わる活動をみることにしたい。また、ほぼ同じ頃から神道に関わる活動も始まっていたが、それについては次章で述べることにしたい。

ところで、闇斎がなぜ京都から江戸に向かうことになったかについては、闇斎自身がほとんど何も語っていないので、よく分かっていない。『家譜』では「井上内太守」、すなわち河内守と称した井上政利に拝謁したことだけが書かれている。

井上政利は、秀忠の乳母の子であった井上正就《まさなり》（一五七七～一六二八）の長男で、政利の婚姻をめぐって父正就が刺殺されたあと、遠江・横須賀藩（現・静岡県掛川市）を嗣ぎ、その後笠間藩の初代藩主となった人物で、寺社奉行となるも、時の大老酒井忠清《ただきよ》（雅楽頭）とそりがあわず、屋敷が隣りあわせということから何度も招かれたにもかかわらず一度も訪問せず、そこから（「歌＝雅楽」に「合わない＝会わない」）「下手三味線」とあだ名されたという逸話の持ち主であった。気骨のある人物として周囲から認められていたということであろう。

この井上政利がどのようにして闇斎のことを知り、さらに彼を招くことになったのかは一切不明であり、そのため後になって様々な憶測を生むことになった。

一番よく知られているのは『先哲叢談』に見える話で、

初めて江戸に来た闇斎は、ほとんど蓄えもない貧乏暮らしであったので、書肆の隣に家を借り、そこから本を借りて勉学に励んでいた。この頃井上侯が学問の師とすべき人物を捜していて、何回か顔を出していた書肆に「よい儒学者はいないか」と訊ねたところ、書肆は「近頃、京都からきて我が家の東隣にいる山崎嘉右衛門は、並々ならぬ人物に見えます。召し抱えられたら、思いもかけないよいことがあると思いますし、当人も御恩に感謝をするだろうと思います」と答えた。そこで井上侯は喜んで呼び出すことにした。書肆は帰ると、勇んでこのことを告げたが、「もしも私に道を学びたかったら、自らここに来るべきだ」と闇斎はにべもなかった。

そこで書肆は「貧乏学者であるので、時勢がよく分からないようだ。このような人物を推薦したら、上を無視するような事態が起き、推薦した自分にも災いが及ぶに違いない」と考え、そのままにしておくことにした。後日、井上侯からこのことを訊ねられた書肆は「お話は伝えましたが、侯の方から来るべきだという返事でした。このような暗愚な者はお召し抱えにならず、ほかの儒学者をお捜しになるべきです」と答えた。井上侯はしばし考えたのち、「昨今の師儒を自任する者は、東奔西走して自分を売り込むのに必死である。『礼記』曲礼に「礼は、来て学ぶということは聞いたことがあるが、行って教えることは聞いたことがない」という言葉がある。山崎生はよくこれを守っていて、本当の儒学者である」と言い、すぐに闇斎のもとを訪れた。

という内容である。この話に見える書肆は村上勘兵衛、すなわち京都の老舗の一つ、村上平楽寺のことだとされている（『闇斎年譜』など）。

村上平楽寺は、初代の村上浄徳が江戸時代初めに京都に店を構え、医書や仏書を中心に出版をしており、代々「村上勘兵衛」を名乗っていた。この話が万治元年のことだとすると、当主は三代目の村上宗信（?～一六六三）であろう。村上平楽寺はこの頃までは浄土宗の書籍を手がけていたが、四代目の村上元信以後、僧元政《げんせい》（一六二三～六八）――日蓮僧日政で、本姓石井元政《もとまさ》であり、伏見・深草に称心庵を営んだことから「深草《ふかくさ》の元政《もとまさ》」と呼ばれ、詩文で高名であった――との関係が密になって、もっぱら日蓮宗の書籍を出版するようになる。闇斎との接点は不明であるが、闇斎は前章で触れたように、江戸に出る前年の明暦三年に『朱子訓蒙詩』を村上平楽寺から出版しているほか、江戸に出かけたことを紀行文にした『遠遊紀行』もその年の秋、すなわち万治元年に出版している。これらのことから、この時期に闇斎が武村親子が営む寿文堂とともに村上平楽寺とも関わりを持つようになっていたことは確かだと思われる。

そこで、井上政利への紹介者として「村上勘兵衛」の名前が出されるようになったと考えられるが、村上平楽寺が江戸にも店を構えるのは、闇斎が亡くなってしばらくした貞享年間（一六八四～八八）のことだとされるので、先の話と合致しない。それゆえ、この話は江戸ではなく京都でのことだとする見解もあるが（『闇斎先生行状図解』）、この話は政利が京都所司代であったというのが前提となっているので、今度は政利に関する事実と合致しない。先に紹介したように政利は寺社奉行には就いているが、京都所司代になったことはない。京都所司代に就任した井上氏とは政利から四代目にあたる正経であり、それは宝暦年間（一七五一～六三）のことであった。

闇斎は、政利が編纂を手がけた『堯暦』を、明暦四年（一六五八）——七月に万治元年となる——に江戸屋敷において見せてもらい、その序文を書いている。これは暦法の根本を定めたという『書経』堯典の当該文章と、朱熹の弟子であった蔡沈の『書経集伝』の解釈——最初の箇所の堯典・舜典・皐陶謨《こうようぼ》・大禹謨《だいうぼ》の注は朱熹の校閲を受けている——を挙げ、それに基づいて暦法をまとめたものであったが、実際の刊行は寛文八年（一六六八）のことであった。闇斎自身は天文・暦法に関してまとまった書物を残していないが、『易』や歴史と関連することから関心を抱いていたと伝えられている。

なお政利は、先に紹介したように寺社奉行をしていたが、それは闇斎と出会った明暦四年から寛文七年（一六六七）にかけてのことであった。寺社奉行と言えば、その職掌に神道を管轄する役割があるので、結婚によって鴨脚氏をはじめとする京都の神道関係者と繋がりを持つようになった闇斎のことを、こうした経路から知った可能性もあるが、残念ながらそれを示すような資料は残されていない。

大洲藩嫡子の加藤泰義

『家譜』には井上政利の名前だけが挙げられ、また資料によっては政利の屋敷に闇斎が逗留していたかのような記述も見えるが、そうではなく伊予・大洲藩嫡子の加藤泰義が闇斎を高く評価してわざわざ招いたのだという説もある（『山崎先生行実』）。

加藤泰義は、大坂の役の功績によって伊予・大洲藩を与えられた加藤貞泰《さだやす》（一五八〇〜一六二三）の孫で、父の二代藩主泰興（一六一一〜七八）は槍術の名手として知られているが、それを三代足守藩主木下利当《としまさ》（一六〇三〜六二）、すなわち闇斎の父が仕えていた利房の長男から学んだという。泰義は将軍への「お目見え」を果たした正式の嫡子であったが、家督を継ぐことなく寛文八年（一六六八）に四〇歳で早世してしまった。

闇斎との関わりでは、最初の江戸滞在となった万治元年（一六五八）に、泰義からの助言によって闇斎が『大和小学』を著すということがよく知られているが、このほかにも同年に「書加藤家蔵論孟」を、万治三年には「加藤家伝」を作るといった闇斎の事績がある。したがって、この時期に両者が懇意の間柄だったことは事実であるが、だからといって加藤泰義が闇斎をわざわざ京都から招いたという証拠はない。それぞれの父親に関する逸話も、お互いの親密さを増す契機にはなったかもしれないが、それが理由で闇斎に白羽の矢が立ったわけでもなさそうである。

いずれにしても、この時期になると諸大名のなかから儒教などに関心を示す者も出てきており、そうした大名クラスにおける「文治」への関心の高まりが闇斎が江戸に出る機会をもたらしたのだと考えておくことにしよう。

2　保科正之との出会い

保科正之と闇斎

おそらく井上政利あたりからの紹介だろうと思われるが、闇斎は寛文五年（一六六五）に会津藩主保科正之（一六一一～七二）に招かれる。これについても、前年の寛文四年に正之の家臣で、のちのち神道の問題で接触が深まる服部安休《あんきゅう》（一六一九～八一）と論争になったという話が伝えられていて、これを契機に正之が闇斎のことを知ったという話が残されている。ただし、闇斎がどのような経緯で服部安休と知り合いになり、さらに彼と論争するに至ったかについてはよく分かっていない。井上政利から紹介があったものの、すぐに藩主である正之が会うことは避け、家臣の服部安休が代わりに確かめてみたということだったかもしれない。

この話は、近世中期に会津で活躍した中野義都《よしくに》（一七二八〜九八）――唯一宗源神道を学んで神道侍講を命じられたほか、中江藤樹の思想を会津に定着させたことで知られる――の『会津干城伝』に見えているものが最も古い。服部安休から再度闇斎と議論をしたいという申し出が正之に対してなされ、それをきっかけにして正之と面会するに至ったという話になっている。たしかに、寛文四年の闇斎は、三月末に江戸に来たものの、姉が病気になったことから五月初めには京都に戻っているので、仮に論争があったとしても不十分なままに終わった可能性は高く、もう一度議論をしたいという要望が双方から生じたかもしれないということもいちおう頷ける。

正之との面会では、闇斎は最初に『論語』の講義をしたが、その後正之の要請に基づいて朱熹の「玉山講義」について講義をしたと伝えられている。というのも、この頃正之は「玉山講義」の出版準備を進めていて、これは寛文五年の九月

保科正之（狩野探幽筆）（土津神社蔵）

『玉山講義附録』として刊行されたが、闇斎は正之に代わって跋文「跋玉講附録」を書いている。また、この年に、正之からの依頼によって「会津山水記」を書いたとされるが、資料によっては翌年のこととするものもある。闇斎はこのあとも正之が構想していた朱子学関連の書籍編纂を助け、寛文八年(一六六八)には『二程治教録』、翌九年には『伊洛三子伝心録』が完成し、闇斎はいずれの書にも序文と跋文を書いている。

このように正之が闇斎を迎えたのは朱子学に対する造詣の深さからであり、闇斎に対する待遇も破格に近いものであった。寛文五年に闇斎が面会を終えて江戸を去るにあたり、正之は闇斎に「時服二領、羽織一領、金百両」、父親に「衣服二領、銀五十両」、母親に「衣服一領、銀三十両」を与えていた(『闇斎年譜』)。前章で、闇斎が土佐から京都に戻ったとき、野中兼山が送った「粟《ぞく》(籾米)百石」が現在ではいくらに相当するかを概算したが、そこで江戸前期では金一両が現在の約一〇万円に相当するということを指摘しておいた。それをもとに単純に計算すると約一〇〇〇万円ほどの金額になり、兼山のほぼ倍の金額となる。また銀は金の一〇分の一程度だったとされるので、父母への贈答とすればやはりかなりの高額といえよう。さらに『闇斎年譜』では、これが「常例」となったと記されているので、それが正しいとすれば、正之が亡くなる寛文一二年(一六七二)か、その葬儀が行われた延宝元年まで毎年継続されたということになり、きわめて破格な待遇と言わざるをえない。

もちろん、こうした金額の多寡だけが待遇のすべてではないにしても、そこには正之なりの考えがあった。正之が家臣たちに、闇斎を「御客分」として好遇するのは「上へのご奉公だ」と語ったという話が残っている（『艮背語録』）。闇斎のような「賢者」を放置しておけば、後世になって、その時の将軍は誰か、執政は誰かという批判が生じるから、現在闇斎を好遇していることは、結局のところ将軍に対する「ご奉公」に他ならないと、正之はその理由を説明したということである。家臣を説得するための口実とも考えられるが、意外と正之の本心だったかもしれない。それほどまでに正之は闇斎のことを高く評価していたのである。

保科正之への講義

闇斎は正之に対していろいろと講義を行っていたようだが、具体的には先に挙げた『論語』と「玉山講義」以外には、『中庸』と『近思録』に関する話が残されているぐらいである。

『中庸』については、正之に初めて謁見した翌年の寛文六年（一六六六）のことになるが、このときは水戸藩主徳川光圀（一六二八～一七〇一）がわざわざ招かれ、また井上政利と加藤泰義も陪席していたという（『家世実記』）。光圀は前年の寛文五年に朱舜水を長崎から招いていたし、正之への遠慮もあるだろうから、闇斎を自分のところに招く意図はなかっただろうが、それでも名前が知られ始めた闇斎の力量を計りたいという気持ちはあったのかもしれない。このことが直截的なきっかけであったかどうかは分からないが、その後闇斎の門人たち、さらには孫弟子にあたる人々も含めて、多くの「崎門」の儒学者が彰考館に仕官することに繫がったと思われる。

また資料によっては、闇斎はこの年正之に対して『四書』を講義したとも記されており、それは光圀などを招いての講義の前日に終わったとも書かれている（『土津霊神事実』）。前年に『論語』の講義を行っていたので、その残りを講義し、その仕上げの意味で光圀たち部外者も招いて『中庸』の講義を行ったということかもしれない。『近思録』の講義は、正之が亡くなる寛文一二年（一六七二）に、それも一カ月前に行われている（同前）。

正之の手になる『玉山講義附録』が出版されるに際して、闇斎が正之のために「玉山講義」の講義をしていたことからすると、正之が編纂を進めていた『二程治教録』と『伊洛三子伝心録』の出版に際しても何らかの講義が行われた可能性がある。また闇斎自身の書物の出版に関しても、先に紹介した『四書』の講義が行われた翌年にいわゆる嘉点の『四書集註』が出版されるなど、正之への講義との関連性が認められる。これらのことは闇斎の著述が成立する経緯を知るうえで貴重な手がかりとなるが、正確な記録が残されていないので、ここではそのように推測できるということだけを指摘しておきたい。

ところで闇斎と正之がどのような関係にあったかを示す逸話として、『先哲叢談』に以下のような話が載っているので、少々長くなるが紹介しておこう。

ある時、正之が闇斎に向かって「先生にも何か楽しみがおありですか」と尋ねた。闇斎は「私にも孟子と同じように三つの楽しみがあります」と答えた。闇斎は続けて「天地の間には多くの生を受けたものが存在するが、その中でも万物の霊長たる人間に生まれたことが一つ、天地の間には争乱が絶えないが、その中でも文を尊ぶ世に生まれ、読書によって道を学び、聖賢とともに一堂に会することができる、これが二つ目です」と述べた。

そこで正之が「二つの楽しみは分かりました。最後の一つは何ですか」と問うと、「これが最大の楽しみなのですが、言いにくいのは、きっとお信じにならず、私があなたを誹謗しているとお思いになられるのではないかと危惧するからです」と答えた。正之は「私は鋭敏ではないが、先生の忠言を信じて、ここまでたゆまず努めてきました。どうして今になって教えをお止めになるのですか」と言うので、闇斎も「あなたがそこまでおっしゃるのであれば、いかに笑われようともお答えしましょう。最大の楽しみとは卑賤に生まれて、大名家に生まれなかったことです」と答えた。

正之が「それはどのような意味でしょうか」と訊ねたので、闇斎は「今の大名の方々は深窓に生まれ、女性たちに囲まれて育ち、学問もせずに、好きなことだけに耽っています。臣下の者どももそれに迎合して、できることは褒めそやし、できないことは必要ないとして譏るだけです。そのため天から付与されている「本然之性」を損なわさせることになっています。これを、貧賤に生まれ、苦労をしながらも成長して必要なことを学び、師から教えを受けたり、友から助けられたりして、智恵を益した者に比べると、大きな違いがあります。これが私が卑賤に生まれ、大名家に生まれなかった最大の楽しみです」と答えた。

正之はしばらく黙然としていたが、やがて大きなため息をついて「本当に先生がおっしゃる通りですね」と言った。

三楽とは『孟子』尽心篇に見える言葉で、君子の楽しみとして挙げられた、父母兄弟が無事で一緒にいられること、天と他の人に恥じることをしていないこと、英才を集めて教育をすることという三つの楽しみのことである。闇斎はこれになぞらえて自分の楽しみを三つ挙げたのである。

この逸話が本当であったかどうか、いまとなっては確かめることはできない。しかし、正之と闇斎の関係がどうであったかについて窺うことはできるだろう。それは、正之は闇斎を師と仰ぎ、その言葉を貴重な諫言として受け入れ、また闇斎の方もできる限り誠実に正之の問いに答えようとしたという関係、つまりは学問を通じて結ばれた本当の意味での師弟関係だったということである。このような関係が可能だった理由としては、もちろん闇斎が優秀な儒学者だったということもあるが、やはり正之の資質によるところが大きいように思われる。正之の事績についてはよく知られていると思うので、ここでは最低限の必要なことだけを紹介しておきたい。

保科正之の経歴

正之は、慶長一六年（一六一一）に秀忠の子として生まれるが、諸般の事情から秀忠の乳母であった見性院《けんしょういん》のもとで育てられ、元和三年（一六一七）信濃・高遠藩主保科正光の養子とされる。この見性院は先に触れた井上正就（一五七七〜一六二八）の母であり、正之の生母は見性院付きの女中であった。したがって保科正之と井上政利の結びつきは、正之にとって恩義ある人物の孫という間柄によるものであった。

正之は、秀忠没後、兄の将軍家光からその優れた才能を愛されて、信濃・高遠三万石から、出羽・山形二〇万石を経て、寛永二〇年（一六四三）には陸奥・会津二三万石——実際には二八万石であったが、御三家の一つであった水戸藩の二五万石に配慮して、五万石を「預かり高」として別立てにしたと伝えられている――へと取り立てられる。慶安四年(一六五一)に家光が四八歳の若さで亡くなり、正之が烏帽子親をつとめた家綱が一一歳で将軍に就任すると、家光からのいわゆる「託孤の遺命」に従って、老中とともに家綱の政治を補佐した。補佐といっても、実質的には幕閣の中心にあって、様々な施策を決定・推進する役割を担っていたと考えるべきであろう。

こうした施策のなかには、家綱時代の「三大美事」とされる末期《まつご》養子の禁の緩和、殉死の禁止、大名証人制の廃止という、武断から文治へと幕府のあり方を大きく転換させる政策がある。また、それ以外にも玉川上水の整備や明暦の大火以降の復興事業など、多岐にわたる政策が実行されていた。正之はこうした「託孤の遺命」を果たすために、自藩の会津に戻ることなく江戸で二〇年以上も過ごしたという。

こうした幕政を取り仕切っていた正之に師として迎えられたことから、闇斎も幕政に関与したと考える向きもあるが、それは早計に過ぎよう。

『山崎先生行実』では、正之の業績を列挙したうえで、それらが闇斎の「教導之力」によるものであるかのように書いているが、それは正しくない。正之が闇斎を招いたのは寛文五年(一六六五)であり、正之の事績として知られている多くはすでにそれ以前に実施されていただけでなく、この年あたりから、正之は吐血をしたり、眼病を患うなど、病気がちになって、それを理由に自ら辞任を申し出たりしているからである。

また、翌寛文六年には酒井忠清が大老に就任し、幕閣を牛耳るようになる。寛文八年に正之が将軍から松平姓と葵の御紋の使用を許可されるのも、正之を敬して遠ざけたい忠清の計らいであったようにも見えるが、これは正之の辞退によってとりあえず決着がつく。正之はすでに若い頃に保科家の江戸屋敷や伝来の品々を養父正光の異母弟正貞に譲るなどして、本来の保科家の血筋に対して配慮をしてきたが、それはまだ部屋子だったとはいえ、我が子を義絶までして自分を養子に迎えてくれた正光への恩義を深く感じていたからであった。それゆえ松平姓の辞退は当然とは言えるのだが、それまでの経緯を無視するような幕府の対応には失望を隠せなかったのではないだろうか。

寛文九年、正之は正式に隠居を許され、四男正継が二代目藩主となった。この頃になると正之は完全に失明した状態になっていたが、それでも江戸と会津とを往復しながら過ごし、寛文一二年一二月に六二歳で没した。

闇斎が他の家臣とともに幕府や会津藩の様々な問題の対応に参与していたという話も伝えられている。これは井上政利が、闇斎が正之のところに出入りするようになってから、自分のところにはほとんど顔を出さなくなったことをひがんでいるという話が広がり、それを知った闇斎が、「自分は正之の側にいて、正之と家臣との機密の会話を耳にしており、うかつなことは言えないから、井上政利に限らず、ほかの諸大名への出入りを控えているのだ、それぐらいのことを察してくれないのは困ったことだ」と述べたという話がもとになっている(『艮背語録』)。

そういう事情もおそらく実際にあっただろうが、先にも述べたように、正之の重要な業績はその頃までにすでにほとんどが行われていて、そうしたことに闇斎が関与する余地はほとんどなかったというのが本当のところであった。有名な「会津藩家訓」も、家老であった友松氏興《うじおき》（一六二一〜八七）の発案によるものであったし、友松自身も朱子学と神道に造詣が深く、闇斎が関わった書籍として知られている『玉山講義附録』『二程治教録』『伊洛三子伝心録』の出版も、実際には友松が中心となって準備を進めていたと伝えられている。

友松氏興は、闇斎と同じく霊社号を授けられ、「忠彦《まめひこ》霊社」と呼ばれているが、下御霊神社の出雲路家には、闇斎から伝来されたとおぼしき友松氏興の肖像が所蔵されている。同家が所蔵する闇斎像と同じく会津で書かれたものと思われ、作者は不明であるが、老齢ではあるものの、しっかりとした

友松氏興（出雲路家蔵／光楽堂撮影）

友松の姿が描かれている。服装は、会津の家老というよりは、むしろ儒学者に近く、頭巾をかぶり、袴を着けない形の坐像である。この肖像は、下御霊神社に移された垂加社において例祭が行われるたびに、「道之友」として一緒に掛けられ、神供《じんく》を奉じていると出雲路信直が語っている（玉木葦斎『玉籤集』）。それほどまでに、闇斎にとって、心を許すことのできる親友だったということであろう。

「託孤の遺命」に従って正之が幕政に専念できたのも、名家老の誉れ高い田中正玄《まさはる》（一六一三〜七二）、郡奉行として在地支配に尽力した関成義（一六〇一〜七二）といった人々がいたからこそ可能であった。朱子学については、友松以外にも、『土津《はにつ》霊神言行録』の著者で、稽古堂の設立者でもあった横田俊益《とします》（一六二〇〜一七〇二）がいた。横田は闇斎に先立って明暦二年（一六五六）から正之の侍講を務めていたし、先に紹介した服部安休も儒教と神道の双方に通暁していた。正之の周りには、このような政治・学術において有能な家臣が数多く控えていたのである。

3　新しい「忠」の形——『拘幽操』

闇斎と「会津藩家訓」

だからといって、闇斎が何もしていなかったと言いたいのではない。寛文八年（一六六八）に制定された「会津藩家訓」に闇斎が関わっていたのは確かであるし、幕政の中心からは外れたといっても正之が大きな発言力を持っていたのは事実であるから、あるいは機密の話にも参画したことがあったかもしれない。

そうした可能性は排除しないが、それよりも正之から闇斎が受けた様々な啓発の方が大きかったのではないかと言いたいのである。闇斎の中年、もっとも油がのっていた時期に正之に仕え、それによって闇斎自身が自分のするべき仕事が何であるかをを自覚したところがあったのではないかと思われる。次章で扱う垂加神道に関することはもちろんであるが、朱子学の実践やそれに伴う理論化という面においても、闇斎は正之から大きな示唆を受けていたのではないだろうか。

そう考えたとしても、闇斎の評価を貶めることにはならないと思う。むしろ稀代の政治家であった正之から朱子学を現実の政治として実践するためには何が重要かということを具体的に学ぶことができ、それをその後の著述活動のなかで実地に示すことができた点に闇斎の儒学者としての真の優秀さがあったと考えられるからである。かつて土佐において野中兼山を通して知った朱子学の有用性は、その後兼山との絶交や兼山自身の失脚によって闇斎の中で十分に熟成するまでには至らなかったかもしれないが、今度は正之の言動を間近に見ることによって、闇斎の学術のなかにしっかりと定着することになったと考えるべきであろう。

「会津藩家訓」の冒頭が、

大君の儀、一心大切に忠勤を存ずべく、列国の例をもって自ら処るべからず、もし二心を懐けば、すなはち我が子孫に非らず、面々決して従ふべからず。

という、「大君」すなわち徳川将軍への絶対的な忠誠を主張していたことはよく知られている。この家訓は、始まりは藩主である保科家（松平家）の当主を対象としているが、終わりはそれを支える家臣たちに、もしも当主が将軍への忠誠心を失ったならば従う必要はないとまで言い切っていて、藩を構成するすべての者が将軍への忠勤に励むことを強く要求するものとなっている。

もちろん、ここには正之の出自に関わるような、彼の個人的な体験が凝縮され反映されているのだが、戦国時代からの常識となっていた自己の「お家」の存続がまず優先されるという考えから、将軍への忠誠を第一とする、文字通りの幕藩体制を支える意識への転換が図られていたと言えるだろう。あるいは、当主の上に将軍という忠誠の対象を設定することによって、多様な出自をもつ家臣団――それぞれの家臣がそれぞれに「イエ」集団を構成し、その統合体が会津藩、すなわち保科家であった――を一つにすることが目的とされていたと見ることもできる。

『拘幽操』と文王の「忠」

こうした新しい君臣関係のあり方は、必然的に「忠」とは何かという問題を闇斎に投げかけたに違いない。尊皇論の書として幕末に至るまで闇斎とその門人の名を高らしめた『拘幽操《こうゆうそう》』は、正確な執筆の時期は不明だが、寛文一〇年（一六七〇）九月に刊行された『増補書籍目録』に記載されていることから、それまでには原稿が完成し、出版されていたと考えられている（谷省吾『垂加神道の成立と展開』）。それゆえ、この時期における闇斎の「忠」に関する理解を窺い知ることのできる重要な資料である。

『拘幽操』は、もともとは唐の韓愈《かんゆ》が琴曲のために作った賦詩で、紂《ちゅう》によって羑里に幽閉された文王の心境を詠んだものである。幽閉によって心身ともに極限状態に置かれながらも、暴君の紂を主君としてひたすら崇め、臣下である自分の至らなさを責め続けた点を、闇斎は臣下のあるべき姿として表彰している。紂の暴君ぶりは目を蔽うばかりであり、一方文王は他の諸侯の大半から支持される状況でありながらも、なおかつ主君への忠誠を堅く守っていた。それこそが臣下の取るべき道だと言うのである。

『拘幽操』そのものは、五〇字ちょっとの短い作品であるが、闇斎はそれに二程子と朱熹の発言を併せて収録し、自らの跋文をつけて出版した。二程子と朱熹が『拘幽操』に関して言及していたことについては、朱熹の門人を含めて、その後の朱子学の人々はほとんど関心を示してこなかったのであるが、闇斎は『拘幽操』に描かれた文王の「忠」こそが朱子学における「正統」なあり方であると位置づけたのである。

『拘幽操』が尊皇思想――徳川将軍ではなく、天皇に忠誠を誓うもの――を明白にしたものだという理解は、その後の闇斎の門人たち、とりわけ浅見絅斎（一六五二～一七一二）の門下を中心に強く主張されてゆくが、江戸後期の「闇斎学派」における解釈としては誤ってはいないにしても、闇斎が『拘幽操』を表彰した時期の理解としては、むしろ「会津藩家訓」との関連を考えるべきであり、そこからさらにそうした教えが血肉化したものとして幕末の会津藩の行動に思いを寄せるべきだろう。

中国の君臣関係では、三度諫《いさ》めても聞き入れられなかったら、君臣関係を絶って、そこから去ることが許されていた（『礼記』曲礼下）。しかし、闇斎は「三諫」とは、たんなる回数ではなく、あくまでも心を尽くして諫め続けること、すなわち最大数としての「三」であると説明する（『大和小学』）。

そこから考えると、闇斎の『拘幽操』には、たしかに絶対的な忠誠が表彰されているのだが、その対象が天皇でなければならない必然性を示すことは、この時期の闇斎において明確には見あたらない。かえって「会津藩家訓」との関連から見ると、対象は何であれ、家臣の側において絶対的な忠誠を抱き続ける必然性が強調されたものと考えるべきだろう。闇斎からすると、『拘幽操』に描かれた文王の心境は、正之に通じるところがあるように見えたのではないだろうか。

「会津藩家訓」に端的に示された、この家臣の側からの絶対的な忠誠は、やがて会津藩だけでなく、他の多くの地域でも広く受け入れられるようになり、日本的な君臣関係として規範化される。それに闇斎の学統が大きく寄与したことは想像するに難くない。ただ、いかに日本の状況に適合した解釈だといっても、『拘幽操』は文王の事績に関わることであった以上、話は「殷周革命」の問題、さらにはそこにおける武王の評価の問題へと波及する。

4 『武銘考注』と「魯斎考」

「湯武革命論」の執筆

「忠」のあり方と「殷周革命」の問題との関連に関して、闇斎は「湯武《とうぶ》革命論」――『文会筆録』（巻四）にあった文章を、門人の手によって、のちに「湯武革命論」として『垂加文集』（上）に収録されたもの――を著したほかに、『武銘考注』も出版している。最初に「湯武革命論」について見てみよう。

武王の評価については、もともと『論語』八佾篇《はちいつ》に、孔子が舜と武王の音楽を比較して、舜の楽は美と善を尽くしているが、武王の楽は美は尽くしているものの、善においては十分ではないと発言したということが書かれていて、儒教において絶対的な権威をもつ孔子の発言だけに、それをどのように解釈するかは大きな問題であった。

また、こうした解釈では、舜と武王だけでなく、先に触れた文王、夏王朝を倒して殷を創建した湯王、その補佐であったが、湯王の孫の太甲《たいこう》を諫めるために一時的に王位から追放した宰相の伊尹《いいん》なども取りあげられ、「易姓革命」「禅譲《ぜんじょう》」「放伐《ほうばつ》」といった儒教の政治論の核心的な話題が扱われている。

これらに関する詳しい説明は専門的に過ぎるのでここでは省き、結論的なことだけを述べれば、闇斎はほぼ朱熹の解釈に従っているが、舜や文王は「天地之大経」であり、湯王や武王は「古今之大権」だと説明する。「経」とは縦糸のことで、経書・経典という場合の「経」であり、恒常不変の教えという意味である。「権」の方は、仮とか計《はか》るという意味で、一時的に行うことを指す。つまり湯王や武王の行った「革命」は、その当時の時代状況の中では正しいものの、歴史を超越した普遍的な価値を持つ行為ではなかったというのである。

ただし、この湯王・武王への評価は、その後に起きた王朝交替を肯定するものではなく、闇斎は、王莽《おうもう》を倒して漢朝を再興した――一般には「後漢」と呼ばれている――光武帝は例外であるが、それ以外は権謀をもって王権を簒奪したにすぎなく、「権」として正当化することはできないと切り捨てている。

『武銘考注』の出版

『武銘考注』は、現存の版本は寛文一一年(一六七一)に村上平楽寺から出版されたものが一番古いが、『増補書籍目録』に書名が見られることから、『拘幽操』と同じく寛文一〇年までにはすでに出版されていた可能性が高い。ただし、まだ正之と出会う前の万治三年(一六六〇)に闇斎の序文が書かれており(『垂加草』巻十)、「会津藩家訓」との関わりは『拘幽操』よりも希薄かもしれない。

その内容は、政治の要諦が「敬」であることを述べていて、それ以前の闇斎の儒教観を強く反映している。しかし、前章で述べたように、これまでの闇斎が主張してきた「敬」は、どちらかというと個的な修養における規範概念であったが、ここでは治世という具体的な実践場面において「敬」が重要な規範であることが主張されている。「敬」はもちろん闇斎が生涯を通じて重視していた規範であり、また個的な修養も治世という実践もそこに貫かれる原理は同一であるというのが朱子学の大前提ではあったが、それを改めて明確に断言したところに本書の意義があった。

「武銘」とは、王位に就いた武王が日常的に用いる様々な物に刻んでいた戒めの言葉であり、この話は『大戴《だたい》礼記』武王践阼《せんそ》篇に見える。闇斎は最初当時流布していた類書から抜き出して考注を施したが、のちに朱熹の『儀礼経伝通解』にも注が付けられて引用されていることを知り、それを加えて出版した。闇斎の理解では、武王は湯王が身近な日用品に戒めの言葉を刻んでいたこと——その一つが「湯之盤銘《ばんめい》」(『大学』)として残っている——に啓発されたが、それは両者が自分の治世が「経」ではなく「権」によるものであったことをよく自覚していたからだとする。

一方で、闇斎は『易』『書』『詩』に見える語句を取り上げて、「敬」が聖人の道の根本であり、「聖相伝之心法」だと説いている（「武銘考注序」）。「敬」に対する為政者の自覚の有無が善政と悪政との分かれ目なのである。

湯王と武王への評価が上記のようであった以上、闇斎は「易姓革命」には否定的な立場にあった。とりわけ秦以降の中国歴代王朝を、後漢だけは例外としながらも、それ以外は「簒奪」以外の何ものでもないと切り捨てたことは、ひるがえって「革命」のない日本という認識をもたらした。

闇斎が日本において「革命」が起きなかったと考えたのは、『日本書紀』などの歴史書に照らしてのことであり、その根拠をアマテラスの「天壌《てんじょう》無窮之神勅」とそれを実地に示す「三種の神器」の継承に闇斎は求めているが、それらを守り続けてきた日本の「臣下」の存在も重要であった。つまりは、日本において「天命」に変化がなかった事実はきわめて重要であるが、それとともに主君に盲目的に服従するのではなく、主君の目指すところを理解し、それを具体的に実現しようとした臣下の存在が大きかったということである。この意味での「敬」は、頂点に立つ者だけに要求されるものではなく、段階的に下降しながら、下位に当たる者たちによって、それぞれに実践されるべき規範でもあったのである。

日本の歴史は、こうした下位の者に支えられる形で王朝が存続してきた点で、世界でも類を見ないほどに「革命」とは無縁の社会であることを示していた。闇斎の「易姓革命」に関する理解は、先の

『拘幽操』の議論とあいまって「尊皇思想」として顕彰されることが多いのだが、近世後期、とりわけ幕末期の特定の状況下ではそのような解釈が生まれることも不思議ではないにしても、皇統の連続性に日本の優越性を認める理解や「易姓革命」に否定的な見解を示すことは、闇斎に限らず、この時期の一般的な理解であったことに注意を払うべきだろう。保科正之も「易姓革命」を嫌悪していたことを闇斎は記しているし（「土津霊神碑」）、徳川光圀や山鹿素行（一六二二～八五）など、こうした理解の持ち主は数多くいた。繰り返しになるが、「会津藩家訓」の冒頭の一条は、幕藩体制の存続・維持ばかりでなく、「易姓革命」そのものを否定する論理でもあったのである。

「魯斎考」の問題

「易姓革命」が否定されることによって、日本では「二朝に仕える」といった、王朝交替によって異なる支配者に従属するか否かという問題は存在しないことになった。しかし実際には、多くの藩で譜代の家臣ばかりでなく、新規召し抱えの家臣が存在し、その構成は複雑であった。たとえば会津藩（保科家）の場合で言えば、高遠三万石時代からの家臣は数が少なく、出羽・山形二〇万石を経て会津二八万石に至るまでに、出身の異なる多くの藩士が召し抱えられていた。山形や会津時代に新規に採用された藩士の中にはそれ以前の領主に仕えていたものの、そのままその地にとどまって保科家の家臣となった者も多かった。

「二朝」はともかく、「二家」や「二君」をどう定義するかによって、この問題は様々に現実の出来事と抵触することになる。しかし近世前期の日本では、あまりこの問題は取り上げられることがなかった。そこにはやはり「易姓革命」が日本にはなかったという理解が大きく作用していたと考えられる。ところが闇斎は、やや微妙な形ではあるが、「二朝に仕える」という問題に取り組んでいた。「やや微妙」と言う理由は、闇斎は「魯斎考」という文章を著していたが、そこで賛否両論を併記していたからである。

魯斎とは南宋末から元初にかけて活躍した許衡《きょこう》の号である。許衡は河南の農民出身であったが、世祖フビライに仕えながら朱子学を広めることに努め、著書には『大学』『中庸』の注釈などのほかに、『魯斎心法』がよく知られている。しかし明代になると、儒学者としての議論の内容よりも、元朝に仕えたという身の処し方が問題視されるようになる。明代前期の薛瑄《せっせん》（敬軒）は、許衡は王道をもって仕えていたと弁護したが、やや後れて登場する邱濬《きゅうしゅん》（瓊山）——邱は丘とも書く——は、二朝に仕えたという事実をもって厳しく批判した。

闇斎の「魯斎考」は、最初に邱濬の議論を、その後に薛瑄の議論を掲載するという形式をとり、その理由として邱濬の説は「経」であり、薛瑄の説は「権」であるからだと述べる（『文会筆録』二十）。先に見た文王・武王の議論を参考にすると、「経」とは恒常不変の謂いであるから、邱濬の議論はつねに正しい道理によって判断したことを指摘したものであるが、だからといって薛瑄の議論が誤まっているわけではない。それは「権」、時と場合によっては容認されるべきものだからである。現実の複雑な状況のなかでは、たとえ普遍的な道理から多少はずれようとも、その状況に適した生き方を選択しなければならないことがあると、闇斎は「柔軟な思考」をもって容認していたのである。

このように闇斎にとって「二朝に仕える」といった「忠」に関わる重要な問題は、観念的な論理だけでは割り切ることのできない、微妙で複雑な問題として認識されていた。邱濬のように「二朝に仕える」ことを非とする議論はたしかに正論ではあるが、それだけで歴史上の人物すべてを断罪してしまえば現実的な実践行為である政治は遂行できないことになってしまうだろう。最終的にはある人物の業績すべてを細かく検証したうえで、薛瑄のように「権」としての評価が可能かどうか、慎重に判断すべきである。それは、ある意味で「歴史」に委《ゆだ》ねるしかない問題なのであった。

闇斎がこうした問題意識を持つことができたのは、保科正之をはじめとする会津の人々を間近に見ながら、現実の政治行為やそこにおける主従関係のあり方がいかなるものであるかをつぶさに知ることができたからであろう。「忠」の問題は経書や歴史書といった書物のうえだけで判断するのではなく、現実の状況をよく勘案して判断しなければならないことを、闇斎は正之やその家臣たちから学んだのではないだろうか。

闇斎に対する一般的な評価は、硬直した観念的な発想しか持ち合わせていない人物といったところであるが、実際にはきわめて現実的で柔軟な思考の持ち主であったことが以上のことから分かるはずである。ところが、もう少し時代が経過して、さらに幕藩体制が安定を増すようになると、たとえば門人の浅見絅斎（一六五二〜一七一二）のように、「夷狄に仕えて大義を失った」という一面的な批判が許衡への評価として定着することになる。逆に闇斎に批判的であった伊藤仁斎（一六二七〜一七〇五）は、「許衡なりの苦衷があってのこと」だとして擁護するばかりでなく、北宋の程顥《こう》・范仲淹《はんちゅうえん》とともに「古今三大賢人」の一人として顕彰し、『魯斎心法』を出版するまでに至っている。

こうして見ると、闇斎よりも絅斎や仁斎の議論の方がむしろ観念的だと言うべきである。そこには、二人が生きた元禄時代の社会状況が闇斎の頃よりもさらに安定して、時代状況に即した現実的な対応を意識しなくてもよくなっていたということもあるだろうが、現実をどれほどしっかりと見据えることができるかという視野の広さの差もあったように思われる。こうした現実への確かな「まなざし」は、保科正之と出会うことによって闇斎が得た最大の収穫であったと言えよう。

5 啓蒙の先駆け──『大和小学』

加藤泰義と『大和小学』

ところで、闇斎に示唆を与えた大名は保科正之だけではなかった。加藤泰義《やすよし》（一六二九〜六八）もその一人である。闇斎関係の書籍で、泰義のことを大洲《おおず》藩主と紹介しているものが多いが、泰義は寛永一七年（一六四〇）に将軍との「お目見え」を済まし、承応元年（一六五二）には「従五位下、美作守《みまさかのかみ》」に叙任されていたものの、まだ嫡子の身分であったので、藩主とか大名と呼ぶのは正確ではない。若くして亡くなってしまったので、闇斎との関係もそれほど話題にはならないが、泰義の示唆がなければ『大和小学』という啓蒙書は執筆されなかっただろう。儒教の「実践」を促進するためには啓蒙という活動が必須であることを、闇斎は泰義から教えられたと言えるかもしれない。

このほか、泰義の示唆によったわけではないが、闇斎は『小学蒙養集』『大学啓発集』という、書名から明らかに啓蒙を意図したと認められる書物も著している。従来の評価からすると、闇斎と啓蒙書とを結びつけることはほとんどないのだが、じつは闇斎は啓蒙書の出版という点においても先駆的な役割を果たしていたのである。

もちろん、本格的な啓蒙書の出版は、闇斎と同じく京都に暮らし、独自に朱子学を学び教えていた中村惕斎（一六二九〜一七〇二）や、松永尺五のもとで学んだ経験のある筑前・福岡の貝原益軒（一六三〇〜一七一四）などの活躍が目立つようになる元禄の頃を待たなければならない。明・清や朝鮮の版本に訓点を施して出版することから、それぞれの儒学者が自分たちの置かれた地域性や立場に見合った書物を編纂することへと移行するなかで、多くの啓蒙書と呼ばれる書籍群が出版されるようになる。

こうした近世日本における儒教関連書籍の時代変遷という観点からも、訓点を施して出版した多くの書籍とは別に、数は少ないものの、闇斎が儒教に関心を持った知識階層だけではなく、一般の武士や女性までも意識した書籍を著していたことにもう少し注目する必要がある。

『大和小学』は、万治元年（一六五八）に著され、万治三年に出版されたが、闇斎の儒教に関する著作としては珍しく和文の書籍であった。その序文で闇斎は、

万治元年に江戸に出かけたおりに、加藤泰義のもとで（日本の）物語を批判したところ、「よいことを言ってくれた」と微笑され、さらに「『小学』は人の道を説いているが、男しか読めないから、

真名（漢字）を知らない女性でも読めるように、かな文字で分かりやすく説かれよ」と無理を言われ、文章力もないままに、また懐に書物を一つも入れてこなかった旅先のなかで、（『小学』の構成に従って）立教・明倫・敬身の項目を立てて、中国と日本のことについて思いついたことを書いた。

と述べている。

すでに何回も述べてきたように、『小学』は、中国の朱子学では成人になる前に学ぶべき必須の書物と位置づけられてきたが、日本では土佐「南学」とそれを嗣いだ崎門の系譜において、はじめてその意義が認識された書物であった。闇斎が明暦元年（一六五五）の開塾の際も、まっさきに講義したのはこの『小学』であった。序文で述べていた「文章力もない」というのは、漢文はともかく和文について言えばという意味での謙遜だろうが、「懐に書物を一つも入れてこなかった」という点はほぼ事実に近かったと思われる。

闇斎が優れた記憶力の持ち主であったことには定評があり、すでに紹介した幼少期や僧侶としての修行時代の逸話以外にも、おそらく晩年だろうと思われるが、入浴をしていた闇斎と側にいた弟子との間で梅の花が話題になったことがあり、そのとき闇斎は古人が梅を詠《うた》った詩を五四首、たちまちのうちに口ずさんだという話が残っている（『先達遺事』）。こうした記憶力は、様々な経書の校訂作業や、あるテーマをもとに朱熹やその弟子たちの発言をオムニバス風にまとめあげるという闇斎得意の書物の編纂作業において、きわめて有効に機能したことは間違いないが、この『大和小学』においても特徴的な効果を果たしていた。

『大和小学』の内容に関する詳しい説明はあとにまわすが、その叙述の方針について、闇斎は、まず中国の故事を挙げ、そのうえで日本の事例を取り上げて比較するという構成を採用している。その際、引用された故事の選択が「記憶」に託されたことによって、闇斎の朱子学理解の程度や、日本社会への視角や関心を知ることができるからである。また数は少ないが朝鮮の事例も紹介していて、この頃の闇斎が朝鮮の「性理学」を熱心に研究していたこともそこから窺われる。

『大和小学』の内容

『大和小学』は立教・明倫・敬身の各項目から構成されていたが、それらが均等に扱われていたわけではなく、明倫と敬身、とりわけ明倫に重点が置かれていた。これは、闇斎が『小学』について、「『小学』の立教は明倫を教えるもので、その明倫の要点は敬身にある」(『白鹿洞学規集註』序)と理解していたことに基づいていた。

朱子学では、格物窮理といった宇宙の成り立ちや人間の本性に関する深い洞察が要求されるのだが、それは本格的に学問に取り組む者における学習であり、『小学』のような初学者における段階では、儒教の目的が五倫による社会の安定にある点を理解し、その手始めとして自分自身が正しくあろうと努めることが学習の目標となる。具体的な修養方法としての敬身は当然大事であるが、その前に明倫、つまり五倫とは何かをしっかりと理解させなければならないということである。

しかし、こうした『小学』特有の課題だけでなく、まだ儒教が根づいていない日本では、五倫、すなわち父子(親)・君臣(義)・夫婦(別)・長幼(序)・朋友(信)という人間関係における規範とはいかなるものか、それが日本社会ではどのような形で実践されているかを理解させることから始めなければならないという問題が立ちはだかっていた。中国の『小学』が本格的な学習に向かう前の児童を対象としていたのとは異なり、日本では漢文を習得していないがために儒教とは縁遠かった多くの人々――序文では女性を念頭に置いた話が語られていたが、内容から見ると「無学」な武士までをも含むと考えてよい――を対象として、そうした人々に理解可能な内容にする必要があった。闇斎が『小学』の手引きとか入門ではなく、『大和小学』、すなわち「日本における『小学』」というタイトルを選択した理由はここにあったと言えよう。

以上のような考えから、闇斎は『大和小学』で立教に一〇条、明倫に一一六条、敬身に六五条をあてるという構成をとり、しかも中国と日本の事例を挙げて具体的に説明する方法を採用した。仁義といった概念を抽象的に説明するのではなく、具体的な出来事を示すことによって、多くの日本人に五倫とは何か、それを実践するためにはどうしたらよいかを理解させようとしたのである。ただ、このことは、五倫がいかに普遍的な規範であるといっても、それが具体的な形をとって実践されるとき、そこには地域によって相違があることをはっきりと示すことになった。

たとえば、五倫の第一に挙げられる「父子《ふうし》」であるが、中国の事例として最初に「舜の故事」、父や継母に様々な仕打ちを受けながらも、舜が「孝」を尽くしたことを挙げているのに対して、日本の事例では、項目の名称そのものが「父母」となっていることをはじめとして、そこに挙げられた和歌は親、とりわけ母親が子供を思う情愛を詠ったものであり、なおかつその多くが死別という場面におけるものであるという違いがあった。

日本的な「孝」と「忠」

つまり、すでに多くの研究者が指摘しているように、中国と日本の事例はぴったりと符合しているわけではなく、むしろ中国と日本で実際に行われている家族関係のあり方が根本的に異なることを浮き彫りにしかねないものであった。

闇斎からすれば、「孝」が実践される前提として、親子の情愛、とりわけ母親からの我が子を慈《いつく》しむ気持ちがあるからこそ、それに報《むく》いるためにも子供からの「孝」が自然に生まれることを強調したかったのかもしれない。あるいは序文にあったように女性の読者を念頭に置いていたために、当時の女性が親しんでいた和歌を用いて説明しようという意図もあったかもしれない。

より重要なことは、先に挙げたような中国と日本における家族関係の相違を闇斎が知らなかったはずがないということである。すでに紹介したように、中国における「孝」の実践では祖先祭祀の継承が最も重視されていた。祭祀は男子にのみ継承されるので、男子の誕生がなによりも望まれた。親子関係が「父子」として語られるのもここに理由があった。

五倫の第一に挙げられた「孝」と強く関連づけられる祖先祭祀は、『朱子家礼』の中で細かな手続きが決められていたが、闇斎はその『朱子家礼』の実践を広めようと努めていたわけだし、それをめぐって起きた野中兼山の事件もよく承知をしていたのだから、中国と日本の家族関係がいかに異なるかについて熟知していたと考えるべきである。それにもかかわらず、闇斎は、「孝」の実践を普遍規範の実現として、中国と日本における一致を主張したのである。

このことは五倫の第二に挙げられている君臣間の「義」においても同様であった。これは、実践規範としては「忠」という名称で呼ばれているものであるが、中国では「忠」よりも「孝」の方が優先されるべき徳目だと理解されていた。また宋代以降は「皇帝独裁体制」と呼ばれるような中央集権的な官僚体制が確立され、儒教経典の多くが前提とする春秋・戦国時代の分権的な諸侯支配下における主従関係、すなわち「忠」のあり方とは大きく異なるものとなっていた。宋代以降の中国では、すべての官僚は皇帝から直接任命され、皇帝に忠誠を尽くす立場にあったが、日本では、すでに述べたように、忠誠を尽くす対象はそれぞれが属する「お家」であると意識され、「幕藩体制」とはそれらのゆるやかな統合体にすぎなかった。

こうした日本と中国の地域差ばかりでなく、時代による社会体制の相違もあって、朱子学で理想とする主従関係における規範意識は、日本の鎌倉武士のように「主君ともども自決する」といった主従の情緒的一体性とは大きく異なるものであった。もちろん、「御恩と奉公」という言葉があるように、日本の主従関係も必ずしも臣下側からの一方的な関係性ではなかったのだが、たんなる契約関係というのではなく、そこには主従間の情緒・情愛といったものが強く働いていた。

戦国時代の「下克上」によってこうした傾向は変質したとも言われるが、闇斎が活動した江戸時代前半においても、主従関係を親子の情愛のように捉えることは一般的であったように思われる。のちに闇斎が関わりを深める会津藩においても、「家訓」を見るかぎり、「お家」をあげての将軍家に対する「忠」がまず最初に強調されているが、藩主と家臣とで構成された保科家の内部においては相互の信頼関係、主従による情緒的一体性が前提となっている。

詳しい経緯は不明であるが、第二章で紹介した闇斎の祖父や父とそれぞれの主君との関係も、主君の死去にともなって退去したり、苦しい牢人生活をともにするなど、そこにはやはり情緒的な信頼関係が働いていたように見える。あるいは情緒的な信頼関係が損なわれたがゆえに、闇斎の父は主君の下を去ったのかもしれない。こうしたことを考えると、市井に暮らしていたとはいえ、闇斎が当時の武士の「実情」をまったく知らずに、中国の君臣関係だけを観念的に受け入れていたはずはないのである。

このように日本と中国における親子や君臣の規範意識が大きく異なる以上、そのほかの五倫に挙げられたものも違っていたのは当然であろう。そうではあるが、『大和小学』に取り上げられた日本の事例はウエットすぎるという観が否めない。儒教的素養とは無縁の武士や女性たちを対象としたにしても、そこに描かれた様々な人間関係における情緒性が強調されすぎていると思われる。

そして、この点にこそ、『大和小学』における闇斎の意図が認められる。それは「情緒の類似性」と呼ぶことができるが、母が子を慈しむ気持ち、子が母を慕う気持ち、主君が臣下を思いやる気持ち、臣下が主君を大切にする気持ち、これらが日本と中国という地域や時代を越えて存在していること、すなわち「人情の普遍性」を指摘したうえで、儒教の五倫が日本人の自分たちからかけ離れたものではないことを示すという方向性である。

朱子学では、人間に先天的に賦与された「性」において普遍性・同一性を認めていたが、闇斎はさらに一歩進んで、「性」が発現された「情」においても、「類似性」という形で共通性を認めようとしていたのである。「仁」とか、「孝」「忠」という漢字で示すと、堅苦しく冷たい感じがして、自分たちとは縁遠いものに思われるが、和歌や物語といった慣れ親しんだものに描かれた感情と違わないと分かれば、それが人間が生きて行くうえでいかに大事なものであるかが理解されるだろう。

こうした説明は、儒教の倫理規範について、孔子・孟子はこう述べている、朱熹はこう説明している、朱熹の弟子はさらにこう解説をつけ加えているといった解釈学的な言辞よりもよっぽど心に染み入るというものである。儒教テキストの解釈という点から見れば大きく逸脱しているかのような『大和小学』は、闇斎が当時の状況を踏まえて「啓蒙」のために編みだした戦略的な議論なのであった。

6　「啓蒙」的入門書の出版

『小学養蒙集』と『大学啓発集』

もう少し高度というか、儒教を本格的に学びたいという人に向けて、闇斎は『小学』『大学』に関する「啓蒙」的な入門書を著している。『小学』については『小学養蒙集』という名称が、『大学』については『大学啓発集』という名称がつけられている。これらは、それぞれに序文をつけて単体として出版されているが、両者を併せた『養蒙啓発集』という名称でも闇斎は序文と跋文を書いている。

この『養蒙啓発集』の序文には寛文九年（一六六九）という年代が書かれているので、それまでの間にこれらの書物が書かれたと推測される。万治三年（一六六〇）に『大和小学』が出版された以降、闇斎は寛文五年（一六六五）に保科正之と出会い、正之が行っていた『玉山講義』などの書物の編纂に関わっていたが、その合間に『小学』『大学』に関する啓蒙書も準備していたのであろう。

なお、すでに指摘されていることではあるが、これらの書物では、朱熹の文章の典拠を引用する際に、それが『朱子語類』や『朱子文集』の何巻にあるかを一つひとつ明示していて、こうした方針は、保科正之の『玉山講義』などと同じであり、おそらく正之が採用していた方針を闇斎が踏襲したものと思われる。この点からも、正之が闇斎に与えた影響がいかに大きかったかを物語っていよう。

『小学養蒙集』は、朱熹編纂の『小学』の項目にしたがって、内篇に当たる立教・明倫・敬身・稽古を第一巻、外編に当たる嘉言・善行を第二巻とし、『小学』の本文ではなく、『語類』や『文集』にある朱熹の言葉を並べたものであるが、第三巻として新たに「敬」という項目を立てたところに闇斎なりの工夫があった。

幼年時代に『小学』を学ぶ機会を逸したものの、後年になって学問に目覚めた者が直面する大きな課題は、『大学』などの四書に基づく本格的な学習とともに、本来なら『小学』などによって相当の年月をかけて学習しているはずの「敬の工夫」についても並行して学ばなければならないという点にあったからである。闇斎自身もそうであったが、当時の日本で儒教に関心を持った多くの者が幼年時代から段階的に学習を積み上げることなど到底できなかったことを考えると、『小学』に「敬」に関する項目をつけ加えることはきわめて現実的で、かつ重要な対応策だったと言えよう。

また『小学』をめぐる朱熹の発言は、『語類』や『性理大全』の「小学」の項において、ある程度まとめられた形で読むことはできたが、多くの者にとってそうした書物を入手することは簡単ではなかったから、闇斎の著述によって朱熹の議論を詳しく知ることができたとすれば、そこにも啓蒙的な意味合いが認められる。

『大学啓発集』は、七冊に分冊され、闇斎の著作としては比較的大著と呼べるものであるが、朱熹の『大学章句』の順番に従って、朱熹の「大学章句序」、経の三綱領、経の八条目、伝の三綱領、伝の八条目といった形で配列され、やはり『語類』や『文集』から選んだ朱熹の言葉によって構成されていた。こちらも『語類』にまとまった形で記載されており、また『大全』によっても朱熹の発言の一部分は知ることができたが、それらが入手困難であったということ以外に、『大全』版の「大学章句」には、朱熹以外にも、弟子や明代儒学者の発言も注釈として取り込まれていたから、かえって朱熹の意図を理解するのに妨げとなっていた。

闇斎の目から見て「雑音」とも言えるものを排除し、朱熹の発言だけで『大学』という本格的な学習の第一段階に相当するテキストを理解することは、『大学啓発集』における重要な目的となっていた。「啓蒙」というのは、なにも初心者に迎合して基礎から教えることではなく、むしろ正しいところに向かって歩むように方向づけることでもあった。その意味から「啓発」というタイトルが採用されていたことにもっと注意を向けるべきだろう。そして、こうした方向性が闇斎における「啓蒙」であったとすれば、闇斎の儒教に関する著述の多くが、当時主流であった、明代などの儒学者の解説に従う形で朱熹を理解してきた学問のあり方から脱し、朱熹そのものの発言に戻るように「啓発」することを目指したものだったと考えてよい。

「道統」に関する啓蒙

また、このことは朱熹についてばかりでなく、朱熹が「道統」の復活として重視した北宋道学者についても同じであった。朱熹は北宋の儒学者たちの著述を熱心に研究し、それらの諸説を『四書集註』などに取り込むとともに、重要な諸説を『近思録』としてまとめていたが、当時の日本に流布していたものはやはり明代儒学者の解説によって本文そのものの理解が妨げられるようなものでしかなかった。

そこで闇斎は『程書抄略』を著し、二程子の基本的な議論を天地・人倫・為学という三項目に分類し、さらに『語類』などから選んだ朱熹の発言を注としてつけた。朱熹がみずから編纂した『近思録』では、「道体篇」「為学大要篇」「格物窮理篇」という基礎的なものに始まり、修身・斉家・治国・平天下に関する具体的な議論、さらには異端に関する議論まで、一四項目という多彩な内容に及んでいたものを、闇斎は天地・人倫・為学の三項目だけに整理し、最も基本的な知識を習得できるようにした。

「抄略」というタイトルは本書の内容に即したものだと言えるだろうが、それはけっしてへりくだった姿勢から命名されたものではなかった。詳細で網羅的な注釈がかえって学ぶ者を迷路に陥らせているような、明代儒学の弊害を回避して、要点を理解させるように工夫することこそが現今の重要な課題であるという、闇斎の「啓蒙」を重視した意識に基づいたものだと考えられる。

『程書抄略』の序文には「延宝改元日」という日付が書かれているので、延宝元年（一六七三）には完成していたことが分かる。この年に闇斎は正月に京都を発ち、江戸を経由して会津に向かい、三月に行われた保科正之の葬儀に参列していた。内容から考えて、かなり前から準備をしていたとは思われるが、保科正之を失った悲しみにひたるばかりでなく、新たな活動を始めるという決意を込めて序文を書いたのかもしれない。

闇斎は、この後、延宝五年（一六七七）に『張書抄略』、同七年に『周書抄略』、翌八年には『朱書抄略』と立て続けに著書をまとめている。これらの年代はすべて序文が書かれた年代なので、実際の刊行はそれぞれ翌年以降のことであったろうが、最後の『朱書抄略』の序文が書かれた二年後の天和二年（一六八二）に闇斎は亡くなるから、これらは最晩年にあたる一〇年間ほどの間に闇斎がたどりついた儒教思想に関する到達点が示された著作でもあった。

これらの書物の体裁は、すべて『程書抄略』と同じで、天地・人倫・為学という三項目に分類された文章に、注として朱熹の発言をつけるという形式を取っていた。さらにこれらの書物を一つにまとめた『四子抄略』の出版も企画していたらしく、亡くなる年の春、病をおして最後までその校訂に傾注していたという話が伝えられている。

闇斎が北宋道学から朱熹に至るまでの思想的な系譜を分かりやすい形で世に知らしめようとしていたことは、ともすれば朱熹一辺倒でそれ以外の儒学者にはまったく関心をもっていないという従来の闇斎評を再考させるに十分に足るものである。周敦頤《とんい》に始まる北宋から朱熹までの「道学」の系譜を、朱熹の『近思録』への注釈という形でなく、つまり朱熹の議論をたんになぞるだけでなく、自分なりの視点で簡潔に示そうとしたところに、闇斎の工夫と自信とを見ることができるからである。

そこで描かれた系譜の主眼は、「敬」に関する議論が北宋時代にいかに再発見され、朱熹に至るまでに継承され昇華されてきたのかということに尽きるのであるが、これに関しては第八章で改めて述べることにしたい。同じ時期にほぼ並行しながら進められた闇斎の理論に関わる考察ということと大きく関わっているからである。

『朱書抄略』の序文において闇斎は、門人の佐藤直方・浅見絅斎と対立した「敬義内外」の解釈について触れているが、『四子抄略』とは、まさしく「道学」が、いやそればかりでなく宇宙開闢《かいびゃく》以来の「道統」がそこに集約できることを示そうとしたものだと言える。「抄略」という啓蒙的なタイトルであるし、内容もまた項目に分類するという啓蒙的な体裁ではあるが、そうであるがゆえに、「述べて作らず」という闇斎が生涯貫いた方針を守りながら、なおかつ自らの思想を表明するという難しい論述方法が、ここにおいて集大成されたことが確認できる。

第六章 「伊勢神道」への傾倒

1 山崎家の「宗教」的雰囲気

これまでにも述べてきたことであるが、闇斎の家系ではいくつかの複合的な信仰が混在していた。一つは曾祖父の代から、あるいはそれ以前からかもしれないが、

山崎家の「俗信」

浄土宗への帰依があった。祖父・祖母・父が法号をもっていたことがそれを証明しているし、幼少期の闇斎が比叡山や妙心寺に預けられたことも、世間一般の慣習に従ったという以上に、仏教への信仰が関わっていたと思われる。もちろん浄土宗と天台宗や禅宗とでは同じ仏教といっても違いはあるのだが、闇斎が生きた近世前半の時期にその違いがどれほど大きなものとして意識されていたかについては意見が分かれるところだろう。

儒学者となった闇斎が「廃仏論」を強く主張したにしても、家族の慣習的な信仰までをも否定した

わけではないことは、金戒光明寺に一族の墓所があり、また闇斎自身の墓もそこにあることからも理解されよう。「宗門改め」といった当時の政治的な制度に従うしかなかったところがあるにしても、闇斎と仏教との関わりは理念的にはスッキリしているように見えるが、信仰と結びついた習俗、生活習慣の問題としては不透明なところが多く残っている。

さらに祖父と父には「三社託宣」への信仰があり、これについては、すでに第一章のなかで詳しく述べたところであるが、少なくともこれが彼らの浄土宗への帰依に抵触していなかったことは確かであった。「信仰」という言葉で言い表すよりは、「信心」とでも言っておいた方がよいような、神仏の混在的なあり方が闇斎の近親者たちに見られることに注意を払っておきたい。

また、これもすでに指摘したところだが、母が闇斎を身ごもった時に日吉《ひえ》大社の神を夢に見たという話から、母には常日頃から日吉大社に対する信仰があったのではないかという推測が成り立つ。これに妻が下鴨神社の社家《しゃけ》・鴨脚《いちょう》氏出身だったということを加味すると、闇斎の周りには神道——あるいは特定の神社だったかもしれないが——への信仰を持つ者も存在していたのではないかと考えられる。

闇斎の母に関しては、その実家の一族について何ひとつ分かっていないが、そうした人々との関係から鴨脚氏へと繋がるところがあったのかもしれない。日吉大社には中世に勧請されたという鴨玉依姫《カモノタマヨリヒメ》を祀る「社」(樹下宮・三宮宮)があり、賀茂(鴨)系の神社との繋がりも強かった。もちろん賀茂氏に関わる神社は全国各地に存在しているから、日吉大社のみを特別視しなければならない謂われはないのだが、それでも闇斎が幼い頃から神道にある程度の関わりを持っていた証拠の一つと考えることもできる。

さらに、これも「神事」といってよいと思われるが、闇斎の家では「火焚祭《ひたきさい》」が行われていたという話が残っている。

闇斎と「火焚祭」

これは『闇斎先生行状図解』に載っている話であるが、毎年一一月二二日に、赤豆飯・醴酒《あまざけ》・蜜柑を神に捧げる儀式を行い、これらの供物《くもつ》は集まった門人たちにも配られたという。また門人たちも闇斎没後は「先師の火焚祭」と称して、それぞれに継承していっていたとも書かれている。この「火焚祭」は、現在でも京都の多くの神社で行われていて、年配者は「おしたき」とか「おしたけ」と呼んで、冬の京都の年中行事の一つとなっている祭礼と同じものであろう。もともとは竈《かまど》神を祀る神事——「かまど」の守護神である奥津彦《オクツヒコ》・奥津姫《オクツヒメ》の二神を迎えて行われる神事——であったとされていて、その起源は近世以前にさかのぼることができる。現在では五穀豊饒を祈願する祭礼として位置づけられているが、竈神、すなわち「火の神」を祀るという別の意味合いが強かったと推測される。

また、現在では京都に限らず、中部から中国・四国地方でも行われているが、それらの地域では「新嘗祭《にいなめ》」とか「冬祭」と呼ばれることが多いということであるから、いつの頃からか、収穫を祝う祭礼として位置づけられるようになったのだろう。こうした経緯を考えると、この「火焚祭」が、闇斎よりも前の代、祖父やそれ以前の頃から続いてきたものか、それとも闇斎によって初めて「家」の祭事として実践されるようになったものかははっきりしないが、闇斎の一族にとっては重要な祭事・

神事であったことは確かである。

闇斎の時にどうであったかは詳しい資料が残されていないので分からないが、現在では神事を行ったあと、『大祓詞《おおはらえのことば》』を唱えながら「火焚串」（護摩木）を火床にくべるという儀式を行っている。火床は「ふいご」の形が原型とのことであるが、鐘の形や木を井桁状に組んだものなど様々な形があり、参拝者は「火焚串」にいろいろな願い事を書いて焚きあげてもらうという。

この形態から予想されるように、神社によっては山伏による「護摩《ごま》供養」を行っていて、本来はこうした神仏習合の行事だったのではないかと推測される。また、いくつかの神社では、参拝者に「焼きミカン」とか「おこし」などを配る風習も残っていて、闇斎の家で行った「火焚祭」で「蜜柑」や「赤豆飯」を配ったという話とほぼ合致している。現在の行事では神社に出かけて祈願することが多いが、染め物や鍛冶、酒造りといった火に関わりの深い商家ではそれぞれの家でも行っているということであるから、闇斎のように門人を集めて家で行うという形式の方が案外と古くからの形態が残されているのかもしれない。

「俗信」と「神道」の連続性

「三社託宣」にしろ、「火焚祭」にしろ、「俗信」といってよいものであるから、これを垂加神道の成立とただちに結びつけるのは性急に過ぎるだろう。ただ「三社託宣」を闇斎が臨終の直前まで部屋に掲げていたらしいこと、門人たちが「火焚祭」を「先師の火焚祭」と呼んで継承していたことを考えると、闇斎が自ら進んでそれらの信仰を実践していたと思われるし、その時期も若い頃からだった可能性が高い。

重要なのは、こうした「俗信」の延長線上——しかもそれは地続きで、かなり接近していた——に当時の神道を取り巻く環境があったということである。さらに闇斎にとってこうした形での神道は、仏教・キリシタン・陽明学などと違って、けっして「異端」とは見なされていなかったということもまた重要である。仏教やキリシタンが大きく異なるという理解は当然にしても、儒教のなかに位置づけられる陽明学よりも神道の方が闇斎の考える「正統なる道」に近いと意識されていただろうということに留意しながら、以下、闇斎と神道の関わりについて述べてゆきたい。

その前に改めて確認しておいた方がよいのは、闇斎が晩年になって神道に傾き、それがために門人の佐藤直方（一六五〇〜一七一九）などと疎遠になったと一般に言われていることが誤まりだということである。こうした評価は破門された直方などが喧伝したこともあり、すでに近世中頃には通説となっていたようで、太宰春台《だざい》（一六八〇〜一七四七）などは、闇斎の学問は仏教から儒教、さらに神道へと「転向」した節操のないもので、闇斎がさらに生きていたらキリシタンになったに違いないなどとまで言っている（『聖学問答』）。

しかし、闇斎の年譜を繰ってみれば分かることだが、闇斎が吉川惟足《これたり》（一六一六〜九五）から「垂加霊社」の号を授けられたのは寛文一一年（一六七一）のこと、一方、直方が闇斎の下に正式に入門したのは翌年の寛文一二年——前年に闇斎に面会するものの、学力不足を叱責されて入門を断られていた——のことであった。直方とともに「崎門三傑」に数えられている浅見絅斎《けいさい》（一六五二〜一七一二）は延宝五年（一六七七）頃、三宅尚斎（一六六二〜一七四一）はさらに遅れて延宝八年の入門である。

闇斎が神道に関心を抱くようになったのはいつ頃かという問題はしばらく措くとしても、明確に垂加神道が確立されたと考えられる時期よりもいわゆる「崎門三傑」の入門はのちのことであった。

ただ、神道系門人の中心人物の一人であった出雲路《いづもじ》信直《のぶなお》（一六五〇～一七〇三）の入門は延宝四年のことで、絅斎の入門よりは少し早いにしても直方よりも遅い。さらに垂加神道の継承者とされる正親《おおぎ》町公通《まちきんみち》（一六五三～一七三三）となると延宝八年の入門であるから、尚斎と同時期ということになる。このように闇斎の最晩年だけを取り出せば、たしかに儒教系の門人に遅れた形で神道系の門人たちが多く入門するようになり、そこから儒教系と神道系の門人との諍いが激しくなったように見えるが、そのことと闇斎が神道に関心を抱くようになったこととはまったく別の問題なのである。

2　伊勢神宮への関心

「伊勢太神宮儀式序」の作成

闇斎が神道に関する文章を著すのは、明暦元年（一六五五）の「伊勢太神宮儀式《いせのおおみかみのみやぎしき》序《じょ》」が最初であった。この年の春に塾を開いて本格的に儒教を教え始めた時であり、鴨脚氏出身の「こなべ」を妻に迎えて二年目のことであった。

『伊勢太神宮儀式』は、『皇太神宮《こうたいじんぐう》儀式帳』『延暦儀式帳』などとも呼ばれ、伊勢神宮に関する最も古い記録とされている貴重書で、延暦二三年（八〇四）に内宮と外宮の神官たちがそれぞれに神祇官に提出した文書を一つにまとめたものであるが、現存するものとしては鎌倉時代の書写が最も古いという。

「序」とある以上は、『伊勢太神宮儀式』の出版がどこかで計画され、闇斎に序文が依頼されたのではないかと推測されるが、闇斎の文章にはそうした経緯はまったく書かれていない。現在残っている近世期の写本では慶安・承応から元禄・享保にかけてのものが多いので、あるいは出版ではなく精写本が作成されたということかもしれない。いずれにしても闇斎が個人的に同書を入手して序文を書くということは想像しがたく、伊勢神宮をはじめとする神社の儀礼に関心を持つ人々が背後にいて、彼らと闇斎の交流の中から「伊勢太神宮儀式序」という文章が成立したのだろうと推測される。

闇斎の序文が注目されるのは、あきらかに『倭姫命世記《やまとひめのみことせいき》』からの引用と思われる文章――「ああ、神《かみ》の垂《しで》は祈禱《いのり》をもって先となし、冥《くらき》の加《ま》すは正直《ますぐ》をもって本となす（嗚呼、神垂以祈禱為先、冥加以正直為本）」という文章で、「垂加」の語の典拠でもある――が結びの箇所に用いられていて、この時期すでに闇斎が『倭姫命世記』を読んでいたと推測できるからである。闇斎と『倭姫命世記』の関係についてはすでに多くの研究がなされているので、ここではそれらを参照しながら簡単に述べておく。

『倭姫命世記』は、現在でこそ「神道五部書」の一つとして中世から近世にかけての伊勢神道の発展における重要文献とされているが、江戸時代初期には伊勢神宮ではすでに失われてしまっていたほどの幻の資料であった。江戸前期の伊勢外宮の神官で、伊勢神道の中興の祖とされた度会延佳《わたらいのぶよし》（出口延佳、一六一五～九〇）が京都で古書を「発見」するのが寛文九年（一六六九）のことであったが、これはむしろ闇斎の仲介によるものではないかと推測されている。

度会延佳の弟子に大中臣精長《おおなかとみきよなが》（河辺精長、一六〇二〜八八）がいて、闇斎は同じく寛文九年に『中臣祓』を精長から伝授されている。これらの事実から闇斎が伊勢神道と深く関係していたことは確かであるが、これらは「伊勢太神宮儀式序」が書かれた時よりものちのことであり、『倭姫命世記』が広く流布したこと——このほか、ほぼ同じ時期に保科正之も同書を入手している——の中心に闇斎がいたことを示す出来事ではあっても、闇斎が『倭姫命世記』を知るきっかけだったとは考えられない。

ただし、闇斎自身の校訂本を含めて、これらの流布した『倭姫命世記』の出どころは先学の研究によって突きとめられていて、上賀茂神社の社家の一つ、岡本氏に伝来してきたものだという（近藤啓吾『続山崎闇斎の研究』）。闇斎の婚姻の相手は下鴨神社の社家であった鴨脚家で、上社と下社との相違はあるが、両家とも古来から結束の強いことで知られる賀茂一族に属していることから、何らかの繋がりがあったことが想像される。

もちろん、岡本氏伝来の『倭姫命世記』を闇斎が知ったのは寛文年間のことで、この頃にはまだ見ていなかったと考えることも可能であるが、鴨脚家を通じて、あるいは闇斎に鴨脚家を紹介した第三の人物を通じて、賀茂一族のなかで伝承されてきた『倭姫命世記』の存在を闇斎が知ったと想定する方がより事実に近いと考えられる。

岡本氏と言えば、上賀茂神社の社領地である賀茂六郷の一つ、岡本郷が本来の根拠地であったが、そこには『延喜式神名帳』にも名前が見える太田神社（大田神社）がある。太田神社にはアメノウズメ（天鈿女命）が祀られているが、そこにはまたサルタヒコ（猿田彦命）を祀る白鬚《しらひげ》神社もある。そもそも「太田」の名称は「大田命」による――「恩多」が訛ったものという説もある――と考えられるが、これは天孫降臨に際して道案内をしたサルタヒコ自身の別名とも、その子孫で倭姫命を伊勢に案内した人物の名前とも伝えられている。

闇斎がのちのちサルタヒコを日本の「道学」の祖として尊崇したことはよく知られている話であるが、この点から考えても闇斎と岡本氏との間に何らかの交流があったと考えてもおかしくはない。もっともサルタヒコを祀る神社は猿田彦神社をはじめとして伊勢にいくつもあるし、京都周辺でも「比良明神」とも呼ばれる滋賀・高島の白鬚神社があり、伏見稲荷に祀られている「佐田彦神」もサルタヒコのことだとされていて、太田神社だけが唯一というわけではないから、岡本氏所有の『倭姫命世記』を闇斎が目にし、かつ重視していたということ以外には確定的なことが分からないのも事実である。

神とは何か

「伊勢太神宮儀式序」に話を戻すと、闇斎は「神とは何か」という問題から説き起こしている。

「神」の定義というと、近代以降、近世中期の本居宣長（一七三〇～一八〇一）が主張した「カミ（神）という言葉の成り立ちについては考えてもよく分からないが、人智が及ばず、畏れ敬うべき物事すべてを神と呼んできた」（『古事記伝』）という説明が評価されてきたが、じつは闇斎もまた同じような説明をしている。実証的で論理的な言語論を方法とした宣長と、語呂合わせ的で牽強付会な解釈をした闇斎という評価はいまでもよく語られているが、「神とは何か」という疑問、より正確に言えば、日本語の「カミ」という言葉の成り立ちに関する最も根源的な疑問に関しては、じつは両者にそれほど大きな相違はない。

闇斎は次のように言う。

神が神であるということを突きつめて考えると、最初から「神」という名称や文字があったわけではない。かすかで知ることのできないものが、陰陽・五行の中心となり、そこからあらゆる事物が生まれ、あらゆる現象が起きた。だから、人々の間で、自然に声が挙がることになり、その結果、「神」という名称や文字が生まれた。

根源的な何かを認めるか否かでは闇斎と宣長に違いはあるにしても、人々の森羅万象に対する畏怖という感情から自然発生的に「神」という言葉が生まれたという理解は共通している。そこには、古来からとまで言うつもりはないが、近世日本人の心の奥底に潜む「神」観念というものを見て取ることができる。

また、闇斎のこの説明は、朱子学の、無極＝太極から陰陽・五行、さらには天地・万物が生じたという宇宙論と論理的には一致しているものの、感覚的には微妙なズレがある。もちろん、朱子学でも「神」に類するものに対する畏怖を認めるが、一方では無極＝太極、すなわち理は確実性を保証するものであった。畏怖する心と確信する心、この二つをどのように調停するかは闇斎の学問・思想の中心命題であったと考えられ、そこに儒教と神道の両立という問題が関わっていると思われるが、それは先々の検討課題とし、ここでは微妙なズレがあることを確認するに止めておきたい。

闇斎は「神とは何か」について説明したあと、「神」とのちに呼ばれる根源的な何かから万物が生じた過程を『日本書紀』神代巻に見える神々の系譜に基づいて説明する。それは「一」なる神（クニノトコタチ・国常立尊）が、陰陽に相当する二つの水神（クニノサヅチ・国狭槌尊）と火神（トヨクムヌ・豊斟渟尊）へと姿を変え、さらに木神（ウヒヂニ・埿土煑尊、スヒヂニ・沙土煑尊）、金神（オホトノヂ・大戸之道尊、オホトマベ・大苫辺尊）、土神（オモダル・面足尊、カシコネ・惶根尊）を加えた五行を経て万物へと変化する過程が述べられる。

これは、先にも述べたように朱子学の理気論に基づく宇宙論の展開に従った解釈である。それゆえ重要なことは、こうした展開が、神々が次々に誕生してきたという時間的経緯としての理解だけではなく、一つのものが様々に姿を変えながら顕《あらわ》れるという世界のあり方に関する構造的な理解でもあったという点にある。

闇斎は、万物のなかにそれぞれ「一」なる根源的なもの——すなわち朱子学の「理」に相当するもの——が内在されているという解釈に立っていた。『日本書紀』神代巻そのものが古代の日本でどのような意図をもって書かれたかは別として、闇斎はこれを朱子学的宇宙生成論の「日本版」として解読していたのである。これを古くさい「中世的思考」として片付けることはたやすいが、仏教、とりわけ密教による神秘的な本地垂迹《すいじゃく》説を儒教の「合理的」な説明へと置き換えることを可能にし、その意味で近世の新しい局面を開くものであったと評価してよいと思われる。

日本の「王道」としての神道

神代巻の解釈が朱子学の応用だとしたら、その先はその「一」なるものをどのように発現させ、維持してゆくかという課題になるはずである——実際、闇斎の朱子学の受容においては、すでに述べてきたように「理論」の探求よりも「実践」方法の模索という点に力が置かれていた——が、「伊勢太神宮儀式序」における闇斎はそちらには向かわず、『日本書紀』神代巻の叙述に従って、イザナキ（伊弉諾尊）・イザナミ（伊弉冉尊）という男女二神とその子であるアマテラス（天照大神）が誕生したこと、さらにアマテラスが子孫のニニギノミコト（火瓊瓊杵尊）に「三種の神器」を与えて日本の支配者として天下るように命じたことへと話を転じている。

闇斎は、こうした神々の系譜を、日本における「王道」の由来を物語るものだと定義づけている。闇斎の理解によると、「王道」が存在したにもかかわらず、そののちの歴史の展開を見ると、「中葉」になって仏教が伝来したために神道が廃《すた》れ、王道も弛緩してしまうという事態に陥る。しかし、幸いなことに伊勢神宮では仏教を排斥してきたので、『伊勢太神宮儀式』には仏教の影響がまったくない儀礼が詳述されている。闇斎は、これこそが万代の手本となると称賛したうえで、先に述べたように『倭姫命世記』の文章をなぞりながら序文を結んでいる。

序文の後半部分は、神道＝王道というのが日本の神代以来の政治体制であるということと、それが仏教という異端の伝来によって崩壊する危機に瀕しているという時代状況への認識へと話が転換している。もちろん『伊勢太神宮儀式』の序文であるから、この書物によって理想の政治体制へと復帰できるという評価へと話をもってゆく必要はあっただろうが、それだけではなく、この時期の闇斎には朱子学の理論と神道とがどのように結びついているか、表面的な類似性ではなく根本的な原理において同一性が認められるということがまだ十分には理解できていなかったのかもしれない。

それがためか、「伊勢太神宮儀式序」で展開された闇斎の議論は、林羅山（一五八三〜一六五七）などの他の儒学者たちも述べているような、仏教を批判し、神道＝王道論を主張するというありきたりな「神儒一致」論に終始していた。

伊勢神宮との関係の深化

闇斎が早くから伊勢神宮に、しかもそこで行われていた儀式に関心を持っていたことに注意を払う必要があるが、これが一部の研究者が指摘するように「三社託宣」への信仰に基づくものであったかどうかについては疑問が残る。むしろ、そうした信仰一般の問題よりも、儒教に関することとして別の問題として扱われてきたが、この時期に『朱子家礼』への関心も強かったことから、闇斎には儀礼ないし儀礼の「実践」に強い関心があったと考えた方がよいように思われる。ただ、それが『朱子家礼』の場合と同様に、まだ「心の修養」の問題と直截的には結びついていなかったということにも注意しておく必要があろう。

闇斎の伊勢神宮との関係は、明暦三年（一六五七）に初めて伊勢の山田に出向いて参宮したことから直接的なものとなる。最初の訪問で宿泊したところは山田の福島太夫なる人物のもとであり、彼はいわゆる伊勢の「御師《おし》」であったというが、闇斎がどのようにして知りあったかは分かっていない。

さらに翌年から始まる江戸への出向の折にたびたび訪れるなど、その関係は徐々に深まってゆき、寛文三年（一六六三）には「神嘗祭《かんなめ》」に参席することを許されるというように緊密な関係へと発展する。そして、おそらく先ほどの福島太夫からの紹介であろうが、度会延佳との交流が始まり、寛文九年に大中臣精長から『中臣祓』を伝授されるということへと至る。

こうした伊勢神宮、さらには度会延佳によって復興された伊勢神道との関わりが垂加神道の基礎を築くうえで重要であったことは言うまでもない。とりわけ『中臣祓』の問題はきわめて重要であるが、これに関しては次章で触れることにして、この間に闇斎が伊勢神宮に参詣した際に作った詩について述べておきたいと思う。

万治二年（一六五九）、二度目の江戸訪問の旅について闇斎は『再遊紀行』という詩文集を著し、時期は不明だが、武村市兵衛の寿文堂から出版した。この『再遊紀行』のなかに、帰路に伊勢神宮を訪れたおりに闇斎が詠んだ詩が「太神宮三首」と題して収録されている。最初の一首は、

万神・万変、心台自《よ》りす。台上、明々として点埃《てんあい》を絶す。
もし虚霊《きょむ》無体の一を識れば、君に許す、親しく国尊に見《まみ》え来るを。

という七言絶句であるが、そのあとに割注の形で『豊受《とようけ》皇太神御鎮座本紀』からの一節が引用されている。

ここでは、闇斎が『鎮座本紀』と書いているのに従うが、これは外宮の沿革を明らかにするなかで

内宮との関係や外宮の祭儀について説明した書物で、神道五部書の一つとなっている。神道五部書のうち『倭姫命世記』をすでに見ていたのだから、残りの『鎮座本紀』などの書籍を闇斎が読んでいたとしても不思議はないのだが、いつ頃、どのような経緯で知るようになったのかは明らかではない。ただ前年に著した『大和小学』のなかで『倭姫命世記』と並べて「伊勢の三部の本書」という記述が見られるので、この頃には『鎮座本紀』を読んでいた可能性は高い。

闇斎が引用している箇所は、「心柱《しんばしら》」に関する記事で、詩の内容から闇斎が実際に「心柱」を目にして詠んだのだろうと推測できる。闇斎が引用した『鎮座本紀』の文章は、

心柱は四徳・五行に対応して、直径が四寸、長さは五尺、五色の糸が巻かれていて、八重の榊《さかき》が立てられている。これはイザナギ・イザナミが鎮まる場所であり、陰陽がさまざまに変化する本基、諸々の神々が化生する心台である。またクニノトコタチ（国常立尊）は虚ではあるが神霊は存在し、一ではあるが実体はないと伝えられている。

というもので、詩の「心台」、「虚霊無体の一を識」るとか、「国尊に見《まみ》え」るという語句を説明したものである。

「心柱」について詠んだのだから「心」という言葉が出てくるのは当然と言えるのだが、第三首では、

永く言ふ、神妙は心根に在《いま》すを。敬直義方、道なほ尊し。
伏仰乾坤、唯《た》だ一のみ。さらに内外において宗源を示す。

と詠《うた》って、「神」と呼ばれるものが古来から人間の心に宿っていて、それによって人間は正しい道を踏み行うことができているといった趣旨が述べられている。

このことは、神の存在と「心の修養」という課題が、闇斎においてなにかしら連関するものと意識され始めたことを示していて、注目に値する資料である。ただ、第二首では、「三種の神器」や「天《てん》壌《じょう》無窮の神勅」、とりわけ鏡を渡すときに「ここに映る姿を私だと思え」とアマテラスが述べたという神代巻に見える逸話を題材としており、「伊勢太神宮儀式序」の後半と重なる問題意識が依然として継続していたことも示している。

3 神道への関心の高まり

藤森神社への参拝

闇斎と伊勢神道との関係は、その後『倭姫命世記』の校訂作業と並行しながら、さきに述べた『中臣祓』の伝授へと向かうのであるが、一直線にそこに辿りついたわけではなく、いくつかの仕事と絡まりあった複線的な形で進められていた。

一つ目は『倭姫命世記』の校訂作業において、それまで注目されてこなかった資料を発掘したことである。二つ目は「倭鑑《やまとかがみ》」執筆という別な動機からではあるが、藤森《ふじのもり》神社を訪ねて舎人親王を表彰したことである。そして三つ目は忌部《いんべ》正通『神代巻口訣《くけつ》』の校刊である。これらの仕事は、「伊勢太神宮儀式序」が書かれた明暦元年（一六五五）から『中臣祓』の伝授が行われた寛文九年（一六六九）の間にされているが、注意しなければならないのは、前章でも述べたように、この時期の闇斎は江戸と京都の間を行き来しながら多くの儒教に関する著述を著していたことである。

つまり、この時期の闇斎は、儒教の実践に関する著述をいくつも著して、儒教の普及に務めるという「啓蒙」活動を行っていた一方で、神道関係の諸資料を精力的に調べ、それらを校訂するといった基礎的な作業を同時に行っていたのである。精力的な活動というだけではなく、闇斎においてその両者が截然と区別されていて、混同されていなかったということに、なによりも驚かされる。思想家としての闇斎の「すごみ」はこの点にあったと思われる。

その理由は、それぞれを生半可な理屈で自分勝手に理解するのではなく、きちんとした資料読解に基づいた解釈を行うという「実証」的な手続きが根柢にあったからだと思われる。少しばかり先走って結論めいた話になってしまったが、闇斎に対しては従来から朱子学を観念的に受け入れただけにすぎないという評価が多いので、注意を喚起する意味から、ここで指摘しておいた。

時間の流れからすると、明暦三年（一六五七）の藤森神社参拝が一番早い出来事であるが、これは闇斎が「倭鑑」という歴史書の編纂を企て、『日本書紀』の編者であった舎人親王が祀られている同社を表敬するために訪れたものである。

藤森神社は、京都・伏見にあり、朝鮮半島から帰国した神功皇后が戦勝を祝って神事を行ったのが起源と伝えられている。そうした経緯のために、戦《いくさ》に関わりの深い神社ということから、本殿には神功皇后・武内宿禰《すくね》のほかに、スサノヲ（素盞嗚命）・ヤマトタケル（日本武尊）も祀られている。さらに理由はよく分からないが、応神天皇・仁徳天皇、また上賀茂神社の祭神であるカモワケイカヅチ（賀茂別雷命）も本殿に祀られている。その一方で、御霊《ごりょう》信仰に関わりをもった神社でもあり、西殿には早良《さわら》親王・伊予親王・井上《いのえ》内親王といった御霊化した人々が祀られていた。そして東殿には、闇斎が着目した『日本書紀』に関わりの深い天武天皇と舎人親王が祀られている。

このように藤森神社は、いくつもの要素が絡みあって発展してきた神社である。古い神社によくある形態であるが、長い歴史のなかで多種多様な神々が一緒に祀られるようになり、その縁起はきわめて複雑なものとなっている。現在では、もともと地元の豪族秦氏が祀《まつ》っていたものが、桓武天皇の平安遷都とともに都を守護するための神社とされ、さらに中世になると、稲荷山山麓にあって舎人親王を祀っていた藤尾社や、東福寺近くで早良親王を祀っていた塚本社が遷座されるようになったと考えられている。

したがって、藤森神社と舎人親王との関わりは比較的新しい出来事であるが、闇斎の頃には舎人親王を祀る神社という認識が一般的になっており、林羅山の『本朝神社考』にも舎人親王と早良親王（崇道天皇）が祀られていることが紹介されている。寛文一一年（一六七一）に闇斎は、同社の神主春《はる》原秋成《はらときなり》（一六二四〜一七〇九）からの委嘱で「藤森弓兵政所記《ふじのもりゆづえまんどころき》」を著すが、早良親王との関わりが強調された従来の理解――これは吉田兼倶《かねとも》（一四三五～一五一一）の撰とされる「藤森社縁起」に見られる――を訂正し、舎人親王を主祭神とし、その下に武功で知られる神々を祀った文武両道の神社であると結論づけている。ここから、闇斎が舎人親王をいかに重んじていたかが知られるとともに、平安から中世にかけて盛んであった御霊信仰に対する闇斎の批判的な考えを知ることができる。

「藤森弓兵政所記」を著した以降のことだと推測されるが、闇斎は春原秋成から同社に伝わる秘伝を授けられている。これらの秘伝は『中臣祓』と並んで闇斎の神道論の中核をなすものと言ってよいが、これについてはあとでまとめて述べるとして、ここでは「倭鑑」の構想などの問題について触れておきたい。

未完の「倭鑑」

「倭鑑」は、『垂加草』に収録された「倭鑑目録」によると、天神紀・地神紀・神武紀から後村上紀までの八七巻で構成され、最後は後小松天皇の明徳三年、南北朝が統合されて「三種神器」が京都に戻ったという記事で終わるというものであった。「三種神器」を皇位の象徴とすることは、中世日本においては必ずしも必須条件とはなっていなかったが、南北朝の統合以降は皇位継承における重要な事項と認識されるようになり、それを受けて近世の神道や国学ではこの問題を扱った議論が多く生まれている。

闇斎が「倭鑑」を、どこまで具体的に文章化していたかはよく分からないが、晩年に草稿はすべて火に投じられたと伝えられている。「倭鑑」の大きな特徴は、南朝を「正統」とすること、また女帝紀をその前にある男帝紀の「附」としたことが「目録」によって知ることができる。研究者のなかには、このような編纂方針を持つ「倭鑑」が完成したら、純粋な「尊皇思想」に基づく歴史書が誕生したと考える者もいるが、闇斎自身の手で草稿が火に投じられた理由はそこにあったわけではないだろう。

この時期には幕府の命によって林羅山・鵞峰《がほう》父子による『本朝通鑑』がすでに完成していたが――正確に言えば、羅山による神武天皇から宇多天皇までの正編は正保元年（一六四四）に「本朝編年録」として上梓されたが、明暦の大火で焼失したため、鵞峰によって、新たに前編（神代）と続編（醍醐天皇～後陽成天皇）が作られて寛文一〇年（一六七〇）に完成した――、そのために幕府によって朝廷・寺社、諸大名が所蔵する諸記録の提出が命じられるとか、また林家の屋敷内に幕府の費用で国史館（弘文院）が建てられて、多くの人員が編纂に従事するなど、修史事業がとても一人の人間に担える仕事ではなかったことを示している。

同じようなことは、『本朝通鑑』を批判して企てられた水戸藩の修史事業にも同じく指摘できる。『大日本史』の編纂は、光圀の時代に始まったものの、完成は明治までかかっていたことを思いあわせても、歴史書を編纂することが多くの資料と多くの人員とを総動員しなければならないような、きわめて困難な事業であったかということが納得できるだろう。闇斎が一人で――もちろん、門人のいく人かは使っただろうが――そうした事業に取り組もうとした点に、闇斎の並々ならぬ意欲を窺うことができる。

闇斎の「倭鑑」は、その名称から范祖禹《はんそう》の『唐鑑』を手本にしていたと推測されており、そうであれば事件や人物に対する儒教的な評価を中心とした叙述になったかもしれない。ただし『唐鑑』は、范祖禹自身が『資治通鑑』作成の一環として唐代の歴史を文章化するという下準備があって初めて可能となったものであり、そうした通史そのものがない当時の日本の状況ではもっと基本的なことから考証を始める必要があったと思われる。

そのことを窺わせる資料として、『垂加草』に『本朝改元考』——延宝五年（一六七七）に初版が、さらに天和元年（一六八一）に増補版が刊行された——と、成立年代不明の「本朝国号考」が附録として収録されている。前者は大宝以来の年号を干支と月日で一覧にしたもので、中国における年号の簡単な沿革と日本の年号の問題点とを闇斎の按語として記している。後者は日本各地の国名と「何々州」という呼び方との整合性を一覧にしたものである。こうした基本的なことすら、闇斎が歴史書執筆に取り組んだ頃には不十分なところが多く残されていたのである。

暦学と渋川春海

また井上政利《まさとし》（一六〇六～七五）が編纂した『堯暦』の序文を書いたことがきっかけであったかもしれないが、暦法に関しても闇斎は強い関心を抱くようになったと伝えられ、『堯暦』が出版された寛文八年（一六六八）には渋川春海《はるみ》（一六三九～一七一五）と天文・暦学について議論をしている。渋川春海はともかく、闇斎にどこまで暦学に関する知識があったのかはきちんとした資料が残っていないために不明であるが、平安時代以来の「暦道」が賀茂氏の系統によって伝承されてきたことを考えると、結婚を機に賀茂氏のネットワークと繋がりができた闇斎が、そこで継承されてきた暦学についても何らかの知識を得るということもあったのかもしれない。闇斎の学問が、いままで考えられていた以上に、平安時代以来のさまざまな「伝統」的な学問を背景としていたことを如実に示す逸話である。

ところで渋川春海は、一世安井算哲の子として京都・四条室町に生まれ、二世算哲として幕府碁所《ごどころ》を継承する一方で、数学・暦学などを学んで初代の幕府天文方に任じられるなど、多才な経歴の持ち主であった。闇斎との関わりについては垂加神道の門人という理解が一般的であるが、暦学の知識についてもなんらかの交流があったと考えられる。渋川春海が幕府天文方に任じられた背景には、闇斎が保科正之に推薦したことが大きかったと春海自身が語っていたと伝えられているからである(『艮背語録』)。

もっとも、渋川春海は京都を中心に幅広い交遊関係を作りあげていて、有名な「大和暦(貞享暦)」の作成においては、「授時暦」に関する知識を中村惕斎《てきさい》(一六二九〜一七〇二)から得ていた。また神道についても、同じく闇斎に学んで「土御門《つちみかど》神道」と呼ばれる独自の神道を打ち立てた土御門泰福《やすとみ》(一六五五〜一七一七)の門人にもなっていて、「大和暦」の実施をめぐる問題において朝廷に働きかけたのはこの泰福であったという。

土御門家は安倍晴明の子孫として陰陽道を継承してきた家柄であったが、泰福の時代に朝廷の陰陽頭をめぐって賀茂氏系の幸徳井《こうとくい》家と争い、最終的には陰陽道宗家の地位を確立して、諸国の陰陽師に対する支配・免許の権限を独占するに至っている。垂加神道とは直接的に関わる話ではないかもしれないが、京都の公家衆をはじめとする門人たちの動向には、室町時代以後の戦乱によって崩壊した様々な「道芸」が再編されつつあった状況が微妙に反映されていることに注意を払う必要がある。

話をもとに戻して、『倭姫命世記』の校訂作業について見てみると、この過程において闇斎が北畠親房（一二九三～一三五四）の業績を積極的に参照していた点が注目に値する。

北畠親房への評価

北畠親房については、すでに『大和小学』のなかで『神皇正統記』を挙げていたことから、闇斎は早くから関心を持っていたと思われるが、『倭姫命世記』の校訂作業では『元元集《げんげんしゅう》』を親房のものとしたうえで引用している。

『元元集』そのものは、度会家行《わたらいいえゆき》（一二五六～一三五一）に伊勢神道について学んだ親房が多くの神道書を読んで抜粋した資料集に類する書籍であったが、アメノミナカヌシ（天御中主神尊）とクニノトコタチ（国常立神尊）とが同一の、あらゆるものの始原であるとする伊勢神道の教義を明らかにするところに力点が置かれていた。『元元集』は伊勢神道に関わりのある人々のなかで写本として伝承されていたが、近世になると、承応二年（一六五三）に出版されていたように、闇斎だけでなく伊勢神道に関心を持つ人々の間で広く注目されるようになっていたと思われる。もっとも同書は、国学系の神道が盛んになる江戸後期になると、『倭姫命世記』ともどもほとんど顧みられなくなる。

闇斎は『元元集美言《びげん》』という抜粋書を著しているが、先学の研究によれば、承応二年版に近い写本をどこからか入手して使用していたと考えられている。なお親房との関係については、晩年に『神代巻風葉集』を編纂するなかで、『元元集』と同じくほとんど注目されることのなかった『東家秘伝』――『元元集』所収の資料をもとに親房が伊勢神道の理論化を試みた書籍――を闇斎が参照していたことが分かっている。これらのことから闇斎が親房の思想に強く共鳴していたと考え、親房から闇斎へと「国体論」が継承・発展されてきたと見る研究者もいるが、それはあまりにも近代的なナショナリズムを前提にした解釈である。闇斎が親房を評価していたことは確かであるが、それはあくまでも伊勢神道の忠実な伝承という点においてであったと考えるべきだろう。

4 『神代巻口訣』の校訂と出版

『神代巻口訣』との出会い

伊勢神道への強い関心から、闇斎は忌部正通《いんべまさみち》の『神代巻口訣《くけつ》』に興味を抱き、その校訂を行うに至る。忌部正通は室町時代の神道家とされるが、生没年が不詳のうえに、『神代巻口訣』を著した以外のことは明らかになっておらず、そのため『神代巻口訣』に関しても江戸時代成立という偽作説がつきまとっているのだが、朱子学の理気論に基づいてアメノミナカヌシ（天御中主神）・タカミムスビ（高皇産霊尊）・カミムスビ（神皇産霊尊）の造化三神がクニノトコタチ（国常立尊）に帰一すると説いたところに大きな特徴があるとされている。寛文四年（一六六四）に武村市兵衛によって出版された単行本が闇斎による校訂本だとされているから、それ以前の時期に原本を入手して校訂作業が行われたものと推定される。

闇斎校訂のものを単行本の『神代巻口訣』とわざわざ述べたのは、同じ寛文四年に村田勝五郎という人物のもとで、『神代巻口訣』とともに、吉田神道の実質的な提唱者であった吉田兼倶《かねとも》『日本書紀神代巻抄』と、兼倶の三男で清原家の養子となった清原宣賢《のぶたか》による『日本書紀抄』の講義を併せ、さらに頭注に一条兼良《かねよし》『日本書紀纂疏《さんそ》』を加えた『首書日本書紀神代合解』が出版されていたからである。ここに収録された『神代巻口訣』は忌部家に伝来されたものだと奥書に書かれているが、他に収録された書籍から推測すると、吉田神道に関わりの深い人々の手になることは明らかである。闇斎の『神代巻口訣』の出版は、『首書日本書紀神代合解』が出版されてからわずか半年のちのことであり、そこには何らかの理由があったと思われる。

もちろん、すでに指摘されているように、闇斎が校訂したものの方が優れているのだから、誤った、あるいは不十分な資料が出まわることに対する批判意識が闇斎の出版の動機だと考えることはできるだろうが、それだけが理由ではないだろう。この時期になると『神代巻口訣』に対する関心だけではなく、神道の資料全般において「競合」が起きていたことが大きな理由として想定される。前章で紹介したような儒教のテキストなどをめぐる出版争いだけではなく、神道や和漢の文芸を含めて多くの領域で激しい「つばぜり合い」が起きていたのである。そして近世前半において、闇斎が暮らしていた京都はその中心であった。出版文化の発達、あるいは「出版資本主義」の興隆という現象の真っ直中で闇斎が活動していたことを忘れてはならない。

忌部神道と広田担斎・石出帯刀

闇斎がどこから『神代巻口訣』を入手したのかについては、植田玄節の話として広田担斎（忌部担斎）から忌部神道――「根本宗源神道」というのが正式名称である――の伝授を受けたという説（『艮背語録』）が、また渋川春海の話として担斎門人の石出帯刀《いしでたてわき》か

山鹿素行（赤穂市立歴史博物館蔵）

ら伝授を受けたという説（『秦山集』）が伝わっている。広田担斎は、その生没は不明であるが、忌部神道を実質的に提唱したと考えられている人物であった。また当時から疑惑の目で見られていた『旧事本紀《くじほんぎ》大成経』の出版にも絡んでいたとされ、なにかと問題のある人物ではあった。

忌部神道に関する話としては、この担斎が山鹿素行にその奥義を伝授したことがよく知られている。素行が担斎から歌学や神道について学んだのは一九歳から三〇代前半にかけてのことだとされているから、慶安から明暦にかけての間（一六四八～五七）ということになる。

一方、石出家は旗本として代々囚獄の任に当たっているが、ここに見える石出帯刀は、三代目で、常軒と号した吉深《よしふか》（一六一五～八九）のことであり、明暦の大火の際に囚人たちを一時的に解放したが、彼のことを慕った囚人たちが翌日皆戻ってきたという逸話で知られている人物である。吉深は歌人・連歌師としてもよく知られており、やはり担斎から忌部神道を学んでいた。石出帯刀に関しては、一旦は担斎に学んだものの、担斎が亡くなったために素行から神道の伝授を受け、さらにそれを闇斎に伝えたという話も残されている。

植田玄節の説明は、担斎は忌部正通の「正道の末」で、担斎の子孫が京都に暮らしていることから

「京都の住人」であったと思われるが、家伝の神道はすべて闇斎に伝えたのでいまは何も残っていないという内容であったが、担斎から伝授されたと闇斎から聞かされただけで、担斎については詳しいことは何も知らないとも語っている。ただ、子孫はともかく担斎自身は、山鹿素行や石出帯刀に歌学や神道を伝授していたことを考えると江戸にいた可能性が高く、玄節の言うように江戸に行く前の闇斎が京都で伝授されたとは考えがたい。

もっとも担斎が八丁堀の伊雑《いそべ》神社勧請に関わった出口市正と同一人物だという主張に基づいて、闇斎が直接担斎から伝授されたという理解もあるが、出口市正は伊勢・伊雑宮《いざわのみや》の「長官」であったという以上は伊勢に暮らしていただろうから、一時的に江戸に出てきたり、あるいは京都に出向くこともあったかもしれないが、素行や石出帯刀を教えたり、闇斎に伝授するような長期の居住は難しかったと思われる。したがって間接的な伝承ということになるし、さらに中間に山鹿素行という、なかば闇斎と対立する人物までもが間に入ってややこしいことになるが、やはり渋川春海の話のように石出帯刀から伝授されたと考えた方が無難であろう。

闇斎が石出帯刀のような忌部神道に関わりの深い人物から『神代巻口訣』を入手したとすれば、万治元年（一六五八）に初めて江戸に出てから寛文四年（一六六四）に校訂本を出版するまでのごく短い間のこととなる。忌部神道の「八箇祝詞」――未完に終わった闇斎の神代巻に対する注釈書である『神代巻風葉集』に載せられている――の伝授を受けたのはもっとのちのことであったかもしれないが、江戸に出た闇斎が早い時期に石出帯刀を紹介されて『神代巻口訣』を入手したのであろう。なにしろ寺社奉行であった井上政利が後援者であったから、そうした経路で知った可能性も否定できない。また、微妙なところだが、広田担斎はそのときすでに亡くなっていたのではないだろうか。植田玄節の話と矛盾するようなことになるが、のちになって京都在住の広田担斎の遺族からも関連資料を譲られたと考えれば、それなりにつじつまもつく。

広田担斎によって世間に広められた忌部神道は、儒家神道の先駆と位置づけられるものの、儒仏二道の立場を認めている点で伊勢神道とは大きく異なるというのが一般的な評価であるが、一方では吉田神道に対抗する意識が強かったところに大きな特徴を見出す研究者もいる。それゆえ『首書日本書紀神代合解』のような吉田神道に関わりの深い書物が出版され、そのなかに自分たちが最も重視している『神代巻口訣』が取り込まれたことには強い反発もあったに違いない。

もう少し想像をたくましくすると、三〇代半ば以降の山鹿素行が、大老酒井忠清の庇護によって有名になり、それとともに歌学や神道への関心が薄れ、もっぱら儒教と兵学に集中するようになったことに対する、石出帯刀ら忌部神道に関わっていた人々の批判意識も働いていたと推測することもできる。事実、のちに書かれた『謫居童問《たっきょどうもん》』と『中朝事実』のなかで素行は、吉田神道とともに忌部神道を厳しく批判していて、両者の間に相当の確執があったことを窺わせる。

いずれにしても、『神代巻口訣』は忌部神道において最も基本とすべきテキストであったから、忌部神道の奥義は素行ではなく闇斎に引き継がれることになったと考えてよいだろう。

「心神」・「心祓」という用語

『神代巻口訣』が注目されるのは、闇斎の神道論において重要な概念用語となっている「心神」とか「心祓」という言葉の典拠となっているからである。もっとも「心神」という言葉自体は、神道五部書の『御鎮座伝記』や『倭姫命世記』にも見えていて、心に神霊が宿るという意味で用いられていた。

ただ、『神代巻口訣』における使用法で重要なのは、国土を平定したオオアナムチに、海上から光りながら渡ってきたものが「私はおまえの幸霊（さちみたま）・奇霊（くしみたま）である」と名乗ったという、現在の研究からすると出雲神話の異説――オオアナムチはオオクニヌシの別名である――と言ってよいような箇所に対する注記で、この「幸霊奇霊」をオオアナムチの「心神」であり、「天神の霊」であると述べていた点である。

闇斎はこの注釈に触発されて、「幸霊奇霊」は「心神」であり、「魂魄《こんぱく》」のことだと考えた（浅見絅斎「神代記垂加翁講義」）。『神代巻口訣』における「天神の霊」という注釈が排除されたわけではなく、すでに『倭姫命世記』のところで指摘したが、朱子学で「理」が人間に内在すると説明されたのと同じように、「一」なる神が心に宿ると闇斎は考えていたから、むしろそれを前提に「心神」を理解していたと考えてよい。

天とも繋がっている神霊が出現して、それが自分に語りかけたということ、すなわち自分に内在する霊＝神的なものと向かいあうことができるということに闇斎にとっての重要な意味があった。国土を平定したというおごり高ぶるオオアナムチの一方の「心」を諫めるために、天と一体である根源的な「心」が出現し、そこで「自問自答」が行われ、それによってオオアナムチは善に戻ることができたという解釈である。たんに「心」に神霊が宿るというだけでなく、そこにはすぐれて道徳的な機能が働くことに闇斎は着目したのである。

一方、「心祓」とは、「身」に対する「心」の祓《はら》えのことである。現在の宗教学では、ハラへ（祓）はミソギ（禊）とともにケガレ（穢）を取り除く儀礼のこととされ、ミソギには水を、ハラへには祓《はらえ》幣《ぬさ》（祓麻）を用いるという違いはあるが、一般的にはケガレは身体に付着すると考えられたから、身体を対象としたものと説明されている。

ところが、『神代巻口訣』には「祓而為内外清浄、身祓者水、心祓者火」という記述が注釈として書かれていた。闇斎はこれに大きな示唆を受けたらしく、一般にハラへとされてきたものは「身の祓」であり「外清浄」であるとし、自分の心の「悪念妄想のケガレ」を祓い捨てるのが「心の祓」、「内清浄」にほかならないと主張する（同前）。そのためには「風」によってケガレを吹き払うのだと言う。

闇斎は、陰陽論をここに導入して、肉体は陰であるから「水」という陰のものを用い、心は陽であるから「火」という陽のものを用いるが、この両者がそろって本来のハラへとなるのだと説く。ただし「身の悪」を祓い清めることによって、心も自然と清らかになるとも述べていたから、『神代巻口訣』のように二つのハラへがあるとするのではなく、実際の行為としては身体を清めるハラへだけでよいと考えていたようである。闇斎がそう考えた理由は、このハラへの起源とも言うべきスサノヲに対する理解にあった。

スサノヲの位置づけ

スサノヲは、現在の記紀研究から見ても高天原神話と出雲神話を結びつける役割を果たす重要な神であるが、闇斎もまたその役割に強い関心を向けていた。

高天原でアマテラスと様々な場面で対立したスサノヲは、その罪をあがなうために髪や爪を抜かれて高天原から追放される。その後スサノヲは出雲に赴き、その地を平定し、妻子を得る。スサノヲの娘を妻に迎えるのが前述のオオアナムチで、そうした経緯を含めて、いわゆる出雲神話が展開されている。

スサノヲとオオアナムチは義理の親子関係となるが、闇斎は両者に同じような「変化」を見出している。オオアナムチがみずからの「心神」との対話によって悪から善へと変わったように、スサノヲは、罪をあがない高天原を追放されたことによって、悪から善へと変わることができたと解釈するのである。

『神代巻口訣』は、髪が抜かれたことを「火の祓」、爪を抜かれたことを「水の祓」と注釈していたが、先に述べたように闇斎はそうした区別を重視せず、高天原追放までがハラへと解釈する。闇斎はスサノヲのことをまったくの悪神とは考えておらず――アマテラスが完全無欠であるのに対して、スサノヲには不完全なところがあることは認めているが――、アマテラスとのウケヒに勝利したことで、思わず慢心が生じ、悪行を働いたと理解していた。この点はオオアナムチの慢心と同じような位置づけであった。

もっとも、こうした解釈に関しては、闇斎以前の中世・近世神道における諸注釈との関係から細々とした相違もあり、それらのことはすでに先行研究によって指摘されているのだが、ここでは闇斎がハラへを悪から善へと変わるための重要な契機として捉えていたことを確認するにとどめたい。この時期の闇斎はハラへ、ことに「心祓」について大きな関心を向けているのだが、まだ「心神」の問題まで含めて構想するには至っていない。

こうした大きな構想を確実な形にするためには、『中臣祓』について、伊勢神道系と吉田神道系双方の知識、とりわけ口伝・秘伝として閉鎖的に伝承されてきた知識や技術が必要とされるのだが、それについては章を改めて述べることにしたい。

第七章　「神道」という土着化の達成

1　『中臣祓《なかとみのはらえ》』をめぐる考証

吉川惟足との出会い

寛文五年（一六六五）に闇斎は保科正之《まさゆき》（一六一一～七三）に謁見する。その前年の九月、『神代巻口訣《くけつ》』を出版していたが、それに先立つ晩春の頃、正之の家臣である服部安休《あんきゅう》（一六一九～八一）と「太極」の理解をめぐって論争をしたことから神道に関心を持つようになったという話が残されている（「会津干城伝」）。

このことはすでに第六章でもふれたが、もう少し詳しく説明しておこう。服部安休は林羅山に朱子学を学び、会津・保科家に仕官した後、主君の正之ともども吉川惟足《これたり》（一六一六～九五）に神道を学んでいた。闇斎とも交流は深く、正之が亡くなる直前に服部が編纂した『会津神社志』には闇斎の序文がつけられていたほどである。正之が吉川惟足から神道を学びはじめたのは寛文元年（一六六一）の

吉川惟足（『秀雅百人一首』より）

ことであるから、服部が吉川惟足から教えられた知識を用いて闇斎を論破したということも十分に考えられるのだが、すでに述べてきた闇斎の事績から分かるように、闇斎がこれを契機に初めて神道に関心を抱いたわけではない。会津・保科家と関わりを持ったことによって闇斎が新たに知り得た知識が、それまでの伊勢神道系ではなく、吉川惟足が継承してきた吉田神道系のものであった点に重要な意味があったと考えるべきである。

ただし、これまでも繰り返し述べてきたように、正之に仕えるようになった当初の闇斎の活動は『玉山講義』などといった編纂事業を補佐することであり、この時期の闇斎自身の業績を見ても、『四書集註』や『洪範全書』を出版するなど、そのほとんどが儒教に関わることであった。儒教から神道に「転向」するようなことは、保科正之は望んでおらず、また闇斎自身もそのような考えはまったく持っていなかったのである。

明暦三年（一六五七）、四〇歳の時に初めて伊勢を訪れてから、およそ一二年が経過した寛文九年（一六六九）九月に闇斎は伊勢神宮に赴き、大宮司大中臣精長《おおなかとみきよなが》（河辺精長、一六〇二～八八）から『中臣祓』の伝授を受けた。『倭姫命世記』を通じて親しくなった度会延佳《のぶよし》（出口延佳、一六一五～九〇）の紹介だと伝えられているが、長いこと関心を持ち続けてきた伊勢系の神道について、闇斎が「秘伝」とされる知識を得ることに成功した瞬間であった。

大中臣精長は、長きにわたって大宮司の職にあったという経歴の持ち主であるが、その間に全国に多く点在していた内外両宮の摂社の復興に努めたことでよく知られている。この精長から、闇斎は『中臣祓』の本文とそれに関する口伝が授けられた。そのほかに度会延佳からは『祓具図説』といった儀式に関わる秘事を記した書物も贈られている。

興味深いのは、闇斎は京都から伊勢を経て江戸に行くのだが、その閏一〇月に服部安休を介して、吉川惟足からも『中臣祓』を入手していることである。ただし、この吉田神道系の『中臣祓』については、二年後の寛文一一年冬に吉川惟足から吉田神道に関する伝授を受けた際に説明を受けたとされているので、すぐに闇斎の研究に反映されたわけではなかったようである。闇斎のことであるから、本文の校合を慎重に行うなど、実証的な研究を進めていたものと思われる。

これらの経緯については谷省吾『垂加神道の成立と展開』のなかで詳しく考証されているが、重要なのはこうした『中臣祓』に関する資料蒐集を闇斎が主体的に行っていたという点にある。もちろん、時代の流れのなかで闇斎のもとに神道関係に資料が集まるようになったという偶然の要因もあったには違いないが、『神代巻口訣』の校訂作業によって触発されたハラへに対する関心から、闇斎が意識的に資料蒐集に勉めた結果だと考えてよいだろう。

『中臣祓』の比較研究

伊勢系と吉田系の『中臣祓』を入手して、ただちに闇斎はそれらの研究に着手したと思われるが、その成果がきちんとした形になるにはさらに時間を必要とした。

『中臣祓』に関する闇斎の著作は二つあり、一つは闇斎の主著に数えられている『中臣祓風水草《ふうすいそう》』で、これは一応の完成をみたものであったが、写本としてしか伝えられていない。現存する写本のなかでは、臨終の際に正親町公通《おおぎまちきんみち》（一六五三～一七三三）に授けられた自筆本がさらに書写されて流布したと考えられるものが多いが、それとは別に清書本が出雲路信直《いづもじのぶなお》（一六五〇～一七〇三）に託され、これは後日の出版を期待したものだったという話であった。ただし、両方ともに現在のところ所在不明となっていて、今後の調査に期待するしかない。

もう一つは『垂加中訓』と題する未定稿の書物で、本文は大中臣精長から伝授された伊勢系のものであり、そこに吉川惟足から得た吉田系の記事が欄外に書き込まれたものであるという（谷省吾『垂加神道の成立と展開』）。先に触れたように、寛文一一年に吉川惟足から『中臣祓』に関する口伝を伝授されたのち、伊勢系のものと吉田系のものとを比較検討するためにまとめられたものだとされている。

このように『垂加中訓』と『中臣祓風水草』には、『中臣祓』の口伝を伝授された寛文一一年頃から、天和二年に六五歳で亡くなるまでの、晩年のほぼ一〇年間にわたる闇斎の歩みが刻まれている。儒教に関わる活動を除けば、闇斎の晩年は『中臣祓』との格闘に多くの時間が費やされたと言えよう。

『中臣祓』は、「大祓詞《おおはらえことば》」とも呼ばれ、毎年六月と一二月の末日に行われる「大祓」に使用される祝詞であるから、ハラへとはいかなるものであるか、どのようにそれを行うかという問題を考えるためには必須の材料である。それゆえ、中世において多くの流派に分かれて伝承されてきた『中臣祓』をめぐる解釈を元の姿に復元するという試み――現在の研究からすれば、いくつかの神社を中心にそれぞれ独自に発展してきたものということになるだろうが、ここでは一つの起源から分裂してきたという闇斎の理解に従った形で記述しておく――は当然中心的な関心事であったが、闇斎において、それは「中」という言葉の意義を解明することに重点が置かれていた。

「大祓」は、天津罪《あまつつみ》・国津罪《くにつつみ》というケガレを国土から吹き払うための儀式であったから、当然社会全体に関わる意味での「中」が問題とされる。「ナカトミ（中臣）」の「ナカ」とか「アメノミナカヌシ（天御中主尊）」の「ナカ」といった日本語の「ナカ」に関わることなどから連想される問題である。ただし闇斎はそれだけでなく、一人の人間のケガレ、とりわけ心のケガレを取り除くことも同時に問題としていた。こちらはケガレということをとりあえず措いて、それが人間の心に関することだと考えれば、「中庸」とか「中和」といった朱子学の基本的概念とも関わる問題である。

ハラへの理解

ハラへが人間の心のケガレを祓うという考えは『神代巻口訣』の「内清浄」という言葉に見ることができるし、吉川惟足も「心の内を祓を大陽と云、身の汚を祓を大陰祓と云」（『神代巻惟足抄』）と述べているから、伊勢系・吉田系を問わず、すでに神道の教義において主張されていて、闇斎が初めて言いだしたわけではない。また朱子学でも、礼や静坐などを実践する際に外面的な「整斉厳粛」が獲得できれば、心も統一することができると説いていた。こうした儒教と神道の類似性について、惟足は「儒道にも内外一致に敬めり」（同前）と、ハラへの効能が朱子学で重視する「敬」の修養と同じことだと主張していた。

闇斎のハラへ理解に惟足の議論が影響したことは確かであるが、闇斎は惟足ほど単純な「神儒一致」に止まっていたわけではなかった。闇斎はより根源的なところで朱子学と神道との同一性を認めようとしていたと思われる。たしかに、この時期の闇斎は『中和集説』といった朱子学の「中」に関する問題を扱った書籍を著したり、『易』などについても研鑽を深めていたから、神道の教義からヒントを得て儒教の見直しを進めたと考えることもできるのだが、儒教のテキストに関する闇斎の取り組みには、神道とは別に、朱子学の理論と実践に関する独自の展開があり、このことは次章で詳しく扱うが、儒教と神道とを軽々しく混同したくないという強い意志をそこに確認することができる。

日本の「古伝承」に見える原理

闇斎はハラへと「敬」の実践とが関わることを「土金《どきん》之伝」ということから説明しようとした。「土金」という言葉は、「水・火・木・金・土」という陰陽五行説に基づく。もちろん、神道の教義に陰陽五行説を使用することは中世神道から始まっていたから、伊勢系にも吉田系にも同じような議論が見える。

闇斎の陰陽五行説の利用を「牽強付会」と決めつけるのは近世中期の本居宣長（一七三〇～一八〇一）あたりからで、伊藤仁斎（一六二七～一七〇五）や荻生徂徠（一六六六～一七二八）といった人々によって朱子学の理気論が厳しく批判されたことと連動しながら、闇斎の主張を否定的に捉える評価が定着してゆくことになる。現在でも闇斎の議論を中世神道の残滓《ざんし》を受け継いだものとする見解は根強いが、日本の「古伝承」に陰陽五行説と同一の「原理的な展開」が認められるのは、闇斎にとって、まさしくこの世界が一つの起源に基づくことを証明するものであった。

それゆえ、日本の「古伝承」を理気論や陰陽五行説によって説明可能であることは、闇斎においては儒教思想の応用などではなく、むしろ世界が、またそこに暮らす人間が同一の原理に基づいて活動していることの明証となっていた。現在からの評価はともかく、闇斎自身の認識がこのようであったことに注意をして、闇斎の議論を読み解いてゆく必要がある。

闇斎は、日本の「古伝承」のなかに、朱熹が真理として提示した宇宙論をいくつも「発見」する。たとえば、「理一万殊《りいつばんしゅ》」という原理は、八百万《やおよろず》とされる日本の神々が、じつは一つのカミの多様な顕現であることを示すものとして理解される。そればかりでなく、「一」なる太極が陰陽・五行を経て万物へと変転するといった万物生成の動きは、神代巻の「天神七代」の誕生、すなわちクニノトコタチ（国常立尊）が最初の「一」なる神で、続くクニノサヅチ（国狭槌尊）からオモダル（面足尊）・カシコネ（惶根尊）までが五行に相当する神、イザナキ・イザナミが陰陽に相当する神として解釈された。

ちなみに「天神七代」は、『日本書紀』の記述では「神代七世」とされていたが、中世の伊勢神道においては「天神七代・地神五代」という表現が成立していた。「地神五代」とは、アマテラスと、そこから神武天皇の一代前までに至る四代の神々のことで、「天孫降臨」を具体的に示す系譜であり、こちらも闇斎にとっては重要な意味を持っていたが、それについてはあとで述べることにしたい。

神々の分類と統合

闇斎は、これらの神々を造化《ぞうか》・気化《きか》・身化《しんか》・心化《しんか》の四種類に分ける。『中臣祓風水草』などによると、これは「四化之伝」と命名された分類方法で、「天神七代」は造化、「地神五代」は身化であるが、「天神七代」のうちでもイザナキ・イザナミは造化と気化を兼ねるとか、造化は形を持たないが、気化と身化は形を具有しているとか、その説明はかなり複雑なものとなっている。その理由は、現在からみれば、もともと古代日本において異なる要請から断片的に語られてきた神話の神々を、そうした複雑な過程を考慮せずに、つじつまを合わせようとしたからだということになるが、そこに闇斎なりの創意と工夫があった。

とりわけ、心化という概念は、闇斎独自の概念であり、父母に相当する二神からではなく、一つの神から生じ、しかもその心を祀《まつ》る神を指すと説明されている。アマテラスやスサノヲはイザナキがケガレを祓うところから生じた神であるから、心化を代表する神とされる。このように「四化之伝」には、八百万すべてとまではいかないにしても、『日本書紀』などに登場する様々な神々をなんとか「合理」的に分類・整理しようとした闇斎の姿勢を見ることができる。

闇斎は、こうして一度分類した神々を、「幽契《ゆうけい》」という概念によって再び統合しようとする。「幽契」という言葉は、『古語拾遺』を経て「神道五部書」に流れ込んだものと考えられているが、『古語拾遺』ではアマテラスとサルタヒコについて、また「神道五部書」では内宮と外宮の祭神についてのみ「幽契」が成立すると説明されていた。それに対して闇斎は、こうした特定の神々に限定されていた「幽契」という概念を再定義し、別々の神ではあるものの、その「徳義」が一つである場合のことを指すと解釈した（浅見絅斎『神代巻講義』）。

「理一万殊」的な一神が様々に変転するという論理だけでなく、五行に基づく「徳義」の共通性に基づいて、闇斎は神々の統合を図っていた。クニノトコタチ（国常立尊）はアメノミナカヌシ（天御中主尊）と同一視され、これは根源的な「一」なる神であるから、「徳義」に基づく「幽契」とは言えないが、これによって「古伝承」、すなわち神代巻における様々な場面で「ナカ」に関わる議論を展開することが可能になった。

こうした「幽契」に関しては、サルタヒコとクニノトコタチ、すなわちアメノミナカヌシとの「幽契」が最も重視された。これは、サルタヒコ自身が、神代巻でクニノトコタチの別名とされたクニノソコタチ（国底立尊）と名乗ったという五部書の一つ、『御鎮座伝記』の記事をもとに主張されたものである。サルタヒコがクニノソコタチ、クニノソコタチがクニノトコタチ、クニノトコタチがアメノミナカヌシと、まるで連想ゲームのように繋がって、闇斎はアメノミナカヌシとサルタヒコとの「幽契」を主張するが、そこには五行の「土」という徳義が関わっていると考えたのである。

この「幽契」を前提に、闇斎は、すでに『古語拾遺』で説かれていたアマテラスとサルタヒコについても、サルタヒコが天孫の道案内を終えた後、五十鈴《いすず》川上流に戻ったという記述から、サルタヒコが「土」の徳を持ち、鈴が「金」で、川が「水」であるところから、「土」から「金」を生じ、「金」から「水」が生ずる「土金之伝」という「幽契」が確認できると説く（同前）。

かくして闇斎において、アメノミナカヌシ・アマテラス・サルタヒコは、別々の神でありながら、その徳義はすべて同一のものと認定されることになった。

「土金之伝」の主張

アメノミナカヌシの「ナカ（中）」は、一般には神々の国たる高天原《たかまがはら》の中央という意味だと解釈されているが、闇斎は君臣の仲という意味での「ナカ」だとする。ついでに言えば「ナカトミ（中臣）」の「ナカ」も神と人の中間という意味での「ナカ」だとするのが一般的であるが、闇斎はこれもアメノミナカヌシの「ナカ」と同義だとする。君が上にあって臣下を治め、臣下は下にあって君に仕えるというように、君臣が一つになって「中（ナカ）」という徳義＝道を守る、これこそが「中臣祓《なかとみのはらえ》」の意味するところだと定義づける（『中臣祓風水草』）。

ただし、この定義の論理はともかく、具体的な神との照応は分かりにくい。『中臣祓』そのものは、アマテラスの「天孫降臨」の勅命から始まり、それに逆らってまつろわぬ神――闇斎はオオアナムチがその代表と解釈する――の平定、あるいはハラへの原型とも言えるスサノヲの悪行とその追放に言及しているから、サルタヒコ以外の神々についてはおおよそ理解できる。

問題はサルタヒコで、この神への理解こそが闇斎の神道論の中核をなしていると言えるほど重要であるにもかかわらず、『中臣祓』から直接サルタヒコのことを導きだすのは難しい。

先にサルタヒコの「土徳」ということに触れたが、「土（つち）」は「敬（つつしみ）」に通じる――土が金気によって堅くしまる――というのが闇斎の解釈であり、ここからアメノミナカヌシとの「幽契」へと議論を進めていた。これをたんなる語呂合わせだと冷笑することはたやすい。事実、近世中期あたりからそうした批判が始まり、近代になると非合理的な解釈の典型として闇斎の神道説は否定されることになる。

しかし、闇斎の神道説の特徴は、原理的な理解では朱子学の理論が用いられているが、神代巻や祝詞の語句の解釈では徹底して日本語で意味を読み取ろうとした点にある。そこに宇宙生成の原理は同一でも、それが現象として表出した様々な場面ではそれぞれに異なっていたという、闇斎の思想の最も根柢にある確信を認めることができる。

サルタヒコと「ひもろぎ」　サルタヒコについて、闇斎は「日守木」あるいは「日護木」ということも説く。これは「ひもろぎ（神籬）」、もともと神の降り下る場所という意味だとされているが、庭や部屋に神の宿るところとして立てられた常磐木《ときわぎ》のことだとするのが、現代の解釈である。これに対して闇斎は、「日継（ひつぎ）」の君たる天孫を「まもる」ことだと解釈する。そして、「天孫降臨」に際して、突如現れて、先導の役目を果たしたサルタヒコこそ、この「ひもろぎ」という道義を実践した神として称えらねばならないと言うのである。

闇斎門人で、その後継者を自認した正親町公通は、闇斎からの直伝として、「神籬磐境極秘伝」によって「臣道」を明らかにしてきたのが神道の根本的な意味だと主張する（『持授抄』）。「磐境（いわくら）」は、神の降り立つ場所を指すというのが現在の解釈であるが、闇斎は「中」の意で、君臣あいともに守るべき道を示したものだと解釈している。ここから皇孫たる天皇を守り奉仕することが垂加神道の中心命題だという見解がいままで根強く主張されてきた。

しかし、サルタヒコについて言えば、闇斎は伊勢の御師《おし》の口伝をもとに庚申《こうしん》信仰との関連を指摘したり（『庚申考』）、そこからさらに六月の「大祓」、すなわち「夏越《なごし》の祓」の重要性にも関心を向けている。

『中臣祓』が国土のケガレ、社会全般におけるケガレを祓うことから、個々の人間のケガレ、それも身と心のケガレを祓うことへと「発展」した背景には、中世神道における民間信仰、民間行事への習俗化が大きな要因として働いていた。そうだとすると、闇斎は『中臣祓』が示している原理が古代中国の儒教テキストと同一であることに留意しつつ、それが日本において具体的な形をとって表出されてきたところにも十分な注意を払っていたということになる。

闇斎にとって重要だったのは、そうした具体的な様相を正しく理解することであり、それを単純な精神論へと還元することではなかったと考えるべきであろう。

2 垂加霊社の建立

吉田神道の秘伝の伝授

『中臣祓』およびサルタヒコに関する研究は最後まで継続されていたが、その間闇斎は保科正之とともに吉川惟足(一六一六〜九五)から吉田神道を学び、ついに寛文一一年(一六七一)一一月二一日「垂加霊社」の号を授けられた。正之はこのときすでに完全に失明していて、家督も正経に譲って隠居生活に入っていたが、学問への意欲は相変わらず旺盛で、闇斎から儒教に関する講義を受けるほか、惟足門下となっていた服部安休から『日本書紀』神代巻の講義も受けている。

こうしたなか、まず最初に正之が一一月一七日に惟足から「土津《はにつ》霊社」の号と「四重奥義」と呼ばれる吉田神道の秘伝を授けられた。数日遅れて闇斎も「垂加霊社」の号を授けられたが、秘伝の奥義は授けられなかった。ただ『家譜』には、この年の冬に惟足から「吉田神道の伝を聞く」と書かれており、正之が「四重奥義」を受けている時、次の間に控えて間接的な形で伝授を受けたことを意味すると、闇斎の一部の門人たちによって伝承されてきた。先に取り上げた『中臣祓』に関する口伝もこのときに聞いたものと推測されている（谷省吾『垂加神道の成立と展開』）。

この時期を一つの契機として、そこから最晩年にかけて闇斎の神道書に関する研究はさらに進み、やがて『中臣祓風水草』と『神代巻風葉集《ふうようしゅう》』という代表的な著作へと結実するのである。この両著には当時入手可能であった多くの神道関連書が引用されているが、そのほかに伊勢系・吉田系の口伝《くでん》も多数指摘されていた。本文の校合もさりながら、そこに見える語句などについて関連する神道書をいくつも引用し、さらに自分自身の見解を述べるという儒教テキストで培った「実証的」な手法が基本となっていたが、「これについては口伝がある」とだけ指摘している点は神道の形式にならった注釈と言えよう。

秘伝に対する闇斎の態度

秘伝あるいは口伝というものを闇斎はどう考えていたのだろうか。この問題についてはすでにいろいろと指摘されているが（谷省吾『垂加神道の成立と展開』など）、それらをもとに簡単にまとめておきたい。

神道に限らず、当時多くの諸道・諸芸で秘伝・口伝が行われていた。『中臣祓』に関する「四重奥義」の口伝も、吉田兼倶《かねとも》あたりまで遡る吉田家の血脈相承・唯授一人の秘伝とされていたが、非血縁者である吉川惟足が吉田兼従《かねより》（萩原兼従、一五八八〜一六六〇）から授けられたものであった（平重道『吉川神道の基礎的研究』）。従来の慣習では、吉川惟足が次の吉田家当主に「返伝授《かえしでんじゅ》」をすれば秘伝の継承は存続することになるのだが、惟足はそうしなかった。まず保科正之へと伝授したうえで、さらに間接的に闇斎にも伝授した。惟足は翌寛文一二年（一六七二）に京都に赴き、吉田兼敬《かねゆき》（一六五三〜一七三二）にこの「返伝授」を行ったが、三重の伝授までで終わったと伝えられている。

血脈相承はすでに兼従と吉川惟足とによって破られていたが、唯授一人という、「秘伝」の存在意義がそこにおいて成立するような慣習までが破られたのは、吉川惟足の決断によってである。ただし、そこには保科正之と闇斎、さらには正之の家臣であった友松氏興《うじおき》（一六二二〜八七）・服部安休（一六一九〜八一）を交えた話し合いがあり、さらには闇斎がその話し合いを主導したとする説もある。こうしたことから、闇斎はいわゆる秘伝、すなわち血脈相承・唯授一人といった形で秘密裏に伝承することには批判的であったと考えられている。

闇斎に限らず、吉川惟足や保科正之などもそう考えていたとすれば、闇斎独自の理解というよりも、新しい時代の変化に適応した考え方であったと言うべきかもしれない。近世になっても文芸や芸能の世界ではまだまだ秘伝ということも行われていたのだが、神道が比較的早く多くの人々に資料が公開されて一般化する背景には、闇斎をはじめとする先駆者たちの決断があったことをもう少し評価してもよいと思われる。

口伝の重視

闇斎は秘伝化には批判的であったが、口伝という形式、すなわち口伝えによる重要な事項の継承は重んじていた。

闇斎は、『日本書紀』や『中臣祓』などに見られる神勅に関して、文字による記述が存在したと信じていたようである。いわゆる「神代文字」に類するものによってそれらが伝承されてきたと想定していたが、同時に闇斎はすでに古代において異説が生じていたことも確信していた。闇斎が『日本書紀』の編者である舎人親王を深く尊敬するのは、そうした異説を細大漏らさずに記録しようとした姿勢を高く評価したからである。

だが、それにしても文字による伝承は中国に比して日本は少なく、全貌を明らかにするためには口伝に依存するしかない。それゆえ闇斎は伊勢・吉田、さらには忌部といった神道各派の口伝を精力的に収集しようとしたのである。闇斎の神道論が、近世の幕開けを示すと同時に中世の集大成と指摘されるのもここに要因がある（高島元洋『山崎闇斎』）。

こうした方針を取ったがゆえに、いかがわしい口伝までも持ち込み、それらを教義の根幹に据えために、のちになると闇斎の議論に対して「牽強付会」という非難が浴びせかけられることになる。たとえば忌部《いんべ》神道で秘伝とされた「八箇祝詞」がよい例であり、忌部宿禰色布知《しこふち》なる人物に仮託されたが、これが偽作であることは現在では明白になっている。闇斎も懸命に整理に努めてはいるものの、あらゆるものを取り込んでしまったために、その広がりを収めきれず、議論が拡散している観は否めない。

闇斎自身も門人たちに口伝を授けていた。当時の慣習に従って、門人の力量に応じた伝授を行っていたようであり、唯授一人といった形式は取らず、いく人かの門人に同じ伝授を授けているし、また一人に対しても、その知識や技量の進捗状況に合わせてだと思われるが、何段階かに分けて伝授したことが門人たちの記録や発言によって確認される。

出雲路信直（一六五〇～一七〇三）が玉木正英《まさひで》（一六七一～一七三六）に語った話では、闇斎は初めに一通り言い聞かせたあと、しばらく時間が経過してから、「さきにこう述べたが、その上さらに大事なことがある」と言って伝授したという（『神代巻講義』に見える玉木正英の附記）。口述ではあったが、聞いたことを書き取らせたと言うから、口述筆記のような形式であったかもしれない。

やがて、こうした口伝が門人たちによって、それぞれに整理されたり、さらに伝授されることによって広まり、神道における秘伝は秘伝ではなくなってゆく。闇斎自身が「秘伝」という言葉を使用することもあったが、これが中世神道におけるような血脈相承・唯授一人といった秘密裏の伝授を意味していなかったことは明らかで、いままでほとんど気がつかれずに見過ごされていた重要な教え、すなわち結果的に秘伝化されざるをえなかったものという意味であった。

そして、この意味での「秘伝」は、朱子学における『易』や『洪範』の解釈、さらには「智蔵《ちぞう》」説などにも闇斎によって適用されている。これらの儒教の問題については次章で扱うが、儒教のような口伝ではなく文字による伝承の形式においても「秘伝」は存在すると闇斎が考えていたこと、つまり闇斎にとって「秘伝」が普遍的な現象であったことにもっと注意を払うべきであろう。闇斎における儒教と神道の問題は、まさしくこの双方の「秘伝」を解明し、その連環（リンケージ）をいかに確実なものとするかという理論的な取り組みにあったと思われる。

「垂加」という霊社号

寛文一一年（一六七一）一一月に授けられた「垂加」の霊社号が、明暦元年（一六五五）に書かれた「伊勢太神宮儀式序」の「ああ、神《かみ》の垂《しで》は祈禱《いのり》をもって先となし、冥《くらき》の加《ま》すは正直《ますぐ》をもって本となす（嗚呼神垂以祈禱為先、冥加以正直為本）」という一文と深く関わり、さらにそれが『倭姫命世記《やまとひめのみことせぎ》』からの引用であったことはすでに述べておいたところだが、これが伊勢系の神道に由来する言葉であることにまず注意をしておきたい。

一方、霊社号の授与という形式は吉田神道における神事の一つである。吉川惟足（一六一六〜九五）は霊社号を吉田家代々の「伝統」と語っていたようであるが、霊社号を持つ、あるいは霊社号を与えるという行為は、実際には惟足の師である吉田兼従（萩原兼従、一五八八〜一六六〇）あたりから始まったと推測されている。しかも吉田神道には「神道五部書」に関する伝承はほとんどなく、したがって吉川惟足の秘伝にも『倭姫命世記』などに関わるものは見出せないという（平重道『吉川神道の基礎的研究』および谷省吾『垂加神道の成立と展開』）。

「垂加（しでます／すいか）」という名号は、たしかに吉川惟足が与えたものではあるが、そこに闇斎自身の意志、すなわち伊勢系と吉田系とを統合するという強い決意を窺うことができるだろう。「垂加」という言葉の内容も重要であるが、「垂加」という霊社号を創ることによって、異なる系譜として伝承されてきた神道が「始原にたち返って一つとなった」ことを世間に広く示すことにも大きな意義があったのである。

垂加社の創建

垂加社は、現在京都の下御霊神社の末社である猿田彦《さるたひこ》神社の相殿となっているが、それが闇斎の生前に創建され、紆余曲折を経て現在の形に落ち着いた経緯については、下御霊神社の神主であった出雲路信直が門人の玉木正英に語った話のなかで詳しく記されている（玉木正英『玉籤集』）。生前に霊社号を受けることは、霊社号の授与が行われるようになったこともあって、いくらかの事例が確認できるが、その「神霊」を生前から祭祀することは当時にあってもきわめて稀な出来事であった。

闇斎との関連で言えば、保科正之が「土津霊社」の号を授けられてから「生祀」の創建を計画していたと伝えられている。正之は霊号を授与されてから一年ほどで亡くなってしまったため、「生祀」が実行されることはなかったが、「生祀」建立の計画は闇斎を交えながら進められていたとされるので、そこには闇斎の考えが強く反映されていたものと推測される。

保科正之とほぼ同じ頃に、闇斎も自分の霊社を自宅に建立したようである。闇斎が霊社として着座し、祭主は出雲路信直であった。その後、延宝二年（一六七四）二月二二日に下御霊神社の本殿の脇に遷座したが、この時も闇斎は着座していて、出雲路信直が祭主を務めたという。しかし、何らかの事情により、霊社は闇斎が亡くなる一年ほど前に再び自宅に戻される。玉木正英の『玉籤集《ぎょくせんしゅう》』には、京都奉行所や吉田家からのクレームではなく、別の理由によると書かれているが、それが何であったかについてはなにも語っていない。クレームが理由ではないとわざわざ断っているところが、推測をたくましくすると、かえって真実を示しているように思われる。

そして、闇斎が天和二年（一六八二）九月一六日に亡くなると、ただちにまた下御霊神社に移されて現在に至っている。下御霊神社では、闇斎の祭祀を、亡くなった九月一六日ではなく、最初に神社に鎮座された二月二二日に行っている。『玉籤集』には、正月二二日の「鏡開き」、二月二二日の「祭日」、一一月二二日の「火焼神事」を挙げ、質素を旨とした闇斎の意向を汲んで「ご飯、田作二尾、焼き塩、御神酒」を献げていると書かれている。

下御霊神社
（京都市中京区寺町通丸太町下ル下御霊前町）

垂加社（下御霊神社境内）

「火焼神事」は、前章で紹介した「火焚祭」のことであろうが、闇斎が自宅で行っていたと伝えられているから、おそらく闇斎没後に下御霊神社で行われることになったか、あるいは闇斎に関連するものとは別に行われていた神社固有の行事が適用されるようになったのであろう。「火焼神事」が闇斎没後に行われた神事であるとすれば、『玉籤集』に見える神事で献げられた供物も、闇斎没後に実践されていたものであったと思われる。残念なことに、闇斎生前の儀式について、その詳細を記した資料は残されていない。

「生祀」という問題

「生祀」という形式は、垂加神道における最大の問題であったと思われる。先に紹介した霊社が再び闇斎の自宅に戻された理由に関して、死者ではなく生きた人間を祀ることへの違和感が京都奉行所の調査の根柢にあったのではないかという推測も古くから指摘されている。垂加神道の門人のなかでも、霊社号を受けるだけでなく、「生祀」までも行ったという事例は、『垂加文集』を編纂した跡部良顕《よしあきら》（光海霊社）と松山で阿沼美《あぬみ》神社の宮司を務めた大山為起《ためおき》（葦水霊社）ぐらいしかなく、それが非常に限られた継承であったことには注意を要する。

大山為起（一六五八〜一七二九）は伏見稲荷社の神官松本為穀の子であったが、一時養子に出されて大山姓となり、その後実家に戻って家業を継ぐ際に闇斎のもとで神道を学んだ人物である。延宝八年（一六八〇）に入門したというから晩年の弟子であるが、闇斎の臨終を看取った門人の一人であった。為起が葦水霊社を立てたのは松山に招かれていた時期とされるので、闇斎没後しばらくしてのことだったと思われる。跡部良顕（一六五八〜一七二九）についてはすでに紹介したが、闇斎の直接の門人ではなく、正親町公通から神道を伝授されていたが、そこに「生祀」までのことが含まれていたかは、よく分からない。正親町公通が「生祀」を実践したという話は残っていないので、おそらく良顕個人の考えによるものと推測される。

為起と良顕の二人がなぜ「生祀」という形式を継承したのか、その理由ははっきりしていないが、二人が特殊な存在だと思われるほどに、多くの門人たちは「生祀」の問題を無視するかのごとく口をつぐんでいる。闇斎の学統では、儒教に限らず、神道においても師説を忠実に守っていたとされているが、この「生祀」の問題に関してはそうではなかった。このことから、神道の継承がいくら「伝授」によるもので、一般には知らしめないものであるとしても、闇斎の神道思想のもっとも根幹に位置しているなにかがすっぽりと抜け落ちているようにも見える。

「生祀」の起源

闇斎が「生祀」の起源としていたのは、前章の『神代巻口訣』に関する箇所で触れたオオアナムチの事例である。これは『日本書紀』神代巻の一書に見える記述で、ここではオオアナムチが自分の「幸魂奇魂《さちみたまくしみたま》」と対面したうえで問答を行い、さらにそれを大和の三《み》諸《むろ》山（三輪山）に祀ったと書かれていた。

現在の研究では、この話に出てくるオオアナムチは大神《おおみわ》神社の祭神であるが、古代豪族であった三輪氏の祖先神オオモノヌシ（大物主）が原型であり、それが国土の守護神でもあり、強力な祟り神でもあるという両面性を備えたものへと姿を変えて祭祀されるようになったと考えられている。

こうした大神神社の縁起に類する話はともかく、『日本書紀』の記述を『神代巻口訣』に従って解釈すると、霊社として祀られているのは、自分自身の「心神」である。霊社を建立し、そこに神霊を勧請した際には、闇斎は祭主とはならず、むしろ「神」としての役割を果たすために座っていたと思われるが、それ以降の祭祀においては闇斎が祭主を務めたのではないだろうか。

それをはっきりと証拠だてる資料は残っていないが、オオアナムチの事例は自分の「幸魂奇魂」をみずからが祀ったと解釈できるから、闇斎の場合も闇斎自身が祭主でなければならない。そうだとすると、オオアナムチが自分の「幸魂奇魂」と対面したように、自分の「心神」と対座し、対話することが「生祀」の本質であったように思われる。そこにはきわめて宗教的な体験、誤解を恐れずに言えば、瞑想的である以上に神秘的な体験が実現していたと考えられる。

3 闇斎における「神人一体」

「藤森弓兵政所記」と「五文字の法」

闇斎において「心神」の問題は、心を「神明之舎」とする解釈や「神人一体」説と密接に関わっていた。「神明之舎」は、心に「神明」なるものが宿るという意味であり、「神明」なるものが何かということが大きな問題になる。

闇斎は『文会筆録』（巻一八）において、『黄帝内経素問《そもん》』や『黄帝素問霊枢経《れいすいきょう》』といった古代中国の医書からの用例を書き抜いている。また『文会筆録』（巻三）では、朱熹の発言（『朱子語類』巻九八）を引いて、「神明之舎」という考えが古くから中国で伝承されていたことを強調している。闇斎がなぜ医書などを持ち出したのかについてはあとで述べることにして、ここではとりあえず「神明之舎」という表現が、闇斎が自分の神道論に取り込んだ中世神道の文献によく見られた表現であるにしても、中国でもすでに使用されていた表現であったことに注意をしておきたい。

「神人一体」説は、文字通り「神と人とが一つである」という主張であるが、その一致あるいは一体化は「心」において果たされるという点が重要であり、そのため「神人一体」説が成り立つ前提として、心を「神明之舎」とするような理解がなければならない。そして、闇斎のこうした認識は、垂加号を授けられたのと同じ年の寛文一一年（一六七一）に書かれた「藤森弓兵政所記《ふじのもりゆづえまんどころき》」と、その翌年に書かれた「会津神社志序」においてはっきりと見出すことができる。

藤森《ふじのもり》神社のことは前章でも触れておいたが、京都・伏見にある神社で、本殿にスサノヲ（素盞鳴命）や日本武尊・神功皇后・武内宿禰が祀られ、さらに応神天皇・仁徳天皇、また上賀茂神社の祭神であるカモワケイカヅチ（賀茂別雷命）も祀られている。その一方で東殿には『日本書紀』に関わりの深い天武天皇と舎人親王が祀られ、また西殿には早良《さわら》親王・伊予親王・井上《いのえ》内親王といった御霊《ごりょう》信仰に関わる人々が祀られていた。

「藤森弓兵政所記」は、同社の神官であった春原秋成《としなり》の委嘱を受けて、もともとは碑文として書かれたが、結局石碑が建立されることはなく、文章だけが残されたものである。闇斎の関心は御霊信仰を退けて舎人親王を顕彰することにあり、このことの詳細はすでに先学によって明らかにされている（近藤啓吾『続山崎闇斎の研究』）。

このとき同時に闇斎は藤森神社に伝わる秘伝、「大倭祭・安鎮祭《あんちんさい》」と「五文字の法」を得た。「大倭祭・安鎮祭」という祭事はいつしか藤森神社で伝承されなくなったために、どのようなものであったか分からないが、「五文字の法」は、闇斎が『中臣祓風水草』の最後に収録された「三種《みくさ》大祓之大事」のなかに記録していたので、おおよその内容を知ることができる。

それによると、

「五文字の法」は、聖徳太子の「二相大悟」という巻物に見える「弓兵政所」の秘伝のことである。七日間、内外を清浄にして、毎日『中臣祓』を読み、『三種大祓』を唱える。その間に不浄の心が生じたなら、これを言葉に出して祓い、七日目に封じて、その上に「神垂祈禱、冥加正直」の八字を書く。

とあり、一種の呪法であったことが分かる。

『三種大祓』とは、天津《あまつ》祓――吐普加身依美多女・とふかみえみため――、国津《くにつ》祓――寒言神尊利根陀見・かんごんしんそんりこんたけん――、蒼生《あおくさ》祓――波羅伊玉意喜餘目出玉・はらいたまいきよめいたまう――という三種の祝詞、あるいは呪言のことである。また聖徳太子の「二相大悟」については、藤森神社とは別に闇斎は会津の家臣望月新兵衛なる人物から、その家に伝わる「太子流」の兵法を聞き、その「二相大悟」という巻子に記された内容が「弓兵政所」の秘伝と同じものだという意味である（小林健三『垂加神道の研究』）。

闇斎は舎人親王が「弓兵神妙の法」を会得していたと考えていた。藤森神社にしろ、望月家伝来の兵法にしろ、秘伝である以上、そこには口伝があったが、もちろんそれらの内容に関して闇斎は何も記してはいない。闇斎は「五文字の法」を、寛文一二年（一六七二）、亡くなる二カ月ほど前の保科正之や、その家臣であり、親しい友人でもあった友松氏興などに伝授しているが、それには会津の家臣から資料を入手したことが関わっていたのかもしれない。

闇斎は「五文字の法」に関する図を残していて、兵法に関わるところから、のちのち門人のなかでは、一番上に書かれた「五つの星」は陣形であるという解釈が定着するが、闇斎は「五文字の法」を「心法」の一つと理解していた。

「会津神社志序」と「神明之舎」

『会津神社志』についても、服部安休（一六一九〜八一）が保科正之の命を受けて編纂した書物であることはすでに紹介したが、領内の神社が荒廃しているのを憂慮した正之が、友松氏興（一六二二〜八七）や服部安休らに調査をさせたことに基づいており、そこに

「五文字の法」の図
（山崎闇斎『風水草』より）

は領内にある二六八の神社が列挙されていた。それより以前、寛文六年（一六六六）に完成し、やはり闇斎が序文を書いた『会津風土記』とともに、正之がいかに領内の状況を調べ、その統治に腐心していたかをよく物語る書物であった。

もちろん、この時期になると、各地で『風土記』的な地誌が編纂されるようになっていたし、寺院だけでなく神社も含めた「宗教統制」策も行われていた。近世前期の神道に対する関心については、尾張の徳川義直や水戸の徳川光圀がよく知られているが、保科正之の『会津神社志』と神社復興についても、その政治的・文化的意義がもう少し評価をされてもよいように思われる。

それとともに、闇斎に『中臣祓』を伝授した伊勢神宮の大中臣精長（一六〇二〜八八）が全国の多くの摂社を復興させたことや、闇斎門人で下鴨神社神官の梨木祐之（一六六〇〜一七二四）が「葵祭」を再興させたことなども想起すると、全国各地で戦国時代の戦乱で途絶えていた神社や祭礼の復興が図られていたこと、それにともなって様々な神道――「俗神道」とも呼ばれる――も興隆してきたという時代状況のなかに闇斎が位置していたことが分かる。闇斎が神道関連の多くの書物や口伝を集めていたことは、個人的な動機に突き動かされてのことだったかもしれないが、そこには同時代の大きな潮流があったことを忘れてはならない。

「会津神社志序」はアメノミナカヌシ（天御中主尊）の説明から始まる。「上下大小の神」はすべてこの神から化生してきたものであることが簡潔に述べられている。すでに述べたように、闇斎はアメノミナカヌシの「ナカ」に日本の君臣関係における特別な意義を読み取っていたが、それが中国の儒教テキストに記された天地生成の原理と同一であることも重視していた。

「会津風土記序」を書いた寛文六年（一六六六）頃から「会津神社志序」を書いた寛文一二年までの間、闇斎は『易』・『書経』洪範・『中庸』といった儒教のテキストや、二程子・朱熹などのそれに関する注釈を研究していたが、その核心にあったテーマが「道統」として継承されてきた「中」という観念であった。それは理気が一つとなって宇宙が生成された瞬間であるばかりでなく、現在も刻々と移り変わる世界の背後にあってそれを支えている原理であり、そしてなによりも人間の「心」、すなわち性情として具現化するもの、それが立ちあがる瞬間、瞬間に働いている原理なのである。

少なくとも闇斎はそのように考えていたと思われるのだが、これについては儒教それ自体の文脈のなかで闇斎が取り組んだ課題でもあるので、次章で詳しく述べることにしたい。儒教と神道との関係を闇斎がどう調停していたかは、闇斎論の中心をなす問題であるが、ここでは、闇斎が個別具体的な場面において両者の差異は大きいと見なしていて、その混用を強く否定していたものの、「原理」においては同一であると捉えていたことを確認するにとどめておきたい。

「会津神社志序」のなかで闇斎は、人間の「心」が「神明之舎」であると断言するが、その論拠として「ほこら（祠）」という日本語を持ちだす。「ほこら」は「火蔵」、「ホ（の）クラ」だというのである。「心」を「火」と結びつけるのは陰陽五行論に基づく解釈で、朱熹にも「心は火に属する」という理解がある（『朱子語類』巻五など）。

では、「蔵」はどうであろうか。『中臣祓風水草』では、さらに「心之蔵、神明之舎也」とも説明されている。この闇斎の解釈は、さきに触れた『文会筆録』（巻一八）の『黄帝内経素問』や『黄帝素問霊枢経』といった古代中国の医書と結びつく。医書の用例は「神明出焉」、「神気舎心」、「心者神之舎」といった表現であり、人間の「心」に神秘な働きがあるということを述べたに過ぎないように見える。

ところが、『文会筆録』の、『大学』の「明徳」に関する朱熹の発言をまとめて考察した箇所で、闇斎は、「人之神明」（『孟子集註』尽心上）とか「心之神明」（『大学或問』）といった発言は「徳」を指したものであるが、「神明之舎」は「蔵」を指したものであると言う（『文会筆録』巻三）。「蔵」の中が「虚」であり「霊」であるところが「神明」なのであって、それが「徳」として神秘な働きをすると、さらに説明している。

「神明之舎」の解釈で古代中国の医書を持ち出したのは、一般に考えられているような古い用例を探し出すためではなく、「神明之舎」が文字通り人間の心臓だということを明確にするためであった。「心」を空虚な器と考える解釈は、医学だけでなく、朱子学にも取り入れられており、だからこそ「性情」がそのなかに存在することができると考えられていたのである。闇斎によれば、原理に関する説明は同一であり、ただ日本では心臓に宿るものを「カミ」と呼んできただけのことであった。

闇斎の「神人一体」という議論もこのことに関わっている。「神人一体」とは、神と人間とが一つになるという意味ではない。人間そのものに、もう少し言えば人間の心のなかに神が宿っているという理解であり、すでに中世神道においてそう主張されていた。とりわけ、そうした中世神道の議論を継承していた忌部正通の『神代巻口訣』や度会延佳《のぶよし》の『復陽記』といった伊勢神道系の書物では、社会全体の安寧だけでなく、一人ひとりの心の安寧も達成できるものとして祭祀を位置づけるために「神人一体」が主張されていた。神道は、祢宜・神主だけが行うものではなく、上一人（天皇）から下万民に至るまでが「毎日身に行ふ行止坐臥にある道」であると、度会延佳は主張していたが（『太神宮神道或問』）、人々が日常的に実践する祈禱などにおいて「神人一体」なる境地が獲得されるという考えがそこには認められる。

闇斎もこうした考えを継承していたが、そこに先に触れたオオアナムチの事績を読み込むのである。自身の「心神」と対話をした際、「心神」が最後に住みたいといった「三室（みむろ）山」は、大和にある三輪山のことではあるが、同時に「身室（みむろ）」、すなわち「身むくろ」だと言うのである（『神代巻講義』）。「ほこら（祠）」が「心臓」だとする解釈と共通する語釈的な理解であるが、生身の肉体に「神」の宿る場所があるという解釈によって、闇斎の「神人一体」説は成り立っていた。

先に神と人間とが一つになるという意味ではないと述べたが、たしかにシャーマニスティックな神秘体験、つまり神霊が特別な人間に憑依するということとは一線を画《かく》す必要はあるだろう。しかし内にある「心神」を外在化させて、それと向かいあうことができるとする闇斎の主張は、外から降臨するのではなく、内から外へと顕現するという意味から、逆方向の理解ではあるが、その最高潮に達する瞬間においては宗教的なトランス状態の直前にまで到達していたと言えるだろう。神は「社（やしろ）」――闇斎は「八知（やしろ）」、八方を知るという神の全能を称えた言葉だと解釈する――だけでなく、人間の身体にも同時に宿っていて、それと向かいあって祀ることが可能なゆえに神と人は一体なのだとされているからである。

闇斎の「神人一体」説は日本人としての倫理観、とくに天皇への忠誠を誓う「尊皇」思想に繋がるというのがいままでの一般的な理解である。たしかに、オオアナムチの事績は「天孫降臨」における出来事であるから、そこに天孫たる天皇への忠誠を読み取ることは当然であるし、アメノミナカヌシの「ナカ」は君臣一体の起源だと語られていたことから、闇斎が天皇を中心とする君臣関係を日本版の「忠」の原型と見なしていたことも首肯される。そこから、日本独自の君臣関係が中国の「易姓革命」のような秩序の混乱を阻止してきたという日本の道徳的優位性を、当時多くの儒学者が主張していた「歴史的事実」だけに依拠するのではなく、闇斎なりに理論化したとする評価も生じてきた。

しかし、だからといって、闇斎における「生祀」の問題をすべて神道思想の倫理化という方向で説明するだけでは不十分だと思われる。こうした理解の仕方は、「生祀」というあり方自体を無視するかのように闇斎の神道論を継承した正親町公通や梨木祐之といった門人たち、さらには儒教と神道の双方を「調和」させながら継承しようとした浅見絅斎や谷秦山といった門人たちが選択した方向性であったと思われる。それが近代の歴史観、中世から近世への歴史的変遷を宗教的なものから世俗的なものへの移行と定義づける理解と合致するがゆえに容易に受け入れられたのである。もちろん、闇斎の学統における議論の展開としては誤っていないにしても、そこからは「生祀」という形式に裏づけられた闇斎の「神人一体」説を説明することはできない。

闇斎は、「会津神社志序」のなかで、全ての「カミ（神）」がアメノミナカヌシから化生したにもかかわらず、正と邪があるのはなぜかと問いかける。そして、カミは理が気に乗じて出入するもので、気が正しければカミも正で、気が邪であればカミもまた邪であると自答する。「理が気に乗じる」という理解は朱子学に基づいており、「神」——神秘なる働きという意味だとされる——が純粋な理だけではないことに注意を喚起した朱熹の発言に基づいているが（『朱子文集』巻六二）、同時に闇斎が大きな示唆を得ていた李滉《イハン》の「理気互発論」と呼ばれる議論を想起させる。ここには「原理」——朱子学的原理——に対する闇斎の特徴的な理解が窺われるのだが、闇斎が儒教という領域でこの問題にどのように対処していたかに関わる問題でもあるので、詳しくは次章で扱うことにする。

重要なことは、こうしたカミに正邪があるゆえに、「人間は静謐《せいひつ》を保ち、始原の混沌を守り、邪穢《じゃえ》を祓い、清明を致して、正直となって祈禱を行えば、正神が幸福をもたらし、邪神は災禍を息める」と闇斎が説いていることにある。「静謐を保ち、始原の混沌を守」るという言葉は「神道五部書」に基づくが、闇斎の発言では、その行為は朱子学の「敬」の工夫、さらには「静坐」といった瞑想的な修養方法を指していた。そこで、この一文から、闇斎が、そうした儒教的な修養方法にとどまらず、さらに除祓や祈禱といった神道の呪法を実践することによってもたらされる効能を認めていたと読み取ることができる。

このうち除祓《じょばつ》については、すでに「五文字の法」について闇斎が論じたなかで、『中臣祓』や『三種大祓』をどのように用いるかを具体的に書いていたから、その内容についておおよその推測が可能であるが、祈禱について闇斎がどう考えていたのか、改めて検証する必要がある。

闇斎における祈禱

正親町公通（一六五三〜一七三三）が闇斎の重要な秘伝を記したとされる『持授抄』には、「三種神宝極秘伝《みくさのかんだから》」と「神籬磐境極秘伝《ひもろぎいわくら》」とが挙げられていた。このうち「神籬磐境極秘伝」については、サルタヒコがこの「ひもろぎ」という道義を実践し、それが日本の「臣道」の原型となったという内容をすでに紹介してきた。もう一つの「三種神宝極秘伝」は、『先代旧事本紀』にある「天璽瑞宝十種」が鏡・剣・玉のいわゆる「三種神器」であり、さらに鏡と剣は玉（神璽）であること、神がいる「タカマガハラ（高天原）」とは、人間のハラ（腹＝原）の上にある「心」のことだというもので、『旧事本紀玄義』を闇斎が踏襲していることからも分かるように伊勢神道系の伝承であった。

「三種神宝極秘伝」は、「三種神器」すべてが「心」に集約されることを説いたところと、神璽である玉の神体がアメノミナカヌシであるとしたところに特色があった。「心」を問題としていることから「心法」の一つと考えられているが、一般にはもう一つの「神籬磐境極秘伝」と同じように、皇孫たる天皇への忠誠心を説いたものと位置づけられている。闇斎が人間の「心」の志向性をその原型である事績に従って「皇孫の守護」と定義づけていたことは確かであるが、そうした「心」の働きをいかに喚起するかが、じつは大きな問題となる。気の正邪によって、心に宿る神もまた正邪に分かれるのだから、その最も初発の段階において正しくするための修養的行為が必要となるはずだが、それは「心法」以外にはありえない。

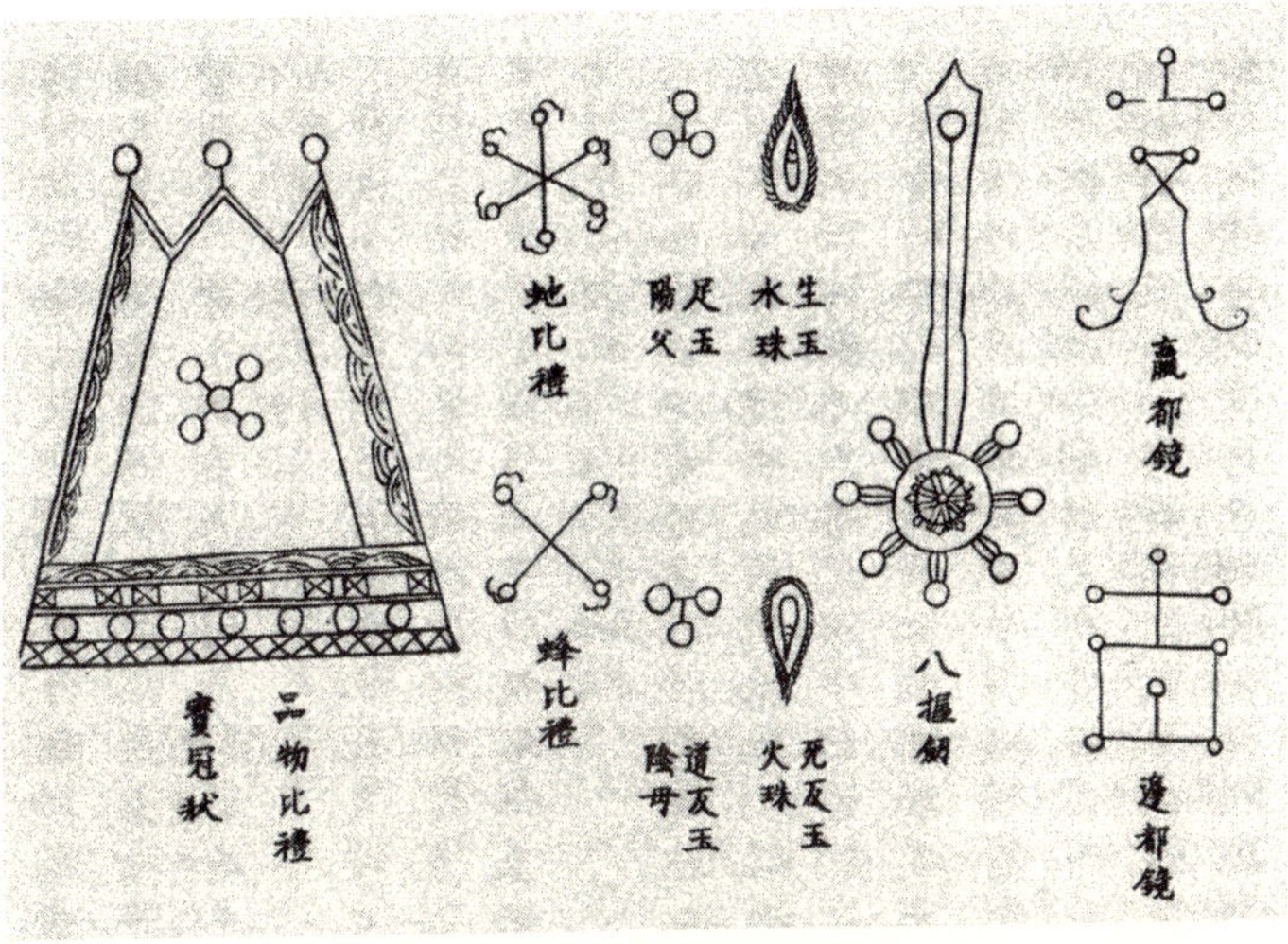

「十種神宝」の図（山崎闇斎『中臣祓風水草』より）

『持授抄』の記録者である玉木正英（一六七一〜一七三六）は、闇斎の伝授を整理した『玉籤集』のなかで、「天璽瑞宝十種」について興味深いことを書いている。それは「十種神宝《とくさのかんだから》祈禱之伝」という記事であるが、紙に描いた「十種神宝」を前に、「心を天地一ぱいにして、心身ともに動揺」するという口伝である。

これは、『先代旧事本紀』に

一二三四五六七八九十（ひと・ふた・み・よ・いつ・むつ・なな・や・ここの・たり）と謂ひて、布瑠部（ふるへ）、由良由良止布瑠部（ゆらゆらとふるへ）

と書かれていた呪法に対する説明で、『先代旧事本紀』では「痛みもなくなり、死人も蘇《よみがえ》る」ほどの効力を持つとまで書いていた。

重要なのは、具体的に何かを振るのではなく、頭のなかで物を持って振る動作をイメージしながら、身体全体を揺らすということにあり、「天とともに運転して振也」と『玉籤集』に書かれているように、かなりのトランス状態を引き起こすだろうと思われるような呪術的な身体技法である。自分自身の身体だけがぐるぐると廻るのではなく、自分が天とともに動いていることを実感できるような感覚を引き起こすということだと思われる。実際に闇斎がこの通りに行っていたという確証はなく、また「三種神宝極秘伝」とどこまで関連しているか不明なのだが、闇斎の言う「心法」にはこうした身体的な方法が「祈禱」として組み込まれていたのではないかと推測される。

「振る」ということから想起されるのは、イザナキ・イザナミの故事に由来する「鶺鴒（にはくなぶり）之伝」である（『垂加神道初重伝』）。鳥の尾を振る動作を見てイザナキ・イザナミが「交（とつぎ）の道」を知ったという『日本書紀』神代上の記事に関する議論であるが、たんなる動作に関するものではなく、「一時の間断なう、天地の生気、活潑々地《かっぱつぱっち》してやむことのないを神道ではふるふと云ぞ」（同前）と、それが世界の、そして人間の根源的なあり方に関わる問題だと説くところに闇斎の特徴が認められる。

すでに紹介したように闇斎は、理＝太極に相当するアメノミナカヌシから万神が生成するとし、その過程で陰陽の気を受けた具象的な神としてイザナキ・イザナミを位置づけていた。したがってイザナキ・イザナミの話は「理気妙合」という神秘なる現象の始原であるが、それはこの世界が始まった時だけでなく、現在もまだ繰り返し起きている出来事であり、また世界だけでなく人間の心においても間断なく起きている出来事であった。心身ともに、いや心身を天とともに「振る」という行為は、人間の持つ生命力を活性化させるための呪法であるのだが、闇斎においては、始原を再確認し、そこに戻る、すなわち朱子学で言うところの「復初」という意味を担わされていた。

「会津神社志序」では、「邪穢を祓い、清明を致して、正直となって祈禱を行えば」と書かれていた。祈禱を行うためには、除祓が前提となっている。『中臣祓風水草』では「祓、はらふなり、あらふなり、はらふは風にして陽の祓なり、あらふは水にして陰の祓なり」と、心—（火）—風と身—水という二種類の除祓があることを説いていたが、心身をともに清浄にして初めて祈禱を行うことが可能になる。『玉籤集』の「祈禱之伝」では、「祈禱にはいろいろな形式があるが、つまるところ誠が感通することである」と述べ、「一毫も私意疑心があれば感通は起きない」と断言している。「私意疑心」を取り払うこと、すなわち「誠」が獲得されるためには、除祓や日常的な修養が必要とされるのである。

したがって、闇斎は、祈禱だけですべてが解決されると言っていたわけではない。心身ともに清浄になるための修養は恒常的に行われなければならないのだが、もっとも肝腎の瞬間には、心身ともに神と一体化するような神秘な行為が必要とされたということである。もちろん、『玉籤集』の記述が闇斎の思想のままであるとは言えないし、祈禱が「生祀」という問題の根幹をなしていた保証もないのだが、「垂加」という名号の拠りどころであった「神《かみ》の垂《しで》は祈禱《いのり》をもって先となし、冥《くらき》の加《ま》すは正《ま》直《すぐ》をもって本となす」という言葉は、闇斎において日常的な修養とともに祈禱が重要であったことをはっきりと示している。それでこそ「神人一体」は成就されると闇斎は主張しているからである。

第八章　「理論」の再考と修正

1　「理論」に関する近代的理解の問題点

近代以前の「理論」と「実践」

一般的な評価では、闇斎は朱子学の理論に対する関心が希薄だったとされている。たしかにほぼ同時代の山鹿素行（一六二二～八五）や、少し遅れて登場する貝原益軒（一六三〇～一七一四）・伊藤仁斎（一六二七～一七〇五）、さらには朱子学とはまったく異なる儒教を提唱したとされる荻生徂徠（一六六六～一七二八）などと比較すると、宇宙論ないし理気論と呼ばれる朱子学の理論に関する闇斎の発言はほとんどない。しかし、だからといって、それを朱熹の言ったことを鵜呑みにして、何も考えなかったからだとする従来の評価は間違っている。

また「述べて作らず」という『論語』の一節を挙げて、これが闇斎の学問的態度だと説明することも正しくない。日本に限らず、近世東アジアのほとんどの儒学者が、みずからの姿勢は「述べて作らず」にあると言うに違いないからである。独創的と称される徂徠ですら、みずからの立場はこれまでの誤りを正しただけで、古代儒教のテキストを「述べて作らず」というところにあったと述べているからである（『論語徵』題言）。

闇斎は朱熹に全幅の信頼を寄せていたが、その主張を無批判に受け入れていたわけではない。すでに見てきたように闇斎は、朱熹に関する多くの資料を検証したうえで、その正しさを確信するという、きわめて「実証的」な手続きをとっていた。そればかりでなく、朱熹の主張したところを日本社会のなかで実践するために格闘しながら、徐々にその修正を図っていた。つまり、最初から朱熹の理論に疑いを抱いて、あれこれと詮索するのではなく、また理論を棚上げにして実践だけに取り組むといった盲信的な態度に終始するのでもなく、実践を通じて少しづつ修正すべき点を確認し、そこから理論を再検証するという方向を歩んでいたということである。

実際のところ、最初に理論への理解があり、次いで実践があるといった手順は、きわめて西欧的というか、近代的な考え方である。実践を通しながら、そのなかで理論を体得するという手順の方が、近世までの日本、あるいは東アジアでは一般的であった。闇斎に対する誤解は、こうした理論と実践との関係をその時代に即して理解していないところに起因すると思われるのだが、そこには西洋哲学、とりわけドイツ観念論を最上のものとし、あらゆる思想運動を哲学的な階梯として整理する近代日本の「哲学コンプレックス」とでも言うべき思考が働いていた。

近代日本における「理論」の理解

近代日本では、ドイツ観念論を「純正哲学」として最も純粋化され、論理化された思考の体系とすることによって、儒教とりわけ朱子学はせいぜいのところ倫理規範の実践に役立つ「道徳哲学」という、より下位にあるものとして位置づけられた。こうした位置づけは、井上哲次郎といった近代日本の「哲学者」たちによって導入され、現在まで大きな影響を与えている。それでも朱熹の理気論などは、西洋の「形而上学」に近似する組織化された議論として少しは評価されていたが、学説（理論）の深化＝進化を基準とする「哲学史」的な図式では、その後の朱子学の展開は停滞以外の何ものでもないということになる。こうした先入観によって、闇斎の実像を捉えることに失敗してしまったと言わざるをえない。

従来の闇斎評価では、もう一つ近代的な理解が働いていた。それは先行する議論への「批判意識」を高く評価するということである。西洋の「哲学史」の描かれ方がそうであったが、一つの時代を席捲した理論に対する明確な否定によってのみ新しい理論が生産されるという近代的な評価基準の導入が、陽明学や朝鮮の「実学」、日本の「古学」に関して、新しい理論の誕生という必要以上に高い評価を与える結果となった。

東アジアの儒教の展開における陽明学や朝鮮の「実学」、日本の「古学」の思想史的意義を全面的に否定するつもりはないが、それは実践という側面、もう少し言葉を補えば、新しく社会のなかで台頭してきた階層における実践を可能なものとするために、それ以前の理論に懐疑を抱き、その修正を提言するという点において認められるものである。理論的な克服というよりも、実践上の可能性の問題が大きかったということである。

それゆえ、朱子学の潮流とそれを否定する前述の思想運動の潮流を、理論という点から見れば、一方は朱熹の主張を鵜呑みにして擁護し、一方は否定的に捉えて批判するように思われるから、その隔たりは大きく、まるで正反対の方向に進んでいるかのように映る。だが、実践という面から見れば、両者はともに自分たちの時代や地域に見合ったものに作り変える、すなわち「土着化」という共通の方向に歩んでいたのである。

理論的な批判は、継承を主張しながらも部分的に改変することよりも華々しくて目にとまりやすいが、そこだけに惑わされてはいけない。静かな、あるいは穏やかな修正も朱熹の理論の改変という点では実質的に同じであり、朝鮮の「性理学」も、日本の「朱子学」もそれぞれの地域性に適うような実践方法を探し続け、それにともなって理論面においても部分的な修正が成し遂げられていたのである。

闇斎における懐疑と理論化への過程

闇斎に話を戻すと、朱熹の理論に対する見直し作業——闇斎の立場からすると、自分の理解こそが朱熹の「真意」を継承するものということになるが——は最晩年における「敬義内外」説の提唱で頂点に達するが、その内容は闇斎の若い頃から「懐疑」として、ぼんやりとした形であったかもしれないが、頭の片隅にとどめられていたと思われる。

「敬義内外」説は、『易』文言伝《ぶんげんでん》の「敬以直内、義以方外、敬義立而徳不孤」の解釈をめぐる問題であるが、闇斎は「敬」によって正しくされる「内」とは「身心」のこと、「義」によって正しくされる「外」とは「身」よりも外の社会的行為のことだという理解を提起した。しかし「内」を「心」、「外」を「身」と解釈するのが朱子学の一般的な理解であったので、この闇斎の理解をめぐっては、闇斎と門人の佐藤直方（一六五〇〜一七一九）・浅見絅斎《けいさい》（一六五二〜一七一二）とが対立し、直方が破門され、絅斎も直方に追随して闇斎の下を去るという事態に至る。

直方と絅斎は、その後いろいろな問題で対立し、相互に絶交を宣言したこともあり、闇斎を含めた崎門系の「狭量さ」を示す事例として、こうした崎門の対立は江戸時代からよく紹介されてきた。実際には狭量ということよりも、それだけ核心に迫った重要な課題であったのだが、江戸中期以降は思想上のイシューが他に移ったため、闇斎・直方・絅斎が取り組んでいた問題の核心が不明になったこと、あるいは、仮にそれが重要な課題だと分かっていたとしても、競争相手を貶めるために、ことさら誇張してはやし立てただけのことである。

この問題に関しては、直方の立場から説明した資料しか残っていないが、闇斎は、「内」を「心」だけと解釈すると、「仏見」、すなわち異端である禅と同じになってしまうと述べたという（直方『韞蔵録』）。「心」と「身」を対立的に捉え、「心」の修養だけに集中するのが仏教であり、「心」によって「心」を統制しようとすることでかえって対象を見失い、さらには自己の社会的な役割にも無関心となってしまうところに仏教の問題点があるという理解は、すでに『闢異《へきい》』（正保四・一六四七年成立）に見ることができる。そうした異端批判だけに止まらず、儒教における実践上の問題、さらにはその実践を裏づける理論的な修正として具体化されたのが「敬義内外」説だと言えるのだが、そのためには長い年月を必要としたということである。

もっとも闇斎の伝記資料の中には、正式に塾を開いた明暦三年（一六五七）頃に、のちの「敬義内外」説と同じ内容のことを主張し、それが原因で野中兼山と不仲になったとするものもある（『闇斎先生行実』）。初期の頃の闇斎が「敬」の問題に関心を抱いていたことは、朱熹の『敬斎箴《しん》』を出版したことからも知ることができるが、資料に即して慎重に議論を進めていた闇斎が突然結論めいたことだけを主張するとはにわかに信じがたい。野中兼山との仲違いについては、すでに第三章で触れておいたが、闇斎の講義方針などをめぐる問題もあったかもしれないにしても、個人的な感情の行き違いなども理由として挙げられていて、詳しいことは分からないとしておく方が無難だと思われる。

2　夢の啓示と『周子書』

『周子書』の出版計画と夢

闇斎の理論に関する取り組みは、夢による「啓示」から始まったようである。これは、闇斎が記した『文会筆録』のなかの記事であるが、慶安四年（一六五一）というから、闇斎三四歳のこと、四月二二日の夜に『太極図説』をめぐって周敦頤《とんい》（廉渓）と直接夢のなかで対話をしたというものであった。

周敦頤に対して、朱熹の解釈はあなたの意図と違っていないかと問いかけると、違っていないという答えを得た。さらに最初の図に点を打ってあなたの意図を損なった者がいると言ったところ、周敦頤が頷いたので、そこで自分が編纂していた物を修正しようとしたところで、周りの物音によって目が覚めたという内容であった。

この夢の話が『文会筆録』に記録されたのは、じつに三〇年以上を経た時点であり、ある種の「思い出」として書かれているので、どこまで正確であるかは分からない。ただ、この周敦頤との「対話」が、闇斎にとっては記憶に残り続けたほどに重要な夢であったことは間違いない。

じつは、夢をみた慶安四年よりも少し前に、闇斎は『周子書』の出版を企画していた。これは、朱熹が編纂した周敦頤の著作自体はその後失われてしまい、現在通行しているものは朱熹の意図にそぐわないものとなっていると闇斎が考えて、もとの姿に復元しようと試みたものであった。その際に書いたと思われる「書周子書後」には「正保丁亥五月四日」とあるから、正保四年（一六四七）、すなわち『闢異』が書かれたのとほぼ同じ時期にあたる。

この『周子書』は、その時点では訓点を施さずに出版されたようであるが、現在残っているのは延宝八年（一六八〇）版で、こちらには闇斎の訓点が付けられている。『文会筆録』に「思い出」として夢の話を書いたのは、延宝版にあたる新しい書物の出版を目指して訓点を施していた時期のことだと推測される。もう一度『周子書』と取り組んだことから、過去の記憶がまざまざと蘇ったのであろう。

この話は、その内容もさりながら、闇斎の脳裏に長いこと焼きついていたことの方が重要な意味を持っている。闇斎が『太極図説』をめぐる問題、つまり朱子学の原理論に関する問題を長きにわたって、ひょっとすると生涯にわたって考え続けていたことが分かるからである。

周敦頤の太極図
（『性理大全』より）

『太極図説』をめぐる闇斎の戦略

周敦頤の『太極図説』については、すでに幾度も話題にしてきたが、北宋道学の始まり、あるいは孟子以来中断していた「道統」の復活を示すものとして朱熹が位置づけた重要な書物であり、またその解釈をめぐって朱熹と陸九淵（象山）とが論争を繰り広げたことでもよく知られている。さらに明代では、朱子学を擁護するにも批判するにも、必ず話題として取り上げられていたと言えるほどに多くの学者が問題にしていた。清代になると、朱熹の解釈を問題とするのではなく、周敦頤の『太極図説』そのものが道教文献からの流用であると結論づけることによって——現在でもこの見解を支持する者もいるが、多くの研究者は道教側が逆に流用したと考えている——この問題に決着が図られる。

つまり、朱子学の理気論という原理論は、その成立当初から問題をはらんでいたこと、それが思想体系の根幹をなすがゆえに、たえず批判する側から取り上げられ、またそれへの再批判として朱子学を擁護する側からも取り上げられていたこと、朱熹などの文献資料を解釈するだけでは決着がつけられない問題であったことが、以上の経緯から判明する。そして、これらのことは中国における儒教の展開に限定された現象ではなく、朝鮮や日本に儒教が広がった時にも必ず起きていて、闇斎の議論もそうした動向のなかの一つと見ることができる。

闇斎がとった戦略は、朱子学の理気論を『太極図説』の解釈において討議するという明代儒学者のとった方向ではなく、実践上の問題という別の角度から検討を加えるというものであった。つまり、明代儒学者の議論は、解釈がさらに解釈を呼び起こすという、論争のはてしない泥沼へと進むしかなく、最終的には清代の儒学者のように解釈問題を棚上げにして決着をつけるしかなかった。それが中国で展開された朱子学をめぐる議論の到達点であった。

李滉からの示唆

もちろん、闇斎が別方向を選択することができた背景には、そこへと向かうために大きな示唆を与えてくれた存在があり、それが朝鮮の「性理学」を大成したとされる李滉《イハン》（退渓）であった。『文会筆録』のなかで、闇斎は「四端七情論は……『自省録』の議論がもっともまとまっており、他の儒学者たちが言わなかったところを明らかにしている」（巻五）とか、「退渓の「天命図説後論」は議論がきちんとしている」（巻一一）と述べて、李滉を高く評価するような見解を記している。

李滉が選択した方向は、先に述べたような明代儒学の方向性に大きな影響を与えた羅欽順《らきんじゅん》（整庵）――王守仁などの朱熹批判に対抗して、『困知記』を著して反論を試みたが、結果的には朱熹の理論を「気」重視の方向で修正するはめに陥った――を否定するところにあったが、その際に理気そのものの関係を扱う宇宙論ではなく、それが人間においてどのように現れているかを問題とする人性論として取り組んだ点に大きな特徴があった。宇宙論については、明代の儒学者のように自分の解釈を加えることなく、とりあえず朱熹の説明を整理するにとどめていて、それが「天命図説後論」である。

一方、人性論では、理＝性、気＝情という原理的な設定を前提に、それが人間において立ち現れる瞬間をどのように説明するかについて集中的に検討を加えたが、それはやがて「四端七情論」として結実した。この李滉の「四端七情論」に対しては、朱熹の説明から逸脱しているという批判が朝鮮儒教内で生じ、後輩にあたる奇大升《キデスン》（高峰）との間で八年間にわたる論争を繰り広げたことはよく知られている。

このことは人性論という迂回路を作ったところで、朱子学における原理論の問題がたやすく解決できないことを示しているのだが、それでも明代儒学者たちの不毛な論争――もちろん、当事者たちはそのようには考えていなかっただろうが――を回避するくらいの効果はあったし、なによりも実践的な学習に専心できるという大きな成果があった。闇斎はこの点に大きな示唆を受けたのだと思われる。

3 『仁説問答』の成立

「愛の理」としての仁

闇斎が李滉の議論に啓発されながら取り組んだのは、「仁」の理解と実践に関する問題であった。儒教では、その始まりとも言える孔子の時代から「仁」が重要な徳目とされてきたが、二程子（程顥・程頤）が「専言」「偏言」の区別を設けたことにより、普遍的な原理としての「仁」と社会的な実践における徳目の一つとしての「仁」とをいったん分離し、そのうえで統合するという論理的操作が可能となった。朱熹はもちろん二程子の主張を継承したのだが、さらに原理的な「仁」について、「愛の理、心の徳」という有名なテーゼをつけ加えた。

闇斎は、この「愛の理」という朱熹の定義に着目したのである。なぜなら、二程子の理解においては、「愛」は「情」、すなわち「性（=理）」が発現したものであり、それゆえ普遍原理としての「仁」と同一視することはできないとされていた。それに対して朱熹は、「仁」はそれ自体がそのまま「愛」という情として立ち現れるのではなく、「愛の理」という段階を経て発現すると主張した。「性」と「情」、つまり理気論的な原理論にしたがって厳密に定義づけたのが二程子だとすると、それを実践という観点から、発想を逆転させて説明したのが朱熹ということになる。

もっとも、このように朱熹の発言を理解するのは、二程子と朱熹との相違をつじつまの合うように調停しようとした闇斎の解釈にしたがったものであり、現在の研究者が提起しているような、様々な別の解釈も可能である。北宋という時代に生きた二程子と南宋の朱熹とが同じ課題に取り組んでいたと考えるのは、歴史や社会のあり方に着目する思想史的な理解というよりも、「道統」という儒教興隆のうねりを確信した朱熹の主張に沿ったものに過ぎないからである。

闇斎は、朱熹の発言の意図を理解するうえで、それにヒントを与えてくれた李滉の「仁」に関する議論を高く評価するとともに、その李滉ですら見抜けなかった朱熹の深い理解に自分は到達することができたと自負していた。そうした闇斎の主張を簡単に説明すると、次のようになる。

李滉は、張載（横渠）の『西銘』には「万物一体の仁」が説かれていて、従来は「万物」という点からこれを宇宙論として解釈してきたが、そこでは「予」と「吾」という言葉が多用されているところから、自己修養に関する言説として理解すべきだと主張した（「西銘考証講義」、『退渓集』巻七）。闇斎はこの李滉の見解を「多くの儒学者が見過ごしていたものだ」と称賛したが、同時に二程子と朱熹の相違を克服するにはまだまだ不十分なところがあると考えた。

「未発の愛」という着想

そこで、先に挙げた朱熹の「愛の理」という言葉に着目するのである。闇斎は「愛」に関して「未発」と「已発《いはつ》」の区別が存在することを主張して、二程子と朱熹の相違を克服しようとした。「未発」、すなわち発動以前の状態と、「已発」、すなわち発動以後の状態に分けるというアイディアは、『中庸』の解釈から導かれた二程子以降の「性」に関する議論で、人間の心のあり方を、「理」と同一の純粋な状態（未発）と、「気」によって具体的な形相をもった時の状態（已発）とに分けて説明することによって原理論と実践論とを矛盾なく接合しようとしたものであった。

朱熹の議論では、現実の人間は肉体（気）無くして存在することはできないにしても、その直前の純粋な状態を設定することによって原理論の展開を可能なものとし、そこで明らかにされた理想状態に回帰することを目指して実践論が展開されたのである。ただし、この議論は「性」という「理」と同一視できるものについて「未発」と「已発」の相違を認めるものであったが、闇斎はそれを「愛」、すなわち従来は発動後の状態として定義づけられていた「情」に拡大して応用したのである。

闇斎は、『文会筆録』巻四で、

朱熹の「愛」に関する議論には「未発の愛」と「已発の愛」という二つの説明があったが、今までの儒学者は「已発の愛」に関することだけだと誤解して、「未発の愛」に関する議論の存在が分からなかった。あの李滉ですら、朱熹の議論の多くを正しく紹介しながらも、「未発の愛」には気づかなかった。

と述べていた。

闇斎がこうした議論を展開したのは『仁説問答』においてであり、それが寛文八年(一六六八)であったことは、その序文に記された年代によって知ることができる。『仁説問答』は、『朱子文集』に収録された朱熹の「仁説」と『朱子語類』にある朱熹の「仁説図」とを一つにし、さらに朱熹が張栻《しょく》(南軒)と呂《りょ》祖謙(東萊)に宛てて「仁」を論じた文章を『朱子文集』から抽出してつけ加えたものであり、時期は不明であるが寿文堂から出版された。この書物は、そこに収録された資料を読むことによって、朱熹の「仁」に関する議論を俯瞰的に理解できるという利点があった。

ただし、「仁説」と「仁説図」とを併せた書物としては、別に『仁説』とだけ名づけられた書物があり、こちらは、やはり時期は不明であるが、村上平楽寺から出版されていた。闇斎が江戸に出る前後の時期、明暦から万治年間(一一五五〜六〇)にかけて村上平楽寺と関係が深まり、いくつかの書物を出版していたから、『仁説』もその頃に出版されたのかもしれない。そうだとしたら、「仁説」と「仁説図」とを併せた本を出版したものの、それだけでは不十分だと考えて朱熹の「仁」に関する議論を『朱子文集』から選びだし、寛文八年以降に別の書肆から出版したということになる。

そうした作業と李滉の理解が不十分だと考えたこととがどこまで関連しているかはさらに検討を加える必要があろうが、「仁説問答序」には注目すべきことがいくつか記されている。

「仁」の体認

一つは、序文の冒頭に朱熹の『玉山講義』が引用されていることで、これは、寛文五年（一六六五）に保科正之編『玉山講義附録』が出版され、その際正之に代わって跋文を書いたことと関わっていよう。正之を補佐して『玉山講義』を研究したことが、李滉を乗り越えなければならないという自覚を生み出した可能性もあるが、引用された朱熹の文章は、孔子門下における「仁」が堯舜以来の「道統」を継承したものであることを述べたものであった。つまり、『論語』『孟子』に見える「仁」や「仁義」だけを問題とするのではなく、堯舜以来の「心の修養」という課題のなかで「仁」を理解することの必要性を強調した議論ということになる。

闇斎は朱熹の発言を受けて、「仁」の「名義」を最初に理解し、次にその「意味」を体認し、さらに「敬」「恕」の工夫や「克己復礼」に努めれば、朱熹の言う「仁を求む」ということに近づくことができると述べている。たんに「仁」という文字の意味を理解するのではなく、その「体認」が重要であること、さらには「敬」などの実践的な学習（工夫）を積み重ねることによって真の理解に到達できると述べている点が注目すべきことの二つ目である。序文の最後のところで闇斎は、『論語』『孟子』をよく学び、さらに本書に収めた朱熹の「仁説」と「仁説図」とを反復して習熟すれば、「仁の意思、滋味親切なところ」が自然と獲得できると述べて、本書を編纂した意図を説明している。「名義」、すなわち「字義」を頭だけで理解するのではなく、「体認」、すなわち身体全体で習得することが最も重要なのだとする闇斎の主張から、日本儒教に詳しい人は京都でライヴァルとなりつつあった伊藤仁斎（一六二七〜一七〇五）を想起されるかもしれない。仁斎は「古義学」を主張し、『論語』と『孟子』における「字義」、とりわけ両者の間の「意思語脈」「意味血脈」を把握することが最も肝要だと述べていたからである。

ただし、こうした仁斎の思想が開花するのはもう少し後の、元禄期になってのことで、この時期の仁斎はまだ「同志会」と称する塾を開き、『論語』などの講論——一人がテキストの内容について説明し、それに対して参加者がそれぞれに意見を述べて、協同的に学習する形式——を行っていた段階であった。『古学先生文集』にはその時のテーマらしきものが「私擬策問」という形で収録されていて、のちのち仁斎の独自の議論として結実する内容がいくつも認められるのだが、その中に「仁義」を扱ったものもあった。

「仁」が個々の人間に内在する「性」ではなくて、万人が共有する「慈愛の徳」だという『語孟字義』（「仁義礼智」の項）に見える「仁」の定義や、そうした「仁」の正しい理解に到達するためには、『孟子』を『論語』との関連性のなかで熟読しなければならず、二程子や朱熹はその点において誤っているという議論が明確になるのはもっと先のことであったが、その萌芽となるような議論が「同志会」の席でなされ、それが噂として広がり、狭い京都のなかでも隣同士といってよいほどに近い場所に暮らしていた闇斎の耳に入ったことも考えられる。そうだとすると、闇斎が仁斎の思想的な到達点を予見していたという話になるが、これは少しばかり考え過ぎた解釈かもしれない。

それ以上に蓋然性が高いのは、陳淳《ちんじゅん》（北渓）の『北渓先生性理字義』（以下、『性理字義』と呼ぶ）を念頭に置いた議論ではないかという推測である。『性理字義』は「北渓先生四書字義」という別名が示しているように、朱子学の基本的な術語を『四書』およびそれらに関する注釈書の中から探しだして、朱子学の理論構造を明確に説明したものである（佐藤仁「解題」、『朱子学の基本用語』）。すでに松永尺五がこの書籍を利用して、啓蒙的な入門書を著していたことは指摘しておいたが、書名からも分かるように仁斎の『語孟字義』にも大きな影響を与えている。

東アジアにおける『性理字義』の影響

陳淳は、『性理字義』のなかの「仁義礼智信」を扱った項目において、漢代以降は「仁」の重要性が見失われていたが、二程子によって「仁」＝「性」、「愛」＝「情」という区別が明確化された。ただし、今度は「仁」を高遠なものと考え過ぎて、「愛」から離れて存在できないことを忘れ去ってしまったと述べている。これは、朱熹の「愛の理、心の徳」という発言がなぜ生まれたかについて説明したものでもあったが、その一方で陳淳は、『論語』などに見える「仁」には、「理」という観点と「心」という観点、さらには「事」という観点からから述べたものの三種類があると説明していた。

もちろん陳淳は、具体的な修養においてはこの三つの「仁」が一つに統合されることを説いていたが、おそらく闇斎が危惧したのは、『論語』や『孟子』などに見える「仁」という文字を三つの異なる「意味」に整然と分けて理解することから生じる危うさ、すなわち頭だけで理解することに終始し、実践性に乏しいという問題であったと思われる。それゆえ闇斎は、文字上の理解を超えた「体認」ということを強く主張したのではないだろうか。

『性理字義』は現在では朱子学の入門書的な書物として知られているが、もともとは陳淳が朱子学にゆかりの深い厳州を訪れた際に、そこで「陸学」（陸九淵系の儒教）が盛んになっているのを目の当たりにして、その批判と朱子学の正統性を主張する必要性を痛感したところに成立の端緒があった。また、自分の門人たちとの書簡のやり取りを見ると、陳淳は「仁」や「敬」の理解に関して、かなり自負するところもあったようである（『北渓大全集』）。

そうした経緯もあって、たんなる朱子学の解説書というだけではなく、陸九淵を批判する理論書という点から、明代初期の薛瑄《せっせん》（敬軒）などによって評価されたばかりでなく、さらに明代中期以降になると、陸九淵の後継を自任した王守仁（陽明）をも批判可能な原理的な書籍として、朱子学を擁護する儒学者から高く評価されていた。明代ばかりでなく清代になっても、本書が幾度も版を重ねた理由はここにあったと言えよう。

また中国だけでなく朝鮮でも出版され、日本でも林羅山（一五八三～一六五七）や松永尺五（一五九二～一六五七）などは、この朝鮮版の『性理字義』を珍重していた。これに対して、陸九淵や王守仁の系譜に連なる人々、すなわち陽明学の徒はもとより、元代の呉澄（草廬）のように、朱子学と陽明学との調停を図る儒学者からは、当然のごとく批判的な扱いを受けていた。

李滉の『性理字義』批判と闇斎

こうしたなかで、朝鮮の李滉（退渓）——彼は朱子学を擁護し、陽明学を批判する立場にありながらも、明代儒学のあり方に疑問を持ち、独自の方向を切りひらいた——は陳淳に批判的な立場をとり、「弁論には優れているが、実践の工夫において足りないところがあり、朱熹から諭されたことがあると別の弟子が書いている。ここから見ても、かれの議論には含蓄がないだけでなく、心の修養という点において弊害がある」（「答鄭子中」第九、『退渓全書』）と断じていた。闇斎もまたこの李滉の発言を『文会筆録』（巻一九）にそのまま書き留めていて、李滉から強い示唆を受けていたことが分かる。

ただし闇斎は、李滉が批判的だったから、その「受け売り」という形で『性理字義』を低く評価していたわけではない。じつは、日本で出版された『性理字義』には二種類があり、そのうちの一つは先に挙げた朝鮮版——これ自体は明代の弘治五年（一四九二）に出版されたものの翻刻である——を元とするもので、こちらはすでに寛永年間に出版されていた。もう一つは、明代の正徳三年（一五〇八）に出版された『北渓先生字義詳講』の翻刻で、どのような経緯によって日本にもたらされたのかは分からないが、山脇重顕《しげあき》（生没年不詳）の校点で寛文八年（一六六八）に村上平楽寺から出版されている。

闇斎は、この両著を比較して、名称や収録された条文の相違などを指摘しているから（『文会筆録』巻一九）、かなり丹念に目を通していたことが分かる。寛文八年と言えば、『仁説問答』の序文を書いた年で、しかも、それは、すでに村上平楽寺から出版されていた『仁説』の改訂を目論んだことを契機として成立したものであった。また『北渓先生字義詳講』に校点を施した山脇重顕——号を道円という——は、ほかにも李白の詩集に校点を加えたものや『増補下学集』を出版しているが、いくつかの崎門の系統図では闇斎の門人としている。

山脇は、村上平楽寺との関係からだと思われるが、僧の元政（一六二三〜六八）とも親交があったようである（「復山脇重顕書」、『艸山集』）。さらには『阿蘭陀流外科書』なる書物も著していて、かなり多彩な才能の持ち主だったと思われる。しかし、いつ頃闇斎の下で学んだのかなど、その経歴について詳しいことは分かっていない。とはいうものの、闇斎が『仁説問答』の序文を書いた時期に、闇斎の門人と目される人物でさえも『性理字義』の流布に一役買っているような状況があったことは確かであり、そこに闇斎が危機感を抱いたとしても不思議はない。ここからも時代状況にきわめて鋭敏な闇斎の姿が確認できる。

闇斎独自の理論

『仁説問答』に話を戻すと、闇斎は「未発の愛」と「已発の愛」という概念を導入することによって、朱熹の「愛の理」という発言と原理的な性情論との調停を図った。本来は「已発」の「情」とされていた「愛」に、「未発」のレヴェルが存在するというこの議論は、ある意味で「理」の適用範囲を拡張するものであった。

つまり、「性」＝「理」、「情＝「気」という原理的な説明においては、「愛」は、それが「情」とされる以上、「気」に分類されざるをえない。しかし、そうした「愛」に「未発」、すなわち「理」そのものの状態が存在したと主張することによって、闇斎は、いままで「已発」とされていた事態——それは現実に人間が生きて活動する世界でもあるのだが――において、「理」が関与する範囲を広く容認しようとした。

なぜ、このようなことを改めて指摘するのかと言えば、李滉が「四端七情論」で展開した議論は、「理気互発論」とも呼ばれ、「理」それ自体にも発動の契機があることを説いたものだったからである。従来の朱子学の理解では、「四端」が「性」(=「理」)である以上、「四端」そのものには発動する契機がないと解釈されていたが、それを李滉は「理」である「四端」もまた発動可能なことを主張して、いままでの常識を打ち破ろうとしたのである。

すなわち、従来の朱子学の議論が人間の内にある「理」(=「性」)を認識することに中心が置かれていたのに対して、李滉は、そうした「理」の存在を前提としながらも、その発現をいかに可能にするかという問題を修養論の核心に据えた。李滉の理解では、「理」が発現された状態は、何一つ支障がないがゆえに修養の対象とはならない。修養が必要とされるのは、「理」が発現されない状態、すなわち「理」とは無関係に「気」のみが働いている状態なのである。人間の心のうちに純粋に善なるものがあるという朱熹の議論は正しいが、問題は外部の影響によって不純にならざるをえない場合があることで、それを克服するための新しい修養論が必要だというのが李滉の結論であった。

李滉の「四端七情論」に関する従来の理解は、「理」の発動という原理論における主張ばかりが強調されて論じられてきたが、修養論の提起という観点から見ると、それは善悪を含むとされた「情」の矯正方法を求めたものであった。そして、李滉が構想した修養論は、日常生活において様々な規範

（＝「礼」）を実践し続けることに求められ、それこそが「居敬」の真の意味だと説明された。朱熹においては「居敬」は「未発」レヴェルの「存養」に関する方法だったのだが、李滉の議論ではかえって「已発」レヴェルの方法として提示されたのである。

以上のように李滉の議論を理解すると、闇斎の議論はまさに李滉と同じ方向に歩もうとしていたことが分かる。原理論的な宇宙論には深入りせず、修養論において自分たちの時代や地域の実情に合わせて実践可能な方法を模索し、そのために従来は問題視されることのなかった朱熹の議論に修正を加えるという戦略的選択であった。

ただし、李滉がこれまで「未発」レヴェルとされていた「居敬」を「已発」レヴェルの修養と位置づけることによって、「理」の適用範囲を拡大したのに対して、闇斎はこれまで「已発」レヴェルとされていた「愛」に「未発」のレヴェルが存在すると考えることによって、「理」の適用範囲を拡大しようとした。このことから、闇斎が李滉とは異なる位相において朱子学の修正を図ろうとしていたことが確認できる。『仁説問答』は、闇斎が李滉から大きな示唆を受けながらも、そこから離れて独自の歩みを取りはじめたことを示す記念すべき作品であった。

4　原初の探求——『洪範』と『易』

『仁説問答』によって独自の方向性を切り開いた闇斎であったが、そこからすぐに最初に紹介した「敬義内外」説に到達したわけではない。そのためには、まだまだいくつもの点において研鑽を深める必要があった。その一つに『洪範』への取り組みが挙げられる。闇斎は『仁説問答』の序文を書いた年の前年、寛文七年（一六六七）に『洪範全書』と命名した書物をまとめ、その序文を書いていた。

『洪範全書』の執筆

この『洪範全書』は、『周子書』ほどではなかったものの、関心を持つようになってからまとまった形になるまでに「二紀」（＝二四年）という長い時間を必要とした、闇斎苦心の作品であった（『家譜』）。寛文七年は、闇斎が五〇歳の時にあたり、その二四年前というと、仏教から儒教へと「転向」したために土佐を追われ、京都に戻った寛永一九年（一六四二）前後の頃となる。つまり、儒教に関心を持ち出した当初から闇斎は『洪範』に関心を抱いていたということになるのだが、そのときの関心が『洪範全書』という形でまとめられた内容と同じであったかどうかについては疑問が残る。

というのも、いく人かの研究者が指摘しているように、『洪範』への関心に神道が大きく関わっているとすると、闇斎は儒教への信奉を確立すると同時に神道にも関心を向けていたことになり、それではあまりにも早すぎるように思われる。神道への関心が明確になるのは、第六章でも述べたように、京都に戻って一二年ほどが経過して、初めて講義を行った年、すなわち明暦元年（一六五五）に『伊勢太神宮儀式』の序文が書かれた時期あたりからだと考えるのが妥当である。その時期から取り組んだと仮定しても、『洪範全書』として結実するまでには「一紀」（＝一二年）以上の時間が経過していた。

では、儒教に「転向」した当初に抱いていた関心とは何であったのか。それは、やはり朱熹の宇宙論としての「太極」に関心があったと考えた方がよいと思われる。先に触れたように、周敦頤と『太極図』について夢で対話したのが慶安四年（一六五一）のことだから、その間、朱子学の「宇宙論」に関して腑に落ちないというか、もやもやした感じをずっと抱いていたのかもしれない。

『洪範全書』と神道との関連

しかし、朱子学の「宇宙論」に関わる問題だからといって、『洪範全書』が闇斎の神道への関心とまったく関係がなかったわけではない。その序文において闇斎は、「理」は一つであるということを前提に、「日出之処」（＝日本）と「日没之処」（＝中国）とでは、それぞれの原初において「妙契」するところがあったと述べていて、神道の拠りどころである『日本書紀』などの記述と、『洪範』などに記載された世界の成り立ちに関する記述とを連関させることに強い意欲を見せていたからである。

現在の研究からすれば、たんに『日本書紀』などの記述が中国の古典を流用して書かれたに過ぎないということになってしまう話なのだが、闇斎はそこに自分独自の境地を切り開く可能性を見出していた。それゆえ『洪範全書』は、「太極」への関心が神道の理論化へと闇斎が進むための、大きな契機となっていたことを示していたのである。

そして、このことを裏づける話として、『洪範全書』が保科正之の家臣である有賀満辰の助力によって完成したことが挙げられる。寛文七年（一六六七）のことであるが、闇斎は江戸で病気にかかり、予定を早めて帰京し、病床のなかで編纂に励んだ。その際、保科正之に有賀満辰の助力を願い出て、彼の助けを得て『洪範全書』を完成させたという話である。闇斎の方から有賀を指名したのか、正之が選任したのかは分からないが、わざわざ京都にまで家臣を派遣したのだから、正之も『洪範全書』に期待するところがあったと考えるべきであろう。

有賀満辰は、岡直養《なおかい》の「崎門学脈系譜」には兄の満武とともに闇斎の門人に数えられているが、宝永四年（一七〇七）に没したこと、その墓が会津の大窪山墓地にあること以外は分かっていない。亡くなった時の年齢が分からないので不確かだが、若いにもかかわらず学問的にしっかりした人物だったのであろう。京都にも弟子がいたと思われるなかで、闇斎がことさら保科正之に助力を願いでた背景には、朱子学の宇宙論としての「太極」という問題以外に、神道の問題が関わっていたからではないかという推測も成り立つ。

すでに前章でも触れたが、寛文四年（一六六四）江戸に滞在していた闇斎は、保科正之の家臣服部安休と「太極」をめぐって論争をし、自分の理解が浅いことに気づき、服部の師であった吉川惟足（一六一六〜九五）から神道を学ぶことを決意したという話が残っているからである。闇斎にとって『洪範』は、「太極」とも神道とも関連するもの、いや、それ以上に両者を結びつけるきわめて重要な連環（リンケージ）であったと言えよう。

「河図」「洛書」の位置づけ

闇斎にとって『洪範』は、『易』と並んで、世界の原初、その成り立ちを物語るテキストであった。もちろん、この考えは朱熹に基づいていて、「河図《かと》」から伏羲《ふくぎ》が『易』の八卦を作り、「洛書」から禹が『洪範』を作ったという理解が、朱子学における一般的な見解である。

「河図」と伏羲との関係はすでに『易』繫辞伝に見えるが、もともとは鳳凰とともに黄河から現れた瑞祥であり、『論語』でも、孔子がその出現がないことを嘆いたという話がある。「洛書」の方は、それが洛水から出現したことは『易』繫辞伝に見えるが、禹の治水の時に現れた瑞祥であり、『書経』洪範に記された「九疇《ちゅう》」のもとになったとするのは『漢書』五行志がもっとも古いとされる。いずれにしても、漢代の頃から盛んになった神秘主義的な思想（讖緯説）に基づく産物に過ぎなかった。

それが北宋時代になると、より根源的な意味を見出すことのできる書籍として多くの人々が関心を示し、白と黒の丸によって、すなわち陰陽で示す図も多く作られた。朱熹に至って、従来の「河図」と「洛書」とが入れ替えられて、奇数と偶数によって示された図（＝十数図）を「河図」、縦横などの総和が一五になる図（＝九数図）を「洛書」とし、「河図」から伏羲の『易』（＝先天易）が、「洛書」から文王の『易』（＝後天易）が作られたというのが定説となる。

朱熹はこの考えを『易学啓蒙』や『周易本義』で示したが、『易』についてはともかく、『洪範』に関しては十分に議論を展開することなく没してしまう。その後も、わずかに蔡沈（九峰）――彼は、

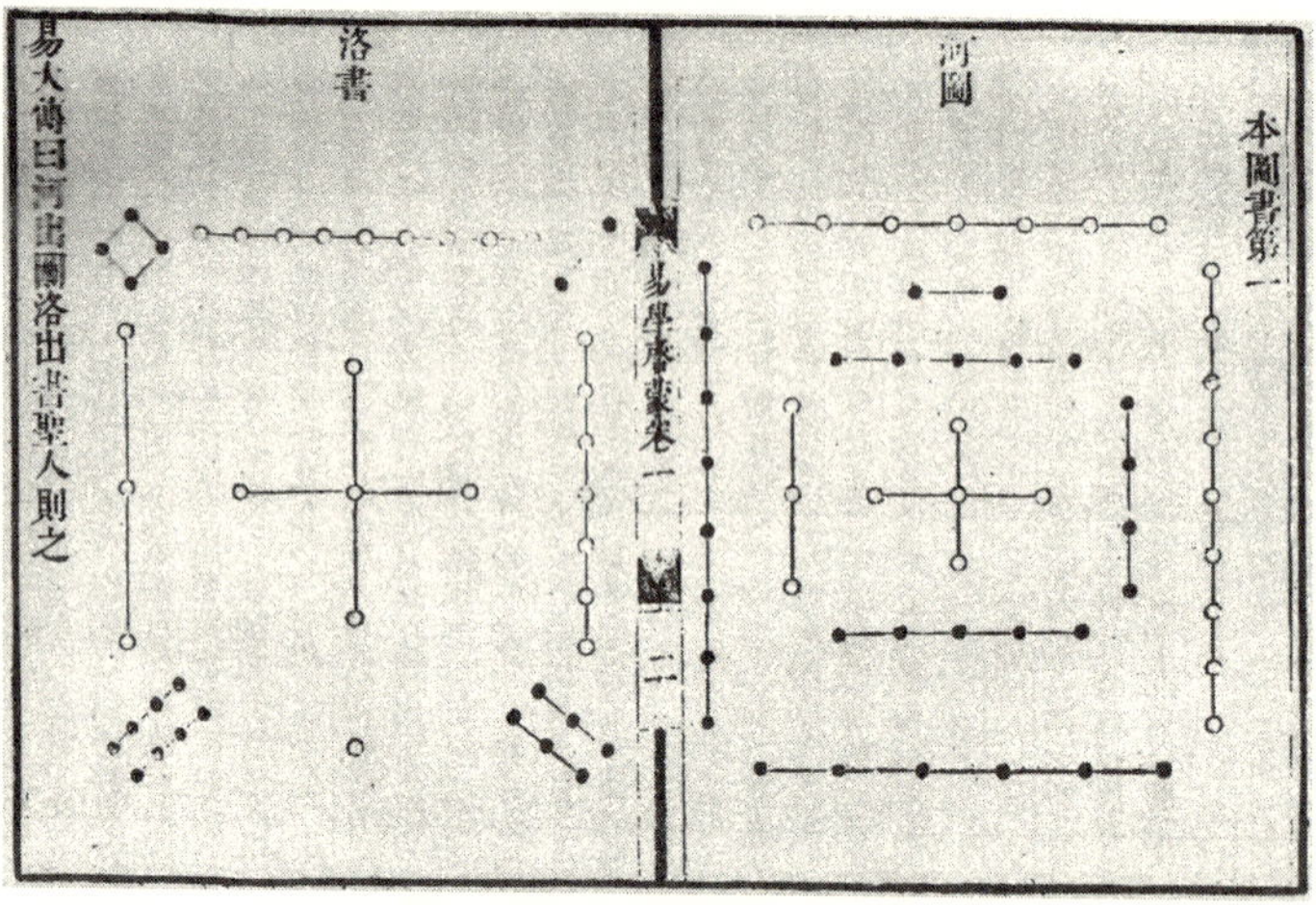

河図・洛書図（朱熹『易学啓蒙』より）

朱熹とともに『易学啓蒙』を編纂した蔡元定（西山）の子であり、『書集伝』の著述でも知られている――が『洪範皇極内篇』という書物を著している程度で、朱子学の伝統において『洪範』に対する研究は長らく放置されたままであった。少なくとも闇斎の目にはそのように映っていたようである。

そこで闇斎は、『性理大全』や『周易全書』を用いて校定し、自分の見解をつけ加えた『洪範全書』を作成したのである。『周易全書』は正式には『周易古今文全書』といい、明代の万暦年間に楊時喬（止菴）が編輯したもので、闇斎が『易』および『洪範』に関して可能な限り多くの資料を猟渉しようとしていたことが分かる。ただし、『周易全書』に対する闇斎の評価は低く、『文会筆録』（巻八之二）には「雑駁卑陋」で間違いも多いと書いている。この批評は、『洪範全書』をまとめるに際して、『性理大全』に収録された記事を最初にし、『周易全書』に収録された記事はあとに廻して、さらに闇斎自身の備考を加えたことへの説明でもあったのだが、明代儒学の「易学」全般に対するこうした不満が、のちのち朱熹の『易学啓蒙』や『周易本義』を校定して出版する動機となっていたことを示唆している。

『洪範皇極内篇』の冒頭には「洪範皇極図」「九九円数図」「九九方数図」などの図版が収録されていたが、闇斎は「洪範全書序」のなかでそれについて簡単に解説したあと、蔡沈のことを「神を窮め、化を知り、志を継ぎ、事を述べる者」と絶賛した。歴史のなかに埋没していた『洪範』の重要性を初めて明らかにしたのは朱熹であるが、それを具体的な形にして世に示したのは蔡沈であり、それは三聖人が『易』を作り上げてきたこと——伏羲ののち、文王が「卦辞《かじ》」を作り、周公が「爻辞《こうじ》」を作り、孔子が「十翼」を作ったというのが当時の常識であった——に匹敵する大事業だと称賛している。

『洪範』と日本の神話

さらに注目されるのは、この序文のなかで、朝鮮では『洪範』に関する伝承が失われていて、李滉がそのことを嘆いていたと闇斎が述べている点である。それに対して日本ではイザナキ・イザナミの事績のなかに示されていると闇斎は続けているのだが、この伝承の有無によって李滉を乗りこえることができるという自信が、そこにおいて宣言されていたと考えることができる。

先に触れた『仁説問答』でもそうであったが、明代儒学を批判して、新たな方向を切り開いた李滉のことを闇斎は高く評価し、そこから多くの示唆を享受していたが、その李滉を超えて、さらに朱熹が到達した高みに進まなければならない必要性と、その実現可能性とを闇斎は確信していた。そうした自信を闇斎に与えたものは、「日本の僥倖」とでも言えるような、『日本書紀』などの歴史書に記載されて、世界の生成に関する真理が失われることなく伝承されてきたという「事実」であった。もちろん、これは闇斎の認識であって、現在の研究水準からみた評価とは別ものである。

ここで注意しなければならないのは、こうした宇宙開闢に関する日本の「古伝承」の存在を確信したからといって、闇斎が、神道だけに向かって進んだのではなく、儒教に対しても、依然として多大な関心を持ち続けたことである。

たしかに、日本の「古伝承」は神道の中に伝えられてきたが、それは断片的なものでしかなかった。また中世には仏教の影響によってその内容の理解が大きく歪められ、本来の意味は失われてしまっていた。したがって、『日本書紀』といった文字によって記録された資料ばかりでなく、様々な「秘伝」として継承されてきた資料までをも蒐集し、そこから元の形を復元することから始めなければならない。

それに対して中国における宇宙開闢に関する伝承は儒教という形で継承され、やはり仏教などの影響により一時伝承が途絶えたが、宋代になって「道統」の名の下に復活した。さらにそれは朱熹によって体系化され、多くの人々に学習可能なものとして提示されていた。もっとも、明代儒学では朱熹本来の意図が見失われたところも多いから、その是正に努めなければならないにしても、日本の場合とは比べものにならないほどに整備されて伝承されてきているのである。

このような考えから、闇斎は、神道と儒教それぞれにおける課題を認識し、できるところからそれに取り組んだのだと思われる。あるいはすでに指摘した「経」と「権」という議論を想起してもよいかもしれない。神道という形式は日本においては適しているかもしれないが、それはあくまでも日本という「特殊」な地域におけるもの、すなわち「権」に過ぎず、やはり朱熹によって達成された儒教という「普遍」的な形式、つまりは「経」なるものを正しく理解し実践する必要があると考えたのかもしれない。

いずれにしても闇斎は、これ以降も『易』などに関する研究を深め、さらには北宋道学から朱熹に至るまでの系譜、すなわち異端による中断を受けたあと、真理が再び明らかにされる経緯を知ることができるような著作——第五章で述べた、『周子抄略』から『朱書抄略』までの著作など——の編集・刊行に取り組んだのである。

闇斎の『易』研究　『易』については、延宝二年（一六七四）に『易学啓蒙』、同三年（一六七五）に『易経本義』——朱熹における名称は『周易本義』——が、同五年（一六七七）に『朱易衍義《えんぎ》』、同六年（一六七八）に『蓍《し》卦《か》考誤』と、相次いで朱熹の『易』に関する著作が闇斎の手によって刊行されている。

ただし、『易学啓蒙』については、明暦二年（一六五六）に同じ版元である村上平楽寺から出版されたものがあった。このことは『易経本義』についても同じような事情があり、闇斎が江戸に出てくるきっかけを作ったとされる井上政利が、寛文になってまもなくの頃に、無点活字本の『易経本義』を刊行しているのだが、これが闇斎の指導に基づいたものであったことが、すでに先学の研究において明らかにされている（近藤啓吾『山崎闇斎の研究』）。

さらに、闇斎が江戸に出た万治元年（一六五八）に書かれた『大和小学』には、「啓蒙と本義を朱熹本来の姿に戻した」という趣旨の記事が見えていて、この頃に朱熹の解釈を中心に『易』を理解しようとする闇斎の姿勢が明確になったことを示唆している。これらのことから、闇斎が『易』について、とくに朱熹の『易』理解の解明について取り組んでいた時期には、大きく分けて、講義を開始した若い頃と、『洪範全書』を著した晩年の頃という二つの時期があったと考えられる。

というのも、第五章で簡単に触れたように、『易』の解釈には大きく分けて「義理易」と「象数《しょうすう》易」とがあり、闇斎が最初の講義に使用した『周易程伝』は「義理易」の代表的な注釈書で、聖人の真意を経文に求めることに力点が置かれていた。それに対して朱熹は『易』の本来の意義は卜筮《ぼくぜい》にあったと考え、先に挙げた一連の書籍を著した。太極図や河図・洛書といった図像に意味を見いだし、そこから天地自然の法則を読み解こうとするのが「象数易」の特徴であった。

もっとも、朱熹は最初に自分の『周易本義』を読んで『易』について理解し、より深く学ぼうとするときは『周易程伝』を読むことを薦めていて、かならずしも『周易程伝』を完全に否定していたわけではなかった。そうではあるが、『周易程伝』によって『易』を理解するか、朱熹に従って理解するかでは大きな違いがあることは確かだから、闇斎が比較的早い時期から朱熹の「象数易」的立場を選択していたことには注意しておく必要がある。

しかし、『大和小学』を著した頃の闇斎が朱熹の「象数易」が持つ意義をどこまで理解していたかは疑問である。それから一〇年近くが経過し、『洪範全書』がまとめられた頃に、天地開闢《かいびゃく》、すなわち宇宙論の根幹に関わる問題が、「象数易」の中心命題だと闇斎は気がついたと考えるべきであろう。闇斎が先に挙げた『易』に関わる書籍を刊行するのは、そこからさらに一〇年近く時間がかかっている。そこには、日本に残された資料である神道の文献などに対する研鑽を深めなければならないという事情もあっただろうが、『易』および朱熹の解釈が宇宙論を解明するためにきわめて重要なテキストであることに気づいたものの、それをきちんと整理して提示するためにはやはり多くの時間が必要とされたということだと思われる。

闇斎の『易』に関する著作

延宝二年（一六七四）から朱熹の『易』に関する著作を刊行しだしたことは、闇斎がようやく『易』の研究において満足できる段階に到達したことを示している。ただ、その出版事情は若干複雑で、書肆との間で問題があった可能性もある。そうした問題を含めて、闇斎の『易』関連の仕事を紹介しておこう。

『周易本義』は朱熹の最初の注釈書であり、明代に編纂された『易経大全』が一般に用いられていたが、朱熹自身の別の著作や後学の注釈を付けて煩瑣となっていた。そこで闇斎は、経文と朱熹の註だけの体裁に直して、その意図を分かりやすくし、さらに訓点を加えて延宝三年（一六七五）に寿文堂から出版した。さらに同五年（一六七七）には同じく寿文堂から『朱易衍義』を出版している。

この『朱易衍義』は、朱熹の『易』に関する議論を『文集』や『語類』から抜き出したものであったが、それ以外に胡居仁（敬斎）・韓邦奇（苑洛）・李滉などの議論も挙げられていた。もっとも、胡居仁・韓邦奇に関しては朱熹の『易』理解、すなわち「卦爻《かこう》之辞」をあれこれ理屈によって解釈するのではなく、神秘なる啓示としてそのままに受け取るという主張を理解できなかった代表的な議論として取り上げられ、そして李滉については、その著『易学啓蒙伝疑』において韓邦奇批判などを十分に展開できず、したがって朱熹の意図を完全には理解できないでいる点を指摘するものとなっている。

明代儒学者の議論を否定し、それを乗りこえることができなかった李滉の限界を指摘するところは、『洪範全書』と同じ方向の議論となっている。闇斎の『易』に関する著作のなかでは、『朱易衍義』だけに闇斎自身の序文が附されており、そこでは、朱熹が『易』の本来の姿を復元したにもかかわらず、その後明代の『易経大全』に至るまでの間に、それが見失われてしまったことを憂えるという闇斎の考えが披瀝されていた。

『易学啓蒙』は、朱熹が『周易本義』から一〇年ほど経過した頃に著した書物であったが、闇斎はそれを幾度となく出版していた。先に触れたように、村上平楽寺から同じ書名の本が三回出版され、そのうち延宝二年（一六七四）・同五年のものは内容がほぼ一致するのに対して、一番最初の明暦二年（一六五六）のものは、訓点の付け方に違いがあるという（谷省吾『垂加神道の成立と展開』）。明暦版と延宝版で若干の違いがあるものの、基本的には同じであったということは、朱熹の易学に対する闇斎の理解が、『易学啓蒙』の理解を通して形成されてきたことを示唆している。

その際には、李滉の『易学啓蒙伝疑』などが大いに役立ったのであろうが、『易』の本質が「卜筮」

にあることを深く考えるなかで、『朱易衍義』で指摘していたような李滉の限界に行きついたのではないだろうか。また、延宝版が短い間に再版されているところから、それなりに需要が高かったことを窺わせる。

闇斎と『易』の実践

最後の『蓍卦考誤』は、朱熹が正しい占い方についてまとめた著作で、やはり訓点を施して延宝六年（一六七八）に村上平楽寺から出版された。「蓍」とは「めどき」のことで、現在では「筮竹」などといって竹を材料に使用しているが、本来は特別な植物の茎を使用し、そこにこそ神秘なる啓示が宿る理由があった。さらに「卦木」、これは「さんぎ」とも言い、占った結果を示すために使用されたが、角材の両面に陰陽の記号がそれぞれ描かれたものである。「蓍」を五〇本、「卦木」を六枚使用して占うのだが、『易』繋辞伝に書かれた記事だけではよく分からないので、朱熹が正しい方法について詳しく説明したのが本書であった。

『易』をたんに読んで理解するだけのテキストに終わらせるのではなく、実際に占うための技法として広める点からも、朱熹の『蓍卦考誤』を出版する意義は大きかったと思われる。先に紹介した「義理易」と「象数易」の違いを突きつめると、『易』に書かれた文章を、人生における様々な出来事への戒めとして理解することと、世界が現在も生成を繰り返していることを実感することとの相違へと辿りつく。闇斎は、朱熹を継承して、そうした生き生きとした世界の真っ直中にいることを、意識だけでなく、身体を含めて体認することの根拠を『易』に求めたのである。

闇斎が恒常的に「卜筮」を行っていたという話は伝えられていないが、本書を出版したぐらいだから、『易』の実践にも力を注いでいたと推測される。日本では、江戸中期になって漢詩などの文人趣味が高まるにつれて、『易』を使って占うことも少なくなってくるが、明・清や朝鮮では『易』の実践は儒学者としてごく自然の行為なので、あるいは闇斎も、『易』で占うことを普通の日常的な実践と考え、特別な意識を持たなかったのかもしれず、それゆえに闇斎の『易』の実践に関する資料が残っていないのかもしれない。ただし、この点については、今後の研究の進展を俟《ま》ちたいと思う。

『易』に関する闇斎の逸話としては、『易』と『洪範』を講義する際に、闇斎は常に「かみしも」を着用していたという話が伝えられている。身繕いを正して講義をしたというところに、闇斎の『易』『洪範』に対する並々ならぬ崇敬の念を確認することができる。

このように闇斎は、朱熹の『易』に関する業績を網羅的に研究したうえで、それを精力的に出版することによって、朱子学を理解するうえで、『易』というテキストがいかに重要であるかを世に知らしめようとした。そして、それは朱子学だけでなく、その「正統」なる継承者を自任していた闇斎自身の学問・思想においても、『易』がいかに重要な位置を占めていたかを物語っている。

5　人性論の再考

「中」と「和」への関心

『洪範』から『易』へと闇斎の研鑽が深まると同時に、宇宙論ばかりでなく人性論においても思索が深められていったようで、それを示すいくつかの著作が残されている。寛文一二年（一六七二）に序文が書かれた『中和集説』と『性論明備録』、それに成立年代不詳の『沖漠無朕説《ちゅうばくむちん》』がそれである。『中和集説』と『性論明備録』が書かれたのは、『洪範全書』や『仁説問答』がまとめられた時期と『朱易衍義』が出版された時期のほぼ中間にあたり、その前年に「垂加霊社」の号を吉川惟足から授けられていた。

そうしたなかでまとめられた『中和集説』は、『中庸』に見える「中」「和」というタームの解釈に焦点を当て、朱熹の『文集』『語類』から関連する資料を抜き出してまとめたものである。そこでは「喜怒哀楽」という情の「未発」「已発」という問題が扱われていたから、『仁説問答』から継続する問題意識があったと思われる。

「情」がまだ発動しない以前の心は本来的な「性」の状態にあり、どこにも偏ることがないから「中」と呼ばれる。発動後も、しかるべき節度に当たっていれば、それは「情」の正常な状態であるので「和」と呼ばれるというのが、『中庸』の「中」「和」に対する朱熹の解釈である。ただ、こうした状態を保つためには「存心養性」に努めなければならないが、それが「敬」の工夫だと規定されていたから、人性に関する原理的な考察だけでなく、実践的な修養方法にまで広がる大きな問題であった。

もちろん上記の「中」「和」の定義は朱子学の基本中の基本とも言うべきものであるが、朱熹は四〇代の初めにいったんは『中庸章句』を完成させ、その際に「中和旧説」を書いていた。しかし、その後も『章句』の文章に訂正を加え続けており、その間に『中庸或問』や『中庸輯説』、さらには

「中庸首章説」もまとめられた。かくして晩年に近づいた六〇歳の時に現行の「中庸章句序」が著されたのである。

闇斎の解釈によれば、晩年だけでなく、その前の旧説などを参照することによって、朱熹の思考の全体が初めて把握できるはずであるが、中年の議論は「中和旧説」という序文が残るだけで、注釈そのものは失われていた。そこで、『文集』『語類』から関連する文章を探し出して作ったのが『中和集説』であると、闇斎は序文で述べている。

『中和集説』というタイトルそれ自体が、朱熹の「中和旧説」を復元したいという思いの表れと考えてよいだろう。闇斎が朱熹の旧説にどこまで迫ることができたかは別にして、現在までも議論が続いている朱熹の思想におけるこの首尾一貫性の問題は、重箱の隅をほじくるような解釈学上の些細な問題ではなく、道学の起源と継承という時間的な問題であると同時に、宇宙論と実践的な方法論との連続性に関わる構造論的な問題でもあった。生まれながらに付与された「天命之性」を「敬」という修養によって発動させること、闇斎はそれを「天人妙合之理」と呼び、その再考に取り組んだのである。

また、この時期の闇斎が神道に関しても研鑽を深め、とくに『中臣祓』における「中」の問題に関心を向けていたことに注目する研究者もいる。たしかに前章で述べたように闇斎の神道理解において『中臣祓』は重要な位置を占めていたし、『易』『洪範』と日本の「古伝承」との整合性も重要な課題であったから、そうした問題意識もあって『中和集説』がまとめられた可能性はある。しかし、いくつもの問題が複雑に絡みあっていたにしても、儒教の課題と神道の課題とを簡単に結びつけるのではなく、資料に即して丁寧に整理したうえで考察するというのが闇斎の手法であったことから考えると、神道の問題を解くために『中和集説』をまとめたわけではないことは明らかである。

宇宙開闢に関する日本の「古伝承」と『易』『洪範』に見える宇宙論との双方に「天人妙合之理」が確認できるからといって、両者をひとまとめにして扱えるほど簡単な問題ではないことを闇斎は熟知していた。闇斎にとって『中和集説』で扱った問題は、李滉の「四端七情論」を超えて、朱熹の人性論に肉薄するという、儒教史的な展開のなかで構想された重要な一歩であったと考えるべきである。

「性」論の再考

『中和集説』の序文を、寛文一二年（一六七二）の五月半ば、旧暦の夏至の日に書いてから、一カ月も経たない六月七日に闇斎は『性論明備録』の序文を書いている。このことは、両著がほぼ同じ時期に準備されていたことを示していよう。

『性論明備録』は、「性」には本然と気質の区別があり、それによって、本来的には善であるはずの人間が善ばかりでなく悪を行うこともあるということを説明した程顥《こう》（明道）の発言と、それに対する朱熹の解説である「明道論性説」とを取り上げ、さらにそれに関連する朱熹の発言を『語類』から選んで加えたものである。「本然之性」「気質之性」という術語は、「中」「和」の定義と並んで朱子学の基本中の基本とも言うべきものであり、闇斎があらためてそれを再確認するような作業と格闘していたことに注意する必要があるのだが、それについてはあとで述べることにしたい。

「生、これを性と謂う。性はすなわち気、気はすなわち性、生の謂いなり」という程顥の発言は、

「性」を「理」的な側面から捉えた議論が、どちらかと言えば人間を静態的に捉え、かつ論理的に説明するものであったのに対して、むしろ動態的に捉え、また現実的な関心からなされた説明であった。現実社会に生きる人間、すなわち「未発」状態ではなく「已発」状態にある人間について、悪を行う可能性を極力排除しながら善に向かうためにはどうしたらよいかという問題意識が、そこには認められる。

程顥はそれを「水の流れ」、すなわち清らかなままに海に流れ出る水と濁ってよどんでしまう水とに喩えて、本来的に付与された「天命」、すなわち水について言えば、「流れる」という水本来の性質に従うことを説いている。言うまでもなく、この場合の「天命」とは、『中庸』の「天の命ずる、これを性と謂う」という語句に基づいていて、同じ時期にまとめられた『中和集説』ともきわめて密接に関わっていた。

「天命」に従うための具体的な方法についてはなにも示されていなかったが、そこにはきわめて実践的な問題意識が働いていたと考えることができる。つまり、実践可能な修養方法を問題として意識したからこそ、こうした議論が生まれたということである。本書には、他の書物と同じく、闇斎自身の言葉は一つも差し挟まれていないが、原理論的な確認をしながらも、人間の生きた場面を想定しながら人性論を再検証するという闇斎の意図をそこに読み取ることができる。

「始原」の再検討

『沖漠無朕説』は、『中和集説』『性論明備録』よりも前に書かれたか、後で書かれたかは判然としないが、両著と関わりが強いことは明らかである。なぜなら、

「沖漠無朕」という語句は「むなしく、何一つきざしがない」という意味であるが、「万象森然已具」、「すべての物の姿がおごそかにそこに備わっている」という意味の語句と繫がって一文をなし、宇宙の始まりにおける霊妙な状態を説明したものだったからである。

この程頤《い》の発言──程顥のものとする説もある──では、百尺の大木が根本から枝葉に至るまで生気が一貫しているという譬えを用いながら、人間の行いに問題の中心が置かれ、人間が行っている道理が、なにも兆しのない状態において、すでに存在していることを述べていた。つまり、「未発」の状態と「已発」の状態との「あわい」は、論理的には明確に分けられるにしても、実際においては厳密な区別ができないくらいの微妙なものだということである。

闇斎は、この程頤の発言に対する朱熹の説明を挙げ、さらに門人の黄榦《こうかん》（勉斎）・蔡沈、明代の薛《せっ》瑄《せん》『読書録』、胡居仁『居業録』、朝鮮の李滉《イハン》『自省録』からの引用を採録して一つの書物とした。朱熹だけではなく明代や朝鮮の儒学者からも文章を採っている点からすると、『朱易衍義』に近い体裁と言えるが、これは問題がそれだけ複雑だったからだろう。あるいは、朱熹の説明が、その後の歴史のなかで不明になったことを指摘する意図があったのかもしれない。

朱熹は、程頤の「性即理」説を継承して「未発」と「已発」を厳格に分けたが、それをあまり強調しすぎると、動的な感覚を欠いた、冷たい理論ということになってしまう。事実、朱子学を「リゴリズム」とするような批判はこうした理解から生まれていた。これに反して、「未発」「已発」の区分を捨象してしまうと、陸九淵（象山）・王守仁（陽明）の主張となんら変わらなくなる。それゆえ、この問題の議論には緻密で注意深い論理展開が必要とされ、朱熹も門人とのやり取りのなかで繰り返し説明してはいたが、それでも明代や朝鮮において蒸し返されるような形で論議されており、そう簡単には解決できない問題であった。

先に「沖漠無朕」を宇宙の始まりにおける説明と述べたが、実際には一回だけの世界生成に限定された話ではなく、現在でも繰り返し発生しているはずの現象に関する説明であり、さらには人間の行動における「霊妙なはじまり」に関する説明でもあった。無極＝太極という宇宙論に関する議論であるが、それが人性論における最も根源的な理論ともなっていたことから、朱熹の時代から延々と議論され続けてきた問題であった。

そして、これもすでに述べてきたところであるが、この問題に対処するために、李滉は「理気互発論」と呼ばれるような、「理」の適用範囲を拡大する戦略をとった。これに対して闇斎は、李滉の議論に大きな刺激を受けるとともに、李滉の問題点を宇宙の始まりに関する「古伝承」の欠如によって朱熹の真意に到達することが妨げられたところにあると捉え、「未発の愛」という議論を提唱して「未発」「已発」の「あわい」に関する議論を再考しようとしたのである。『沖漠無朕説』の編纂は、まさしくこうした闇斎の知的営為が、いかなる関心によってなされていたかを明瞭に示している。

6　闇斎における理論的到達点

『中和集説』における「中」「和」の問題にしろ、『性論明備録』における「本然之性」「気質之性」の問題にしろ、そして『沖漠無朕説』における「未発」「已発」の問題にしても、朱子学の最も根幹に位置した基本中の基本とも言うべき問題であったから、それらを理解するための北宋四子の議論は、当然のことながら、朱熹の『近思録』にも採集されていた。

『近思録』の問題点

この『近思録』については、すでに第五章で紹介したが、もう一度簡単に触れておくと、闇斎は朱子学を学ぶうえで必須のテキストとして位置づけ、寛文一〇年（一六七〇）に序文をつけて出版していた。『近思録』は、中国でも朝鮮でも版を重ねていたので、日本でもそれらがよく読まれていたが、それらはすべて「大全」などと同様に、北宋から明代に至るまでの多くの注釈が附されて煩雑になっていた。そこで闇斎は、朱熹の注だけを採録するという、簡素で分かりやすい形に直して出版したのであった。時期から考えて、『中和集説』などの著作とほぼ同じ時期に、こうした作業が進められていたと考えてよい。

闇斎が『中和集説』などの著作を通じて示そうとした問題の多くは、『近思録』の道体編や為学大要編を読めば、おおよそのことは理解できるだろう。しかし、『近思録』そのものは、すべてで一四編という網羅的な書物であり、そこで展開されている議論も多種多様であったから、そこから必要な議論のみを選び出すにはかなりの知見が必要とされる。また、いくら朱熹の注釈だけという簡略な形にしたとはいえ、それを読み解くことは容易ではなかったに違いない。ここにこそ、『中和集説』以下の三著が出版された理由があった。

「抄略」シリーズの意図

さらには、『周書抄略』から『朱書抄略』に至るまでの書籍がまとめられた理由もここにあったと考えられる。『周書抄略』といった「抄略」シリーズでは、天地・人倫・為学という三項目に分類されていて、すでに述べてきた闇斎の関心に沿った整理となっている。ただ『周書抄略』『程書抄略』『張書抄略』の三著は、採録した条目の数に違いがあるものの、それぞれの項目はほぼバランスが取れているのに対して、『朱書抄略』は、天地六九条・人倫一一九条・為学一四五条と、宇宙論よりも人性論に関する条目が圧倒的に多い。ここから、朱子学の人性論に関して再考を重ねてきた闇斎の努力が、これらの著述、とりわけ『朱書抄略』に結集されていたことが分かる。

闇斎の最晩年にあたる天和元年（一六八一）に『朱書抄略』が出版されたが、そのときに書かれた「記朱書抄略後」のなかで、闇斎は「敬義内外」説に触れていた。この学説に関しては、本章の冒頭でも触れたように、門人の佐藤直方・浅見絅斎との解釈の相違が露わになり、深刻な亀裂を崎門にもたらした。

闇斎と直方らとの対立が明確になったのは、『易』に関する一連の著作をすべて出版し終わった延宝七年（一六七九）の春から夏にかけてのことであった。「敬以直内、義以方外、敬義立而徳不孤」という『易』文言伝の語句を、闇斎は「内」とは「身心」、「外」とは「身」から外のことだと解釈した。このことはすでに本章の初めで触れたが、「敬」の対象を「心」だけでなく身体にまで拡大するという、従来の解釈からは逸脱した理解であったが、闇斎からすれば「敬」という修養方法をより現実的で実践可能なものとするための方策を模索するなかで到達した結論であった。

同じ年の冬から翌年にかけて行った『大学』の講義で、闇斎は『大学』の冒頭に見える「明徳」という語は、あらゆるものに天から付与された「性」であるだけでなく、人間にのみ持つことが可能な「心」のことだと定義づけている（「大学垂加先生講義」）。闇斎は、朱熹が注釈で「人之所得乎天（人間が天から与えられたもの）」と、わざわざ「人」という文字を加えて説いているところが重要だと、注意を喚起する。朱熹のこの解釈はそれまでの聖賢が言わなかった卓見であるにもかかわらず、後学の人々は誰一人気づかず、「明徳」を「性」とか「性と心のあわさったもの」などと考えてきたと、闇斎はこれまでの朱子学者を批判する。

闇斎によれば、このことは寛文九年（一六六九）頃にまとめられた『大学啓発集』ですでに指摘したと言うが、同書は朱熹の発言だけを採録したもので、闇斎自身の言葉は書かれていない。ただ『洪範全書』や『仁説問答』が書かれた時期とほぼ同じ頃に、闇斎がこの「明徳」の問題と取り組んでいたとすれば、闇斎が、「明徳」が他の生物にはなく人間のみに限定された徳性だということよりも、生きた人間の「心」のあり方を問題にする現実的な修養方法に向かって歩んでいたことを示すものだと考えられる。朱子学の一般的な定義によれば、「心」は「性」と「情」とによって構成されたものとなるが、闇斎はこうした原理的で構造的な説明に満足せず、生身の人間の「心」が発動する瞬間に最も強い関心を向けて、そこにおいていったい何をすればよいのかという問題に取り組んでいたということである。

心の発動における「あわい」

「明徳」を「性」ではなくて「情」を含む「心」だとする考えは、「情」である「愛」に「未発」を認めることと連動している。さらに言えば、「性」にのみ「未発」と「已発」を認め、「情」をすべて「已発」とするような解釈では、理論的な説明としてはよいかも知れないが、現実の修養においては最も初発の契機を見失ってしまうことになる。「情」にも「未発」があることを認めることで、初めて「未発」と「已発」の間の霊妙な「あわい」を感知することができ、また修養方法も実践可能なものとなる。

そう考えた闇斎は、朱熹が『大学章句』で述べた「気の制約によって、人欲に蔽われ、時として心が昏迷状態になる（但為気稟所拘、人欲所蔽、則有時而昏）」という発言に着目し、人欲によって昏迷しているなかの、ほんのわずかな「空隙」において「フット」発見されるものが「良心」なのだと主張した（「大学垂加先生講義」）。

この闇斎の説明は、室鳩巣《むろきゅうそう》（一六五八～一七三四）のような闇斎に敵対する朱子学者からは「常時昏昧」、つまり「常に昏迷状態にある」と述べたと理解され、朱熹からの甚だしい逸脱と批判されている（室鳩巣「与遊佐次郎左右衛門論有時而昏」第一書）。闇斎からすれば、原理論的な問題ではなくて実践上の問題であるし、それになによりも『大学』の本文で「明明徳」と記されている、つまり「明徳を明らかにする」とある以上、本来備わっているはずの「明徳」が昏迷状態に陥るという事態が予想されての記述なのだから、時間の問題は枝葉末節の議論ということになる。重要なのは、昏迷状態になるとほとんど同時にそれを克服するための契機が人間には内蔵されているということだからである。

こうした闇斎の「心」の理解を、前章で触れた「神明之舎」という理解と結びつけ、神道の理解と密接に関わると考えることは誤ってはいないだろう。また「敬義内外」説をこの問題と結びつけ、そこに心身を一つと捉えるような「日本的」な身体観が反映されていると考えることもやはり誤っていないだろう。闇斎が問題にした「心」とは、悪に染まることもありうるような日常的でありふれた場面において、いかに善なる状態を回復するかという、きわめて実践的な課題における人間の「心」のあり方だったからである。

そして、仮に悪に染まっていたとしても、ほんのわずかな瞬間に善へと進むことのできるような契機を人間は本来的に備えていると、闇斎は確信していた。闇斎にそのような確信をもたらした要因として、神々や身体に関する「土着的な思考」が働いたと予想しても不思議ではない。「土着化」とは、もともとそれまでに馴染んでいたことがらを用いながら、新たにもたらされた理論などを改変していくことだからである。ただ、そのためには、それを可能にするような連環（リンケージ）――その多くは「誤読」「誤認」と他の人々から批判されるようなものであったが――が必要とされる。「未発の愛」説や「敬義内外」説は、日本の「古伝承」と『易』『洪範』との類似性という闇斎の理解――

「誤認」であろう——によって生み出された「土着化」の代表的なものであった。

「智蔵」説という到達点

闇斎の理論的な到達点、つまりは「土着化」の到達点ということでは、「智蔵《ちぞう》」説というものを無視することはできないので、最後にこの問題に触れておきたい。

闇斎によれば、この「智蔵」説は朱熹がごくまれにしか語らなかった、いわば「秘伝」ともいうべき議論で、「智」に他の仁・義・礼の徳を「蔵」する、すなわち「隠し収める」という働きがあることを説いたものだという。それは、『易』によって喚起された発想ではあるが、仁・義・礼・智という人間の徳性を四季の循環になぞらえるという操作によって組み立てられた議論であった。

一般には、物事の是非を判断する働き（＝分別）だと考えられていた「智」について、闇斎は、他の徳性のように何か特別な行為と結びつくのではなく、他の徳性を収蔵しているところに最も重要な働きがあると意義づけた。「仁」に専言・偏言の区別があるように、「智」にも個別の働きとは別に全体を統括するような機能を認めるものであり、人間の活動には、こうした表面には見えない働きが絶えず介在していることを強調するための議論である。

また、そこには、天地自然の循環してやむことのない大いなる働きが人間に内在していることへの信頼が表明されていた。仁・義・礼・智が「四徳」であり、表面には表れないものの、絶えず人間に働きかけているものが「本然之性」、つまり「太極」であることから、この「智蔵」説という議論が、これまで述べてきた「未発の愛」説や「敬義内外」説と大きく関わっていることは明らかである。

ただ、闇斎が朱熹でさえもごくまれにしか触れなかったと述べているように、朱熹の発言は「答陳器之問玉山講義」（『朱子文集』巻五八）と『朱子語類』巻六に見えるだけであり、しかも前者の後半部分は後者とほとんど同じ内容であった。闇斎が「智蔵」説の論証に引用していたこれら二つの資料以外に、朱熹が残した膨大な資料のなかで直接「智蔵」説に関わると判断されるものは見あたらない。

しかし、闇斎にとって資料の多寡は問題ではなく、その内容こそが重要であった。朱熹のまれな発言という闇斎の理解は、孔子が「性」と「天道」という重要なことがらについてまれにしか述べなかったという子貢の発言（『論語』公冶長篇）を踏襲したものであり、そこにこそ闇斎は「智蔵」説の重要性を認め、堯舜以来の「道統」における「秘伝」的な継承を確信していたのである。

朱熹の「智蔵」説について闇斎は、「未発の愛」説とともに「独見黙契の処」であり、門人のなかでも真徳秀（西山）と蔡沈ぐらいしかその神髄を理解できなかったと述べ、それがいかに深遠で難解な教えであったかを力説しているが、現在の朱子学研究者でこれに同調する者はほとんどいないであろう。現在の研究水準から言えば、「智蔵」説は闇斎の「誤認」による産物と断定するしかないのだが、そうであるからこそ、それは闇斎が朱熹の思想、さらには儒教の本質に対して研鑽を積み上げてきた到達点であったことをはっきりと示しているのである。

ところで、「智蔵」説に関する朱熹の発言が『玉山講義』に関わるところでなされていたことは、闇斎がそれを「発見」するに際して大きな意味をもっていた。朱熹の『玉山講義』にいくつかの資料をつけた『玉山講義附録』は、寛文五年（一六六五）保科正之の編著として出版されている。闇斎が正之の命を受けてその編纂に関わり、彼に代わって跋文を書いたことはすでに触れておいた。ただし、この跋文は非常に短いもので、朱熹の「性」と「天道」に関わる発言が『朱熹文集』と『朱子語類』に見えるという思わせぶりなことを述べているだけで、とくに「智蔵」説に言及してはいない。

寛文一二年（一六七二）の一二月に正之が亡くなり、翌年の葬儀の後に著した「土津《はにつ》霊神碑」では、正之から『玉山講義』編纂を命じられたこと、また正之が『玉山講義』の要点について、「未発の愛」と「智蔵」、さらには「仁智交際」の三点を挙げていたことを書いていた。「仁智交際」とは、「仁」に関する「未発の愛」説と「智」に関する「智蔵」説とが一つになることによって明らかにされる境地で、闇斎はそれを「天人の合する道」と説明しているが、それが正之の「発見」であったかのような書きぶりである。

この闇斎の記述をたんなる謙遜と捉え、実際には闇斎が主導的役割を果たしていたとする解釈もあるが、門人の浅見絅斎《けいさい》（一六五二〜一七一二）が述べていたように（「玉山講義師説」）、二人による「反復講論」の結果と考えた方が妥当であろう。あるいは、さらに推し進めて、正之によって触発された考えを、その後に闇斎が発展させたものと考えることもできる。そう考えたとしても闇斎を貶めることにはならないだろう。具体的な議論として、資料に即した形で世の中に提示することは、闇斎でなければできなかったことだからである。

重要なのは、保科正之と出会うことがなければ、闇斎が李滉を超えて、前人未到と自負するような「未発の愛」説と「智蔵」説に到達することはなかっただろうという事実である。もちろん、前人未到というのは、闇斎の主張に沿った評価であり、客観的に言えば、正之と出会うことによって、闇斎の「誤認」がよりいっそう明確になっただけだということになるかもしれない。いずれにしても、闇斎の思想形成において正之が果たした役割については、もう一度検証し直す必要がありそうである。

闇斎と保科正之との関わりでは、前章で述べたように、闇斎がかなり以前から神道に関心をもっていたにしても、垂加神道へと発展する契機としては正之から触発されたところが大きかった。「智蔵」説についても、闇斎が、これを理解することによって初めて「道」の本体を語ることができ、「鬼神」について論じることができると説いていたことから（「土津霊神碑」）、神道の教義の理解と「智蔵」説との間に密接な関わりを認めることができる。こうした神道と儒教とにまたがる理解が正之において明確に成立していたかはともかく、闇斎は正之との関わりのなかでそのことに気づいたと自覚していたのである。

ところで、この点については、正之だけでなく、二人に神道を伝授した吉川惟足《これたり》、さらにはその元となった吉田神道にも「智蔵」説を認めることができるという主張もある（高島元洋『山崎闇斎』）。中世神道から近世神道に移行する際に、『日本書紀』の記述を『易』などに見られる儒教用語を用いて解釈していたことを考慮すれば、神秘的な何か――それは、神道においては神々ないし神々の事績ということになる――が混沌とした始原から途絶えることなく働いているというような理解、すなわち「智蔵」説に類似するような理解を見いだすことは可能であろう。そうした神道における神秘主義的な傾向が、正之を通して闇斎に流れ込み、それによって闇斎が『易』や『洪範』への関心を高めたと考えたとしても間違ってはいないだろう。

ただ、こうした説明は、闇斎の「智蔵」説の由来を探るうえでは一定の意義があるにしても、闇斎が朱熹の「秘伝」として「智蔵」説を取り上げた意図を語ることにはならない。闇斎が「智蔵」説によって保証しようとしたものは、宇宙論的な始原に関する議論ではなく、現在という瞬間、何かの行動を起こそうとする前の、ほんの一瞬において働く人間の心の現象に関する議論であった。それは神秘的で不可思議な現象ではあるが、「智蔵」説によって解釈すれば、普遍的な原理に基づいて実践することが可能なものである。しかも、それはたんなる修養における一過程としての実践にとどまらず、日常的に継続し続けることが可能な実践――「敬」の工夫――である。冒頭の「敬義内外」説と関わるが、それは心身すべてを用いて実践するものであり、ある種の「神秘的な体験」を通じてのみ獲得されるものであった。

終章　東アジアの中の闇斎学

1　闇斎の臨終

闇斎の最晩年

佐藤直方（一六五〇〜一七一九）や浅見絅斎《けいさい》（一六五二〜一七一一）が相次いで闇斎の下を去ったことから、最晩年の闇斎は寂しく過ごしたのではないかと思う人もいるかもしれないが、必ずしもそうではなかった。直方や絅斎と対立したのは延宝七年（一六七九）の春から夏にかけてのことであったが、その年の冬には土佐から谷秦山（一六六三〜一七一八）が訪れているし、「崎門三傑」の一人に数えられている三宅尚斎（一六六二〜一七四一）が入門したのは翌年のことであった。永田養庵（生没年不詳）や植田玄節（一六五一〜一七三五）などといった有力な門人たちも、地方の大名に仕えていたために闇斎からは離れたところで暮らしていたが、相変わらず闇斎に対する尊崇の念を抱き続けていた。このように儒教における門人も、決して減ったわけではなかった。

それ以上に神道関係では、垂加社の勧請に際して祭主を務めた下御霊神社の出雲路信直（一六五〇〜一七〇三）は別にしても、大山為起（一六五一〜一七〇三）・梨木祐之（一六六〇〜一七二四）・正親町公《おおぎまちきん》通《みち》（一六五三〜一七三三）・土御門泰福《やすとみ》（一六五五〜一七一七）といった神官や公家衆がこの時期に相次いで入門していた。儒教においては、直方や絅斎の離反だけでなく、闇斎が暮らした京都だけを見ても伊藤仁斎（一六二七〜一七〇五）や中村惕斎《てきさい》（一六二九〜一七〇二）といったライヴァルが次々と台頭してきており、さしもの「崎門」の隆盛にも陰りが生じていたかもしれない。だが、神道においては、神社や祭礼などの復興がめざましい時代動向のなかにあって、闇斎はその中心的な地位を占めており、大きな影響力を保持していたと言えるだろう。

それにしても、佐藤直方の破門とそれに伴う浅見絅斎の離反は、その当時だけでなく、その後までも長く語り継がれてきた日本の儒教史における一大スキャンダルとも言えるような出来事であったから、もう少し丁寧に触れておいた方がよいだろう。

ことの発端は、すでに繰り返し述べてきたように、『易』文言伝の「敬以直内、義以方外、敬義立而徳不孤」という一文を、闇斎が「内」とは自分の心身のことで、「外」とは自分の身体よりも外側、つまり自分を取り巻く社会のことだという解釈を示したことにある。この『易』の言葉は、朱熹が編纂した『近思録』にも採録されていて、闇斎は『近思録』において、先のような解釈を示したと伝えられている。そればかりでなく、『大学』の八条目、格物窮理から始まって治国平天下まで広げられた説明、それは個人の心のうちにおける道徳性の発現が社会全体の安定にまで波及するということを示したものであるが、それと絡ませて「修身」までが「内」で、「斉家」からが「外」であるという説明した。

この講義の当時、佐藤直方は病気で臥《ふ》せっていて、闇斎の講義を聞いてはいなかったが、直接聞いた浅見絅斎と、二人を闇斎に紹介した先輩格の永田養庵とが連れだって直方の意見を聞くために訪れた。話を聞いた直方は、「それは悪い(解釈である)、敬は内のことで、心を指し、義は外で、身から外のことだ」と即座に答えたという。絅斎たちは、直方の意見を闇斎に伝えたが、闇斎は「それでは仏見になってしまう」として、直方の解釈を頭から否定した。これがきっかけとなって、闇斎と直方の対立が深まり、闇斎が直方に対して出入りを禁止したところ、直方に追従するように絅斎も闇斎の下を離れることになったというのが、その経緯である。

前にも触れたように、この件に関しては闇斎の発言や文章は残されておらず、直方の『韞蔵録《うんぞうろく》』の記述やその他の発言といった、直方側の一方的な記録しかないのだが、桑名松雲(一六四九〜一七三二)——京都出身であったが、仙台藩に仕えたことから、遊佐木斎(一六五九〜一七三四)の紹介で闇斎の門下となり、のちに京都に戻って八条宮尚仁親王の侍読を務めた——の『山崎先生批桑名松雲書』という資料が残っていて、『韞蔵録』に記載された経緯がおおむね間違っていないことが確認されている。たぶん「敬義内外」説をめぐる問題としては、上記の経緯の通りだったと思われるが、闇斎と直方・絅斎との対立については、それ以外にもいろいろと伏線があったという話も残されているので、それらについても紹介しておこう。

それは下鴨神社の神官をめぐる話である。これは浅見絅斎の門人の若林強斎（一六七九～一七三二）が語った話として伝えられているもので（『強斎先生雑話雑記』）、名前は不詳であるが、下鴨神社の神官であった人物がたびたび闇斎のもとを訪れることがあり、そのたびに講義が中断されるので、直方と絅斎とがその神官に論争を吹きかけ、ついには神官に「明日から自分も儒学を学ぼう」と言わせたという話が発端であった。それを聞いた闇斎がひどく怒り、「あの方は自分が神道について学ぶために来てもらっているのであり、論破するのであれば、おまえたちの力を借りなくても、自分が一言で済ませることができる」と叱った。このことが伏線となり、「敬義内外」説の問題とも絡みあって、ついには闇斎と直方の対立に至ったということになっている。

この話では、闇斎と直方が直接口論を交わし、直方が「どうおっしゃったところで、程朱の説は揺るぎません」と言い、それに対して闇斎が「程朱の説が揺るがないのは、われわれが言わずとも明白だ、以後は出入り禁止だ」と述べたという話になっているが、直方側の記録では、「敬義内外」説をめぐって二人が直接話をしたことはないとされているので、疑わしいと言えば疑わしいのだが、「敬義内外」説以外に原因があったのではないかという考えが絅斎周辺の門人たちに存在していたことを示している。そして絅斎は、その場に居合わせたために「とばっちり」を受けたという解釈となっていて、このあたりがこの話が持ちだされた直接的な理由であったように思われる。

たしかにテキストの解釈の相違だけで「破門」という事態が起きるというのは、闇斎やその門人たちがきわめて狭量な人物だったという印象を招きかねず、あまりにもゆきすぎだという理解は、当事者以外の門人たちには強くあったようで、有力な門人であった植田玄節も、かなり直方に悪意をもった解釈となっているが、以下のような見解を述べている（「批山崎先生行実」）。

浅見絅斎が闇斎先生から離反したのは「敬義内外」説が原因だと世間では考えているが、そうではない。解釈の違いなどから、そんなことは起きるはずもない。かねてから佐藤直方は不興を蒙っていたが、たまたま「敬義内外」説の問題が起きたので、絅斎に対して「先生の解釈は誤っている。それに従うことはできないので、自分は先生のもとから離れるが、君はどうする」と語ったという。直方は闇斎から受けた自分の罪を隠して絅斎をあおった結果、絅斎もついに離反することになった。

玄節は、離反を画策した直方は「奸佞《かんねい》」で、欺かれて従った絅斎は「愚駭」だと批判しているが、同時にこのことは出雲路直信、楢崎正員（一六二〇～九六）、遊佐木斎も知っていることだと述べていて、闇斎の門人たちには広く知られた「真実」であることを強調している。

直方が蒙った不興が下鴨神社の神官をめぐる問題であれば、若林強斎の話と繋がるのだが、そこまでは植田玄節も語っていない。いずれにしても、直方が確信をもった主犯で、絅斎はそれに追随したか、欺されたかの従犯といった解釈が、崎門の一般的な解釈であったようである。おそらく実際のところも、いろいろなことが絡みあい、感情的なすれ違いが生じた結果だと思われる。「敬義内外」説は直接の要因ではあったかもしれないが、それ以前から闇斎と直方とは「わだかまり」が強まっていたのではないかと推測される。先にも紹介したが、そもそも入門の経緯からして両者にはしっくりこないところがあったように見受けられるからである。

上記の出来事は延宝七年（一六七九）の夏までのことであったが、それ以降も闇斎は、その年の冬に『周書抄略』を完成させ、翌年には『朱書抄略』を完成させるなど、精力的に活動している。さらには、それらをまとめた『四子抄略』の出版準備や『文会筆録』の校訂も進めていた。もちろん神道に関わる書物、『中臣祓風水草』『神代巻風葉集』などの執筆も継続されていた。儒教・神道双方の門人たちに対する講義の合間に、こうした書述活動が行われていたわけであるから、老齢になったとはいえ、かなり充実した最晩年の生活を過ごしていたと考えることができる。

病状の急変と門人たちの動向

天和二年（一六八二）の秋になって、闇斎は急激に体調を崩す。その年の春あたりから体調がすぐれず病床に臥せることが多くなり、その後は一時回復したものの、九月六日になって病状が急変した。闇斎の最期については、京都にいた門人たちが広島の植田玄節宛てに詳しい経過を記した書簡が『闇斎先生易簀《えきさく》訃状』と名づけられて残されている。玄節に何かしらの意図があったかどうかはともかく、彼の手によってそれらの書簡は漏らすことなく大事に保管されていた。ちなみに「易簀」とは、『礼記』檀弓《だんぐう》に見え、孔子の弟子の曾参《そうしん》が、見舞いとして贈られて使用していた大夫用の「スノコ」を、身分不相応という理由から死の間際に取り替えさせたという故事に由来し、人の死を意味した言葉である。

侍医の伊東春琳によれば、以前から患っていた「腹満」が悪化したための病状悪化だという。「腹満」とは腹部が腫れた状態のことで、これだけでは何が原因なのかよく分からないが、癌であったのではないかと推測する見解もある（谷省吾『垂加神道の成立と展開』）。それを知った闇斎も覚悟を決めたようであったが、門人たちは諦めきれず、闇斎の意志に逆らって、なお別の医師を探すなどしていた。かくして京都周辺の門人たちも徐々に駆けつけるようになり、闇斎の周りはにわかに騒がしくなった。

そうした門人たちの中心にいたのは下御霊神社の出雲路信直で、それを大山為起・梨木祐之といった神官たちが補佐していた。ただし、彼らの背後には、のちのち垂加神道の後継者とみなされた正親町公通が控えていた。出雲路たちが正親町公通を担いだのか、あるいは公通がその地位を利用して主導権を握ったのかはよく分からないが、朝廷や寺社を中心に社会が動いていた京都にあってはおのずと一つの方向にまとまっていったのであろう。いずれにしても、儒教系の門人ではなく、垂加神道系の門人によって闇斎の最期は見守られることになった。

正親町公通は、延宝八年（一六八〇）、二八歳の時に闇斎に入門するが、そのときすでに従三位参議右中将という高位に就いており、保科正之亡き後、闇斎に対する最大の庇護者となることを期待されてのことだったと思われる。とりわけ京都においては、朝廷の高位者が関わることは、その勢力を保持し、あるいは拡張するのに必須の要件だっただろう。また出雲路信直の妻は公通の妹で、大山為起は公通の父実豊の猶子となっていたなど、姻戚関係によるネットワークもそこには形成されていた。こうした神道関係者とのネットワークが緊密であったことも、正親町公通が後継者として白羽の矢が立てられた大きな理由であったと思われる。

闇斎の病状を聞かされた正親町公通にとっての気がかりなことは、侍医伊東春琳の治療が不十分なのではないかという疑いで、もっと力のある高名な医師を手配するようにと促しているが、それ以外にも闇斎が最後まで書き継いでいた『中臣祓風水草』をどうするかという問題があった。『闇斎先生易簀訃状』には、一三日夜に闇斎のもとを見舞いに訪れた際、公通は、居合わせた門人たちにかなり厳しい口調で、闇斎没後の『中臣祓風水草』の行方を訊ねたということである。

そこにいた書肆の武村市兵衛が、出版するために自分が保管していると述べると、『中臣祓風水草』ほどの重要な書物が、闇斎亡き後、書肆や女・童のもとにあるなど「もったいないこと」であり、出雲路たちが預かってしかるべきであるから、闇斎の病状を見計らって、闇斎からの指示を仰いでおくようにと、強い口調で述べた。この結果、翌日闇斎からの指示ということで、『中臣祓風水草』の自筆本は正親町公通に渡され、それによって公通が実質的な後継者と認知されることになったという。公通みずからが後継者として指名されることを求めたわけではないだろうが、出雲路たちとの「あうん」の呼吸で、そのような結論になったということであろう。

ただし、すでに第七章で紹介したように、これとは別に出雲路に清書本が渡され、武村市兵衛のところから出版せよという指示も闇斎から出されていたという話が残っている。それがどういう意味を持っていたのか、なぜ実際に出版されなかったのかなど、不明なことは多くあるが、それらに関してはこれ以上の詮索は無駄なようである。後継者としての「正統性」を示す正親町所蔵本ですら、写本として流布したものを除けば、所在が不明になっているほどであるから、それ以外のものがきちんと残されることなどは望むべくもないと言えよう。

ところで、正親町公通の発言で「女・童」とあるのは、おそらく妾の加知とその子の林山三郎を指していると思われるから、そのことだけを補っておきたい。両名のことは第二章でも触れておいたが、林山三郎は加知の養子ないし猶子で、葭屋《よしや》町の家に一緒に暮らしていて、延宝八年（一六八〇）一五歳になった折りには、闇斎から「敬勝」という字をもらったほど可愛がられていたと思われるが、闇斎が亡くなった時はわずかに一七歳だったということもあって、闇斎所有の書籍を一部分譲られたものの、正式な後継者とは見なされなかった。力量不足と言ってしまえばそれまでであるが、世知に長けた大人の門人たちから爪弾きにされ、やがてその消息は途絶えてしまう。

出雲路信直をはじめとする神官たちは、病気平癒の祈禱を毎日続けていたが、一五日夜になっていよいよ病状が思わしくなくなった。死期を悟った闇斎は、別間に控えていた出雲路信直・大山為起・梨木祐之、さらには林山三郎らを順次一人ずつ呼び、それぞれに最後の別れを告げたという。これもすでに紹介した話であるが、別間に掛けていた父祖代々の「三社託宣」を巻き取るようにと出雲路に命じたり、「男は女の手に死せず」とするのは中国におけることで、日本は異なるという理由から、妾の加知の同席を許したのはこの時であった。

夜半過ぎに「私は明日死ぬだろう、明日は一六日で、伊勢の御斎の日だな」と言ったという。門人が「それに庚申《こうしん》の日です」と応じると、大きく頷いて「いちだん、いちだん」と言い、それが最後の言葉となった。絶命したのは翌一六日のことであるが、時間は門人によって「六ツ過ぎ頃」(午前五～七時)から「四ツ前」(午前九～一一時)までいくつか挙げられていて、はっきりしていない。「庚申」は闇斎が日頃から篤く信仰していたサルタヒコに関わる日とされていて、門人たちは「サルタヒコの加護によるもので、不可思議なことであるが、(闇斎が)神人である験だ」と口々に言い合ったと、出雲路は書簡で植田玄節に報告している(『闇斎先生易簀訃状』)。

闇斎の葬儀

闇斎の葬儀は二〇日に営まれた。とりあえず、そう言ってよいだろう。というのも、垂加社の霊璽《れいじ》は、亡くなったその日のうちに出雲路の手によって、それを授けた吉川惟足からの証文とともに下御霊神社に移されていたからである。『闇斎先生易簀訃状』には事前に闇斎から指示があったとか、闇斎の意向を尋ねたという話は見えないが、亡くなる前にそうしたことが決まっていたのかもしれない。

というのは、下御霊神社の出雲路家には、延宝四年(一六七六)一二月に出雲路信直が闇斎に宛てて提出した「誓文」が残されていて、これが垂加系の「神道誓文」としては最も古いものであるが、これ以降の植田玄節や大山為起・梨木祐之などの「神道誓文」とは文面がいくつか異なっている(口絵参照)。そこには、闇斎への「報恩」として、子々孫々に至るまで垂加社の祭祀を続けると書かれていて、垂加社の霊璽が下御霊神社に移されたこともこれに関わっていると思われる。出雲路からすれば、「誓文」の通りに行っただけという話なのであろう。

闇斎の霊はすでに下御霊神社に移ったのだから、残されたのは肉体のみ、すなわち文字通りの亡骸であった。その亡骸についても、すでに紹介したごとく、二〇日の葬儀では空の棺が用いられ、亡骸の方は前日の夜に密かに埋葬を済ませておいたという話も伝えられている（『闇斎先生易簀訃状』）。真偽のほどは定かではないが、かりに仏教式であったとしても、それが形式的なものに過ぎなかったという点を強調するための話となっている。儒教系の門人たちの立場からすると、『朱子家礼』に従うならば、霊魂ばかりでなく、肉体すなわち亡骸の埋葬も重要な儀礼であるから、そこからこうした葬儀にまつわる話が広がっていったのだろうと推測される。

いずれにしても、祖父母や父母、それに姉たちの墓がある黒谷の墓所で、僧侶の手によって葬儀は執行されたと思われる。それが当時の慣習だったからである。参列者は、加知や林山三郎といった「親族」のほか、出雲路信直を中心とする京都の門人たちであったが、大山為起・梨木祐之はそれぞれの神社の社務に「穢れ」が差しつかえるという理由で参加しなかったし、正親町公通は、その身分のゆえであろう、代理人を派遣していた。儒教関係の門人たち、なかには神道系か儒教系かを明確に区別することが難しい人々もいるが、少なくとも儒教系として名前の知られた門人たちの参列は一切なかった。

闇斎の最期を見ると、仏教の形式に従わなければならないという当時の制度的な慣習と、特定の神社に属さないという新しい神道の形式との葛藤は、闇斎ばかりでなく、闇斎の門人たちをも悩ませる問題であったことが分かる。近世後期になると「神仏分離」という方向性も明確になるが、闇斎が生きた時代はまだようやく「宗門改め」の制度が確立したばかりであったから、特定の神社の神官であればともかく、「在野」の神道家にそうした自由はなかったに違いない。また神道は「不浄」を嫌うという理由から、神道形式の「葬儀」は近世後期に至っても定式化が難しい問題だったから、この時期の垂加神道にどこまできちんとした「手順」が存在していたのかもよく分からない。

さらに闇斎の場合では、そこに儒教の問題も絡んでいた。晩年の闇斎はかつて作った祖先の「神主」を焼き払ったと伝えられ（『秦山集』）、そうであれば儒教式の祭祀は中断していたと推測される。また臨終から葬儀に至るまでの間、儒教系の門人たちは何も関与していなかったから、『朱子家礼』という儒教の形式にどこまで忠実であるかは問題にならなくなっていたかもしれない。そうであるにしても、当時はすでに儒教の葬祭礼を行う人々も増えていたから、闇斎が儒学者であるかどうかを示すバロメーターとして見られたところがあったに違いない。闇斎が儒教から神道に「転向」したという、後々の評価には、この葬儀の問題が大きく関わっていたと思われる。

こうしたことから、神道と儒教の問題も重要であるが、闇斎にとって仏教は最後まで大きな問題として立ちはだかっていたと見ることができる。儒教ばかりか、神道にとっても最大の「異端」である仏教と対決するために、儒教という形式によって古代から継承されてきたものの、中間の時代においていったんは不明となり、朱熹によって再び明らかにされた「道統」という真理と、古代日本の「伝承」を教義と儀式のなかに引き継いできた神道という具体的な実践方法とを明らかにすることが、闇斎という人間の、一生の歩みにおける課題であったと言えるが、闇斎の葬儀はそれがまだ十全に解決されていないことをはっきりと示していた。

2 「心学」としての闇斎学

東アジアの儒教動向と闇斎の思想

かくして儒教と神道にまたがる闇斎の壮大な思想は、それぞれに分かれた門人たちに引き継がれるが、儒教と神道それぞれの内部における対立もあり、バラバラになっていったと考えてよいだろう。門人たちが語る闇斎の思い出と教えは、それぞれ闇斎が語った断片、つまり一部分であることは間違いないが、それらをすべてかき集めたとしても闇斎の思想が復元されるわけではない。

近世から近代にかけての日本思想史を叙述するのであれば、門人たちの中の誰が闇斎の思想を正しく受け継いだのかとか、誰が闇斎から離れてみずからの思想を作りあげたのかなどといったことが話題にされるべきかもしれない。しかし、本書は闇斎の「伝記」を目的としており、そうした闇斎没後の問題までも触れるつもりはない。それは門人たち一人ひとりの「伝記」として描かれるべきことだからである。

ただ、それにしても、闇斎という人物を取り上げるにあたって、常に問題となってきた儒教と神道の関係については、もう少し語るべきかもしれない。

本書では、儒教と神道との関連を闇斎の思考の内部に入り込んで読み解くというような方向はできるだけ避け、儒教なら儒教、神道なら神道、それぞれに時代を追って展開されるべき課題が闇斎にはあったという前提のもとに叙述を進めてきた。そのうえで、もしも闇斎における儒教と神道との関連を見定めるのであれば、闇斎の内部に入り込むのではなく、逆にもっと大きく視野を東アジア全体の儒教の動向へと移動させて、俯瞰的に眺めた方が闇斎の特徴がつかめるのではないかと思われる。そこで、この観点から見れば、闇斎がどのような位置づけになるのかについて、最後に述べることにしよう。

東アジアの「近世」がいつ頃から始まるかについては、現在のところ、まだ定説がない。ここでは、いちおう一四世紀中頃から始まり、一九世紀中頃には終わりを迎えた期間だと考えておくが、そこに存在した中国の明・清という王朝も、韓国の朝鮮という王朝もともに「儒教国家」と呼べるほどに社会に儒教が浸透していた。もちろん仏教も道教も人々によって信仰されていたが、政治・経済を中心とした社会体制を支えるイデオロギーは儒教であった。つまり、東アジアの「近世」は儒教の時代であったのである。

東アジアの辺境に位置した日本は、それから約二百年ほど遅れて儒教が社会に浸透し始めるが、近代における「西洋化」の場合と同じく、発祥地とのタイムラグを埋めるかのように急激に発展するという大きな特徴を持っていた。闇斎という人物は、そうした近世日本における儒教の大爆発を突き動かした重要な要因の一つであった。

もちろん、こうした役割を果たすためには、闇斎自身の資質、物事の本質を見極める能力とか、テキストを丹念に読み解く作業を根気強く継続する能力といったものに負うところが大きかったが、社会全体に儒教を受容し、それを発展させる大きな「うねり」のようなものが形成されていたこと、すなわち野中兼山（一六一五〜六四）や保科正之（一六一一〜七三）といった、政治権力者でありながらも儒教に強い関心を抱いていた人々と偶然出会うなど、時代に後押しされたところも大きかった。

そのほかにも、林羅山・鵞峰《がほう》父子は別にしても、闇斎がほとんど名前を口にしたことのない松永尺五、中江藤樹、熊沢蕃山、山鹿素行、伊藤仁斎、中村惕斎《てきさい》といったライヴァルの存在も大きかったに違いない。闇斎が彼らの著作を読んでいたという証拠はないが、闇斎と彼らを取り巻く人々との交流から、「噂」として彼らの動向をつかんでいたことは推測できる。闇斎が直接彼らと議論を戦わせるといったことはなかったにしても、頭のなかでは常に彼らとの「切磋琢磨」が行われていて、そのことが間違いなく闇斎の成長を促していたと見るべきだろう。

東アジアの「心学」の流れ

こうした闇斎をめぐる時代状況とも言うべき要件については、これまでの各章のなかで適宜触れてきたつもりであるが、闇斎に対する「影響」という点から言えば、なによりも闇斎が「朱先生」と呼んで最も尊敬していた朱熹、そして闇斎が最大の「内なる敵」として意識した陸九淵（象山）と王守仁（陽明）、さらには宋・明における彼らの後継者、そして朝鮮における儒学者、なかんずく闇斎が深く尊敬した李滉《イハン》（退渓）、こうした人々が著した書物から闇斎は多くのことを学んでいた。

闇斎は、自分よりも前に生きた儒学者の著作をただ漫然と読んでいたわけではなく、そこに大きな潮流が形成されていて、自分もそのうねりのなかにあることを強く意識したに違いない。もっとも大きなうねりは、朱熹が「道統」と名づけたものである。堯・舜に始まる「真理」の覚醒が、孔子・孟子などを経て「儒教」として確立されたものの、やがて老荘や仏教といった「異端」に押されて、一旦は歴史の表舞台から姿を消さざるをえなかった。それを北宋の道学者たちが復興し、朱熹によって再び集大成されるという、滔々と流れる大河のごときうねりであった。

闇斎は、そうした大河の広がりのなかにいることを十分に自覚していただろう。ただ、朱熹以降は大河のなかにいくつかの流れが分かれ、朱熹を継承する流ればかりでなく、陸九淵から王守仁へと至る流れ、さらには理を否定して気を重視する流れなども生まれていた。そうした事態を水の清濁に喩えるならば、いくつもの濁った流れが強くなるにしたがって、朱熹による清らかな流れにも濁りが混じりはじめたということになろう。ここにこそ闇斎の危機感があった。

こうした近世東アジアの儒教史における一連の出来事は、本書のなかで、闇斎の儒教を「心学」と呼ぶことに大きく関わっている。

現在では、「心学」というと、陸九淵と王守仁の系譜、陸王学とか、陽明学と呼ばれるものを指すのが一般的である。しかし、同時に朱子学こそが「心学」だという研究者もいる。これは北宋時代に儒教が広まるなかで、現実的な政治論としての意義を儒教に見出す人々もいたが、一方で「心の修養」とも言うべき精神論に価値を認める人々も多かった。南宋の朱熹が「道統の復興」として系譜化した流れ——それぞれの人々の間には師弟関係や交遊関係があったのは事実であるが、朱熹が言うほどに「教義」に関する強い継承意識があったかは疑問である——は当然のことながら後者に属し、

「心学」というのはここに始まると考えてよい。

そうであるがゆえに、「心学」の修養論は、理論と実践の両面において、仏教、とりわけ禅の影響が強く認められる。「心」の働きによって「真理」を体得するということ自体が、東アジアに伝えられた仏教が発展させてきた理論、般若思想とか空観と呼ばれるものを受け入れた議論である。インドで成立した仏教が東アジアの人々が理解可能な形へと「土着化」されたものが禅――もう一つは浄土教――であったが、そうした「土着化」のもう一つの側面、外来のものを自分たちに合うように変形させるのではなく、これまでに生産されてきた土着の素材を用いて類似品を作り出すという思想運動が「道学」＝「心学」であったと考えれば、北宋から南宋にかけて起きた儒教の展開も少しは分かりやすいかもしれない。いずれにしても、社会的有効性を追求するところが仏教とは異なる儒教の一大特徴であるとしながらも、その社会的有効性を発揮する人間は、仏教と紛らわしいような精神的な修養を積んだ者でなければならないとしたところに、「道学」と呼ばれる儒教の魅力と問題点が潜んでいたのである。

朱熹が北宋の儒学者を系譜化し、理論と実践の両面にわたる壮大な思想体系を確立した時に、「道学」の継承という点からすれば朱熹に近い位置にありながらも、朱熹の方法論を批判したのが陸九淵であった。陸九淵は、より簡便で直接的な方法によって「真理」の体得が可能だと主張した。それは、理論の学習よりも直観的な実践方法を重視したものであったが、仏教で言えば、華厳などの教学を学ぶよりも、座禅などの身体的修養方法を重視するものに近いと言えよう。

そして、ここに端を発する問題こそが、闇斎の思想的営為を決定づけるものであった。「朱陸同異論」などと呼ばれる、朱熹と陸九淵の主張はどこが似ていてどこが異なるかという、現在からは一見些末に見えるような問題が、朱熹と陸九淵との論争以来、それぞれの弟子から、さらにその後継者たちへと引き継がれ、儒教に関する最も重要なイシューとして闇斎の頃まで延々と論争が続けられてきたのである。

朱陸の同異という問題

闇斎が亡くなる一七世紀末以降になると、「朱陸同異論」をめぐる議論は下火になってゆく。これは日本ばかりでなく中国や韓国においても同様であった。その意味では、闇斎は、東アジアの儒教史において、「朱陸同異論」と本格的に格闘した最後の一人と言えるだろう。

朱熹と陸九淵との論争がいかなる内容であったかは、ここで詳しく述べるゆとりはないが、周敦頤《とんい》(廉渓)の無極＝太極説をどう評価するかに始まり、実践的な修養方法にまで至るものであり、「道学」の基本事項に関わることが対象となっていた。前章で触れたように、朱熹晩年の門人であった陳淳(北渓)が『北渓先生性理字義』と呼ばれる書物を著したのも、陸九淵の主張が広く支持されるような事態に危機感を抱いたからであった。

朱熹が没した直後からこの問題が顕在化していたことに注意しておく必要があるが、一つの転機となったのは元という異民族支配下における出来事である。元では、朱子学が科挙の科目として正式に採用されるなど、朱子学にとってはプラスの面もあったが、モンゴル族や他の異民族出身者が政治権力を掌握していたため、必ずしも儒教知識が重視されたわけでもなく、儒教全体にとって苦難の時代と見なされている。さらには第五章で扱った許衡（魯斎）のように、元の朝廷に仕えたことが非難される者もいて、儒学者にとってはかならずしも生きやすい時代ではなかった。

そうしたなかで許衡と並んで元代を代表する儒学者であった呉澄（草廬）が、朱陸を調停するような議論を提起する。呉澄は朱熹の女婿であった黄榦《こうかん》（勉斎）へと遡る系統の朱子学者であったとされるが、陳淳（北渓）などを「記誦詞章之俗学」と批判し、かえって陸九淵の本心論を積極的に評価した。そこには頭のなかだけで理論を解釈するのではなく、実践的な修養を伴って獲得されるものこそが真の学問であるという、呉澄なりの現状批判があったと考えられている。

明代になると、朱子学は「正統」なる儒教という地位を確立し、皇帝の命によって「大全」と呼ばれるテキスト群が編纂されるほどであったが、「朱陸同異論」は依然としてくすぶり続けていた。闇斎が評価したり批判したりする明代の儒学者たちの議論にはこの問題が見え隠れしている。そうしたなかで前期の儒学者であった程敏政（篁墩）は『道一編』を著して、朱陸早異晩同論を主張した。程敏政は、真徳秀（西山）の『心経《しんけい》』を表章した『心経附註』も著しているが、これについてはあとで述べたい。

程敏政の朱陸早異晩同論とは、陸九淵と論争する前と後では朱熹の思想が異なっていて、たしかに陸九淵と異なる見解に立って批判したが、その後に考えを改めて陸九淵に同調するようになったという議論であった。そして、この『道一編』の議論を用いて王守仁は、陸九淵こそが「道学」を正しく継承したものだと主張したのである。陽明学の衝撃は、朱子学を批判する新しい学問・思想が出現したというよりも、朱子学を含めた「道学」＝「心学」の系譜を修正して、「正統性」がみずからにあることを宣言したところにあった。

そのため、王守仁以後の朱子学者は、陽明学を批判するために、まず朱熹の議論が若い時期と晩年とで異ならないこと、仮に違いがあったにしても陸九淵の議論とは同じではないことなど、細々としたことを資料に即して語らなければならなかった。闇斎が批判するのは、そうした受け身的な議論では朱熹の最も重要な議論が抜け落ちる危険があり、また批判が批判を呼ぶといった、ある意味では不毛な論争を引き起こしかねないというところにあったと思われる。

李滉と朝鮮の「性理学」

陽明学に対抗してもっと積極的な議論を展開するという闇斎の戦略でモデルとなったのが、朝鮮中期に活躍した李滉（退渓）であった。李滉は一五〇一年生まれであるから、王守仁よりも三〇歳ほど若く、その門人の王畿とはほぼ同世代と言ってよい。つまり、李滉をはじめとする朝鮮中期の儒学者たちが活動した時期は、中国で陽明学が最も盛んとなった時期であり、それゆえに彼らは陽明学の主張に懐疑を、いや危機を感じたのであった。

そうしたなかで、李滉は朱熹の議論を再構築する方向を選択したが、それは、朱熹の主張を回復するという名目のもとに、むしろ自分たちの社会状況に適合するような方向を選択することでもあった。無極＝太極といった宇宙論に傾注するのではなく、朱熹の理気論を前提としながら、その発現をいかに可能にするかということを修養論の核心に据えたのは、自分たちの実践可能性を獲得するという点に目標があったからである。

すでに第八章で説明したが、李滉は、外部の影響によって不純にならざるをえないのが現実の人間であるとして、それを克服するための「修養論」を中心に議論を展開させた。朱熹はあらゆる事象が理気の融合によると説明するが、それは理想体を示しただけであり、理が発現されたならば、なんの支障もないがゆえに修養は必要とされない。修養が必要とされるのは、理が発現されない状態、すなわち理とは無関係に気のみが働いている状態ということになる。

このように考えると、修養が真に必要とされるのは、真理に到達するための学習段階ではなく、日常生活において、すなわち恒常的な場面においてということになる。李滉にとって、そのための方法は「居敬」であったが、彼の議論では「居敬」は「已発」における実践という意味を持たされたため、「静坐」といった従来の方法だけでなく、「礼」の実践、すなわち現実的な社会参与という行為までもが、とりもなおさず自己修養として取り込まれることになった。

ここで朝鮮王朝における儒教の展開を略述すれば、高麗後期、元の支配下にあった時代に朱子学が広まり始め、やがてそれによって理論武装した人々——中小の土地所有者で、中級の官僚層を形成していた人々——が新たな王朝を興す。その意味では朝鮮王朝は「易姓革命」の理念に基づいて建設された「儒教国家」であり、儒教は支配者層を支えるイデオロギーとして機能した。

ただし、高麗王朝で儒教を受け入れていた人々がすべて新たな王朝の建設に携わったわけではなかった。「革命」を起こした人々は権力を掌握し、儒教に基づいて制度を整備するなどしたが、やがて既得勢力化することになる。これに対して「革命」に乗り切れなかった人々は、在野にあって、より日常的な儒教の実践に価値を見出すことになる。その場合の日常的な実践とは、学習における個的な修養だけでなく、『朱子家礼』や「郷約」などといった慣習化されたものの実践であり、朱子学的な規範を社会的な慣習へと置き換えることであった。

たとえば、「礼」の実践という点で言えば、『朱子家礼』に基づく「祭礼」、すなわち祖先祭祀の儀礼が、四代前の男女の祖先それぞれの命日だけでなく、名節——五節句など慣習化された祭日で、現在の韓国でも旧暦の「元旦」と「秋夕」に祖先祭祀が行われている——にも行うなど、本来の『朱子家礼』よりも頻繁に実践することが定例化している。また、こうした家で行う「茶礼」とは別に、四代以前の祖先の墓すべてに詣でる「時享祭」も春あるいは秋に行うなど、ほとんど毎月のように行われる儀礼となっていた。同一の祖先に基づく血縁集団と意識された「門中」が強固なものになるのも前期から中期にかけての時期である。

朝鮮中期になると、後者に属する在野の人々（士林）が政治の場へと進出し始め、それに伴って既得勢力化した人々との対立も激化する。これがいわゆる「党争」と呼ばれる出来事の始まりであり、やがて「党争」は政治の場に進出した士林同士の争いとなるが、李滉が活動したのは、こうした新興の在野勢力が徐々に優位となりつつあった時期である。それゆえ李滉の議論には、こうした新興勢力のために理論を構築するという側面も認められる。日常的な実践に意義を見出すという李滉の志向性は、朱子学の理論の再構築という問題も絡めながら、新興の在野勢力の特性を十分に発現させようとしたものでもあったのである。

ところで、李滉が危機感を抱いた対象は、陽明学だけではなかった。現在では「気の哲学」とも呼ばれている、気それ自体の自発的な運動によって宇宙論を構想するような思想動向も脅威であった。これは、朱子学の立場から王守仁を批判した羅欽順（整庵）あたりから始まる思想動向で、明代儒学の一つの特徴であったが、朝鮮でも李滉よりも年長の徐敬徳《ソギョンドク》（花潭）らによって広まり始めていた。

そこで李滉は、気の運動性がそれ自体に内在する何らかの契機や働きによってもたらされることを明白に否定し、逆に理に運動性があることを主張した。このため、李滉の「修養論」は必然的に原初の純粋なる状態を保つことを求めるものとなる。李滉が「静坐」だけでは不十分としたもう一つの理由がここにある。だが、理の発動を強調しすぎると、今度は陽明学の議論に近づいてしまう。それゆえ李滉は、人間の心のうちに、純粋に善なるものを確保すると同時に、外部の影響によって不純にならざるをえないものがあることを認めたうえで、それを克服するという新たな修養論を提起したのである。

李滉にとっての修養は、学習の一過程ではなく、日常的に反復して実践されなければならないものであった。当時の朝鮮社会に浸透しつつあった『朱子家礼』などは、そうした修養論を理論化するためには最適であったが、恒常性という点においては不十分であった。それを補うために李滉が導入したのが、真徳秀の『心経』――実際には程敏政の『心経附註』であった――という別の実践方法である。

『心経』は、真徳秀が儒教のテキストから「誠意」と「存養」に関わる語句を抜き出し、朱熹の「道統」論に沿うような形で配列し直したものであるが、それを毎朝読誦することによって、真理を再確認し、それを体認するという実践行為として位置づけられていた。しかし、真徳秀の没後、南宋時代の中国ではほとんど忘れ去られており、明代になって程敏政が注釈を施して出版したが、それでも中国では脚光を浴びることはほとんどなかったといってよいだろう。

それが李滉の若い時期——彼が朱熹の著作と本格的に取り組む以前——に朝鮮にもたらされ、当時の儒学者に広く受け入れられたばかりでなく、朝鮮時代を通じて「心の修養」に関するテキストとして重視されることになった。李滉は、真徳秀がそうであったように、毎朝起きると、服装を正して香を焚き、『心経』を読誦していたと伝えられている。ただし、程敏政は朱陸早異晩同論の提唱者であり、品行においても問題のある人物だったので、『心経附註』に関してもその価値を疑う議論は絶えず提起されていた。それらのことは李滉の「心経後論」に詳しい。

それでも李滉は『心経附註』に価値を見出していた。そこには、「静坐」という方法だけでは陽明学に対抗できないと判断された以上は、それを補う、あるいはそれに替わる何らかの実践方法が要請されていたという「事実」が厳然とそびえていた。李滉にとって、日常的な実践は、たんに実践的な行為の持続という意味を超えて、理論的にもその可能性を保証するものとして必要とされていたということである。

闇斎の李滉評価とその克服

明代や朝鮮の儒学について長々と述べてきたのは、闇斎は李滉を、朱熹以降のなかで最もよく朱熹の意図を理解した一人と尊敬しながらも、『易』などの理解ではまだ不十分なところがあると批判したばかりでなく、『心経附註』を受け入れたところが最大の過ちであったと批判していたからである（『文会筆録』）。朱熹の弟子にあたる幾人かを除けば、明代の儒学者よりも朝鮮の李滉を高く評価した闇斎であったが、第八章で触れたように、『易』と『洪範』の解釈について、「古伝承」の欠如が李滉に正しい理解への到達を妨げたと考えていた。

闇斎は、日本に「古伝承」が存在したこと、すなわち『日本書紀』神代巻や『中臣祓』といった祝詞の記述、さらにはそれらに関する口伝（秘伝）が存在していたことに強い感謝の念を抱いていた。不可思議な働きによって伝承されてきた「古伝承」をもとに、闇斎は朱熹における「秘伝」、すなわち「道統」における「秘伝」とも言うべき『易』と『洪範』の解釈を明らかにすることができたと確信していたのである。

そして、この朱熹の「秘伝」と日本の「古伝承」とが通底する問題は、朱子学における宇宙論、「古伝承」では世界開闢《かいびゃく》の物語として展開されている議論だけでなく、それ以上に人性論、つまり人間の心において常に繰り返されている、悪の芽生えを抑え、善へと向かう契機の理解に関する問題とも繋がっていた。

このように闇斎が李滉の議論の問題点を理解していたとすれば、そこから、それでは李滉が『心経附註』を受容したことについて、いったい何が問題だと闇斎は考えていたのかという疑問が湧き起こる。『心経附註』というテキストの性格上、それが人性論に関する問題、修養論の内容に関わっていたことは確かであるが、その具体的な中身がどうであったかが問題となる。著者である程敏政への評価も関わっていたとは思うが、『心経』を読誦するという実践方法に大きな問題があったと闇斎は考えていたのではないだろうか。『心経附註』の問題は、『易』と『洪範』の解釈、ひいては日本の「古伝承」の問題ともどこかで繋がっていたと考えるべきである。

闇斎が「愛の理」、すなわち「性」が発動したとされる「情」にも「理」が直截関わるという議論を提示できたのは、李滉ほどには「気の哲学」、「気」の運動性そのものによってすべてが成り立っているとする議論が脅威ではなかったからであろう。日本でそうした議論が強まるのは、闇斎より後輩の伊藤仁斎（一六二七〜一七〇五）や貝原益軒（一六三〇〜一七一四）の出現を待たなければならなかったからである。もちろん、日本においても、こうした動向はごく間近にまで迫っていたのだが、闇斎からすると陽明学ほどには警戒する必要はなかったということであった。

近世日本の思想動向から見ると、闇斎自身の意図とは相違しているにしても、闇斎が提出した議論そのものが「気」の運動性を重視する方向への扉を開いたとも考えられるのだが、いずれにしても、従来の議論であれば「気」のレヴェルに属することに「理」の関与を読み込むことで、闇斎は一つの活路——迂回路であったかもしれない——を見出したのである。このことは、ただちに「敬義」論へと連動する。心と身体とを二つの領域に明確に区分するのではなく、両者が渾然《こんぜん》一体となった領域を確保することだからである。原理論として、両者の関係を「構造」的に論じるのならばともかく、現実における実践論として議論を展開するのであれば、ほんの一瞬であれ、「理」と「気」が明確に区別のつかない状態を構想する必要がある。

現在の朱熹研究における理解はともかく、少なくとも闇斎はそう考えていたし、またそれは李滉においても同様であった。李滉は従来「理」とされてきた領域において考察を深め、闇斎は「気」とされてきた領域で、新しい解釈と実践方法を提起した。それは宇宙の始まりの瞬間だけでなく、日常的に繰り返される人間の心のなかにおける一瞬の出来事であった。心のなかで意識が発生する瞬間という、微細でありながらも、確実に存在している領域について、両者はともに新たな問題とその解決方法とを提唱していた。

修養方法における相違

李滉にしても闇斎にしても、「静坐」という実践方法を否定はしなかったが、それだけでは不十分だと考えていた。李滉も参禅経験は豊富であったようだし、闇斎は青年期を禅僧として過ごしていたから、仏教の「座禅」については身体に染みつくほどに馴染んでいたと思われる。そこから仏教の「座禅」が心を身体から切り離して対象化するものであり、そこに大きな陥穽が潜んでいることを実践的に理解していたはずである。

もちろん、仏教ばかりでなく、「内なる敵」とも言える陽明学の問題もここに起因すると二人は考えていた。そこで李滉は、「礼」の実践に意味を見出し、さらにより日常的に「心の修養」を実践できる『心経』の読誦に方法論的可能性を付与したと思われる。

これに対して闇斎は、第四章で述べたように、たしかに一時期は『朱子家礼』の実践に可能性を認めていたと思われる。『文会筆録』に見える朱熹や李滉の議論の抜き書きが闇斎の並々ならぬ関心の高さを示しているが、晩年になって『朱子家礼』における祖先祭祀の最も重要な儀器と言える「神《しん》主《しゅ》」をすべて焼き払ったとも伝えられている。祖先の霊の依り代である「神主」なくして、『朱子家礼』に基づく祖先祭祀の実践は不可能だから、事実上、闇斎は『朱子家礼』の実践を放棄したと見ることができる。青年期に交際のあった野中兼山が、『朱子家礼』の実践によって幕府からあらぬ嫌疑を受けたというような外在的な問題もあったろうが、『朱子家礼』に定められた通りに実践したいと願っても、それを阻むような様々な事情が当時の日本にはあったと思われる。

一方、『心経』の読誦については、『書経』大禹謨《だいうぼ》の人心道心章から朱熹の尊徳性斎銘まで三七篇――儒教の経典では詩・書・易・四書、「道学」という点では周敦頤（廉渓）の養心説から朱熹の尊徳性斎銘までの七篇が採用されていた――を身体に馴染むまで繰り返し唱えるという点では大いに効果があっただろうが、『般若心経』というよく似た仏教のテキストを読誦する行為とあまりにも紛らわしい。真徳秀（西山）は『心経』と並んで『政経』を著していたから、彼には仏教を模倣するという意図はなかったかもしれないが、程敏政（篁墩）は『心経』のみを表彰しており、『心経附註』以降の問題ということになるにしても、テキストの読誦という実践的な行為には仏教的な色彩が付随している。

闇斎が『心経』を拒絶した理由は、いかに陽明学に対抗するためとはいえ、陽明学の成立を促進した人物の著作を重んじる必要はないということにあっただろうが、「静坐」に加えて、さらに仏教と類似するような実践的技法を導入することへの抵抗感だったかもしれない。そうだとすると、闇斎の僧侶経験が、その危険性に警鐘を鳴らさせたのかもしれない。いずれにしても闇斎は、李滉が熱心に実践していた『心経』の読誦という日常的な実践行為をきっぱりと拒絶したのである。

闇斎が理論的に李滉を乗り越えるにあたって、『易』や『洪範』と日本の「古伝承」とが一致するところを重要視したとすれば、実践方法においても同じようなことが選択されたのではないかと考えてもおかしくない。そこから、闇斎が『中臣祓』の解釈から導き出した「心神」を祀る、すなわちみずからの「心」を対象化するという行為が問題となる。すなわち、李滉には到達できなかった本当の意味での実践的な修養方法として、闇斎において「心神」を祀る行為が重要視されるに至ったのではないかと想定されるのである。

現在の私たちの神道観は、近世後期に広がった平田篤胤系の教説や、近代になって西洋から移入された宗教学ないし宗教民俗学の影響によって、自然や自然を形象化した神々を崇拝する信仰形態という理解が一般的となっている。そうしたイメージで闇斎の垂加神道、とりわけ「生祀」というあり方を理解しようとすると、大きな戸惑いを覚えることだろう。たしかに闇斎にとって「心神」を祀るという行為は、宗教的な範疇に属するものではあるのだが、同時に身体全体を用いてみずからの「心」と向かい合うという、儒教あるいは「心学」的な意味においてきわめて実践的な方法論でもあったのである。

とくに第七章で述べたように、「邪穢を祓い、心身を清めて、祈禱を行」うという行為の究極の段階では、たんなる瞑想状態というよりも、天とともに自分自身がぐるぐると回転するという、もっと神秘的で不可思議なトランス状態に近い感覚に陥るのだから、「静坐」や『心経』の読誦よりも躍動的で深い充実感が得られたのではないだろうか。闇斎が主張した「神人一体」を、忠誠心といった倫理観の表明と捉える従来の理解も誤りではないが、それとは別に実践方法としての意義を認めることも可能である。スサノヲやオオアナムチ（オオクニヌシ）、さらにはサルタヒコといった神々は、たしかに祀られるべき対象ではあるが、それと同時に「心の修養」という課題にみずからの全身全霊を傾けて取り組んだモデルでもあった。

「神儒妙契」という終着点

山崎闇斎の思想を端的に言い表した言葉として「神儒妙契」がある。

「妙契」という言葉は、四書五経などの古代儒教のテキストには見えないが、朱熹の「斎居感興《かんきょう》」——第四章で述べたように、これが闇斎が最初に出版した朱熹の著作の一つであったことはきわめて興味深い——や、陳淳・呉澄・程敏政・蔡清といった朱子学者などの著書にも散見する言葉であり、「不可思議であるが、よく適合していること」だと解釈されている。そこで、「神儒妙契」とは、神道と儒教とが不思議にもよく適合しているという意味だと考えてよいだろう。

そこに、これも朱熹などがよく用いた言葉であるが、「理気妙合」という、天地の始まりであると同時に人間の心における「初発」を形容する言葉の意味をさらに加えて考えると、それぞれに別々なものが一致しているというよりも、両者は本来の働きは別でありながらも、一つのものであるかのごとく機能しているという意味に解釈できるだろう。つまり、神道も儒教も、それぞれに固有の領域を持って発展してきたが、本質的には一つのものであるかのように渾然として機能していること、そこに不可思議さが感じられるということである。

「神儒妙契」とは、闇斎が儒教から神道へと「転向」したことの表明でもなく、また儒教の原理が神道の説明に応用可能なことを主張したのでもなく、もともとは別々な経路をたどって発展してきた両者が、再び一つになることによって、初めて日本という現実の世界に生きる闇斎たちにとって実践可能なものになったことを表現した言葉として理解できるだろう。儒教・神道それぞれの後継者たちの思惑はどうであれ、少なくとも闇斎の主体的な認識としてはそうであったと考えられる。

闇斎が儒学者であるか、神道家であるかを問うこと、とりわけ闇斎の内面に入り込んでそれを問うことよりも、闇斎がどのように朱子学を「土着化」したか、そこにおいていかなる「土着的」な素材を発見したかという観点から考えてみた方がよいように思われる。闇斎が、それまでの狭い意味での神道家たちが継承してきた「秘伝」「口伝」を様々な経路から採集したのは、当時の「失われた文化」の復興という潮流に助けられた面はあったにしても、あきらかに「土着」の素材を探し出すという行為であった。ただし、この場合の「土着化」は、闇斎が自覚的に追究した目的というよりも、結果として闇斎がたどり着いた地平だったことに注意しておかなければならないだろう。

それ以前に、仏教を棄てて儒教を選択した闇斎は、儒教、より正確に言えば朱子学の「改革」に挑んでいた。闇斎は、自分自身が禅僧であったという体験から、当時はやりだしていた陽明学に強い違和感、あるいは拒絶感を抱いたと思われる。そればかりでなく、そうした陽明学に対して有効な対抗手段をとれないできた明代の朱子学に失望感を抱いたのではないだろうか。そこから朝鮮の李滉の朱熹に回帰するという主張に大きな啓示を受けた。ついでに言えば、李滉もまた、朝鮮の儒教史という観点からみれば、「原点たる朱熹に戻る」ということを実践しながら、結果的に「土着化」を達成していたと位置づけることができる。

ただ、「原点回帰」という点から言えば、闇斎は、李滉が重要なモデルであると理解するとともに、その結果に関しては同調できないところがあると感じとったに違いない。そこから、闇斎独自の思想的な格闘が始まった。その軌跡はすでに前章までに述べたところであるから、ここでは繰り返さないが、闇斎は朱子学の「土着化」を達成したと同時に、「土着」的な素材であった神道の「朱子学化」を達成したのである。それは闇斎が到達した地平の、いわばコインの裏と表のようなものであるから、どちらを表とし、どちらを裏とするかは、見る者の自由に任されている。

もちろん、以上に述べてきたことは筆者の「仮説」にすぎない。闇斎の著作だけでなく、朱熹から明・清の儒教、さらには朝鮮の儒教といった東アジア全体の儒教の展開を俯瞰した「仮説」的な見取り図である。

筆者はそれなりに妥当性があると信じているのだが、これだけが唯一の「正解」だと言い張るつもりはない。闇斎の著作には、一筋縄ではいかない、じつに多様な主張が見られ、一つの結論へと還元できるほど単純なものではないからである。また、その表現の仕方も、儒教関係の著作では、朱熹などの発言をそのまま引用して、みずからの見解を語ることは少なく、神道関係では、当時の口語体を用いて、やはり断片的なことを語るか、口伝という形式の背後に隠された形となっている。

それゆえ、闇斎の著作を読んで、様々に解釈することが可能となる。逆に、多種多様な解釈が生まれるほどの強靱な耐性というものを、闇斎の著作が持っているということでもある。そこにこそ山崎闇斎という人物の不思議な魅力がある。

引用資料および参考文献

引用資料

闇斎の著作（門人編纂を含む）

『新編山崎闇斎全集』全五巻（ぺりかん社、一九七八年、一九三六年に刊行された日本古典学会編『山崎闇斎全集』の復刊）
「垂加社語」「神代巻風葉集」「中臣祓風水草」（佐伯有義校訂『垂加神道』上下、春陽堂、一九三五年）
『垂加翁神説・垂加神道初重伝』（村岡典嗣校訂、岩波書店、二〇一〇年、一九三八年に刊行されたものの復刊）
「垂加社語」「持授抄」「神代巻講義」（日本思想大系39『近世神道論・前期国学』所収、岩波書店、一九七二年）
「大学垂加先生講義」、「本然気質性講説」（日本思想大系31『山崎闇斎学派』所収、岩波書店、一九八〇年）
「中臣祓風水草」・「神代巻風葉集」・「風葉集首巻」・「神代記垂加翁講義」・「垂加翁神説」・「垂加翁神説補遺」・「山崎先生語録」（日本神道大系99『垂加神道』上、神道大系編纂会、一九八四年）

闇斎の伝記資料

「山崎家譜」・「山崎闇斎先生年譜」（山田慥斎）・「吾学紀年」（稲葉黙斎）は『新編山崎闇斎全集』に所収のものを使用。

「垂加先生山崎君行実」（水足安直）・「批水足安直撰山崎先生行実」（別名「山崎先生行実弁」、植田玄節）は出雲

路通次郎『山崎闇斎先生』（下御霊神社、一九一二）と日本神道大系『垂加神道』下に所収のものを使用。

「山崎闇斎先生行状図解」（細野忠陳）は出雲路『山崎闇斎先生』に所収のものを使用。

「艮背語録」（植田玄節）など門人が語った闇斎の事績については、出雲路『山崎闇斎先生』および日本神道大系『垂加神道』下を使用。

＊なお門人の著作のうち、本書で言及した資料は、上記の佐伯有義校訂『垂加神道』上下、『近世神道論・前期国学』（日本思想大系39）、『山崎闇斎学派』（日本思想大系31）、『垂加神道』上（日本神道大系99）のほか、出雲路『山崎闇斎先生』、日本神道大系100『垂加神道』下（神道大系編纂会、一九七八年）に所収のものを使用した。

参考資料

闇斎に関する著書および論文

法貴慶次郎『山崎闇斎学派之学説』（教授法研究会、一九〇二）
井上哲次郎『日本朱子学派之哲学』（冨山房、一九〇五）
出雲路通次郎『山崎闇斎先生』（下御霊神社、一九一二）

＊下御霊神社（出雲路家）に伝来した闇斎の伝記に関する基礎的な資料が含まれていて、貴重な書籍である。非売品であったために入手が困難であったが、現在はインターネットで閲覧することが可能となっている。

平泉澄編『闇斎先生と日本精神』（至文堂、一九三二）
小林健三『垂加神道の研究』（至文堂、一九四〇）
伝記学会編『増補　山崎闇斎と其門流』（明治書房、一九四三）
丸山眞男『日本政治思想史研究』（東京大学出版会、一九五二）

尾藤正英『日本封建制思想史研究』（青木書店、一九六一）
阿部吉雄『日本朱子学と朝鮮』（東京大学出版会、一九六五）
平重道『吉川神道の基礎的研究』（吉川弘文館、一九六六）
平重道『近世日本思想史研究』（吉川弘文館、一九六九）
岡田武彦『山崎闇斎』（叢書・日本の思想家6、明徳出版社、一九八五）
近藤啓吾『山崎闇斎の研究』（臨川書店、一九八六）
＊続編・続続編とともに、闇斎の儒教・神道に関する取り組みが実証的に論証されていて、闇斎研究における必読の書である。ただし平泉澄を継承した闇斎の評価に関しては、実証的な成果に比して、賛否が分かれるだろう。
ヘルマン・オームス『徳川イデオロギー』（黒住真ほか訳、ぺりかん社、一九九〇）
＊アメリカの思想史研究におけるイデオロギー分析という観点から、闇斎の思想を日本的なイデオロギーの完結体と位置づけている。日本の思想史研究とは異なる手法が用いられているために理解しにくいところもあるかもしれないが、従来の日本という閉止域に止まった闇斎への評価を見直す点からも一読を奨めたい。
高橋文博『近世の心身論　徳川前期儒教の三つの型』（ぺりかん社、一九九〇）
近藤啓吾『続山崎闇斎の研究』（臨川書店、一九九一）
高島元洋『山崎闇斎――日本朱子学と神道』（ぺりかん社、一九九二）
＊儒教については朱熹が使用した諸概念との比較、神道については中世神道や吉田神道・吉川神道との比較によって、闇斎の思想の構造を解明しようとしたもの。緻密な論証によって闇斎研究を前進させた点は高く評価できるが、闇斎の神道思想を中世神道の「倫理化」と捉え、それゆえ朱子学を十分に理解できなかったという結論には評価が分かれるだろう。

近藤啓吾『続続山崎闇斎の研究』（臨川書店、一九九五）
谷省吾『垂加神道の成立と展開』（国書刊行会、二〇〇一）
＊闇斎の神道思想に関して実証的に取り組んだものであるが、前篇が闇斎、後編が闇斎門下に関する研究となっている。現在残っている資料が限られている中で、資料を丁寧に検証して議論を進めている点は高く評価できる。ただし、闇斎自身の神道への言及が少ないために、闇斎門下の言説を使用することはやむを得ないところであるが、その議論に影響された面があることも否めない。
朴鴻圭『山崎闇斎の政治理念』（東京大学出版会、二〇〇二）
＊朱子学を十分に理解できなかったという従来の闇斎評価を否定し、朱子学を咀嚼することができたがゆえに幕藩体制を肯定する思想を確立したと主張する点で、闇斎の「政治思想」について独自の見解を提出している。尊皇家・闇斎という固定観念を見直す点からも読まれるべき書物である。
磯前順一・小倉慈司編『近世朝廷と垂加神道』（ぺりかん社、二〇〇五）
田尻祐一郎『山崎闇斎の世界』（ぺりかん社、二〇〇六）
＊これまでの研究の問題点を十分に咀嚼したうえで、闇斎の議論を丹念に読み込み、「思想史」的に位置づけようとした研究書。闇斎の議論に関するさまざまな指摘は示唆に富むが、儒教思想における分析に比して、神道思想に関する議論が不十分に思われる点、また闇斎の「日本」観を議論の最後に持ってきた点は、従来の闇斎像から明確に抜け出ていないという印象を与え、惜しまれる。
松本丘『垂加神道の人々と日本書紀』（弘文堂、二〇〇八）
池上幸二郎「闇斎先生著書解説」（『山崎闇斎全集』第五巻所収、日本古典学会編、一九三六、一九七八年ぺりかん社より復刊）
村岡典嗣「垂加神道の思想」（『続日本思想史研究』所収、岩波書店、一九三九）

阿部秋生「儒家神道と国学」（日本思想大系39『近世神道論・前期国学』所収、岩波書店、一九七二）
平重道「近世の神道思想」（日本思想大系39『近世神道論・前期国学』所収、岩波書店、一九七二）
丸山眞男「闇斎学と闇斎学派」（日本思想大系31『山崎闇斎学派』所収、岩波書店、一九八〇）
阿部隆一「崎門学派諸家の略伝と学風」（日本思想大系31『山崎闇斎学派』所収、岩波書店、一九八〇）
綱川歩美「垂加神道の出版――跡部良顕を中心に」（『一橋論叢』第一三四巻四号、一橋大学一橋学会、二〇〇五）

闇斎関係以外の著書および論文

大江文城『本邦儒学史』（全国書房、一九四四）
藤井隆『日本古典書誌学総説』（和泉書院、一九九一）
小島毅『中国近世における礼の実践』（東京大学出版会、一九九六）
三浦國雄『朱子伝』（平凡社、二〇一〇）
吾妻重二編著『家礼文献集成　日本編二』（関西大学出版部、二〇一〇）
三浦國雄「伊川撃壌集の世界」（『東方学報』第47冊、京都大学人文学研究所、一九七四）
玉懸博之「松永尺五の思想と小瀬甫庵の思想」（日本思想体系28『藤原惺窩　林羅山』所収、岩波書店、一九七五）
村上雅孝「松永昌易の「首書五経集註」における訓点について」（『岩手大学人文社会科学部紀要』第28号、一九八一）
佐藤仁「解題」（『朱子学の基本用語　北渓字義訳解』研文出版、一九九六）
徳田武「解説・解題」（近世儒家文集集成11『尺五堂先生全集』ぺりかん社、二〇〇〇）

闇斎に関係する著者の論文

「東アジアの四書学と古学――『大学』解釈を中心に」（日本語・韓国語、『民族文化論叢』第31輯、嶺南大学校民族文化研究所、二〇〇五）

「退渓　李滉と山崎闇斎――山崎闇斎はなぜ『心経』を放棄したのか」（日本語・韓国語、『退渓学論叢』第2号、嶺南退渓学研究所、二〇〇八）

「東アジアの中の日本儒教――共通性と異質性」（韓国語、『人文学研究』第38輯、朝鮮大学校人文学研究院、二〇〇九）

「東アジア儒教史における『心経附註』」（日本語、吾妻重二氏を代表とする研究成果報告書『東アジアにおける伝統教養の形成と展開に学際的研究――書院・私塾研究を中心に』（課題番号二一二四二〇〇一）所収、二〇一三）

あとがき

本書の執筆についてはじめて編集部から依頼を受けたのは、もう十年以上も前のことである。そのときは、実を言えば、他の人物について書きたいと考えていた。編集部の方から、それについてはすでに執筆者が決まっているので、山崎闇斎か伊藤仁斎はいかがですかと勧められた。当時の私は荻生徂徠を中心に研究を進めていたので、そのライヴァルともいえる仁斎のこともかなり詳しく勉強していた。しかし、そのときは即座に「闇斎にしたいと思います」と答えた。このことは鮮明に覚えているのだが、その理由は今となってはまったく記憶にない。たぶん、明確な理由などなかったのだろう。「直観的」に闇斎と出会うことになったということである。

その後、しばらくは別の仕事、とりわけ勤め先の業務が忙しくなり、闇斎の評伝に取りかかる暇はなかった。それでも気になって、時折、闇斎の著作や研究書に目を通したりしていたのだが、あまりしっくりとはこなかった。従来の研究における闇斎像には納得できなかったが、それならばどうしたらよいのか、明確な答えは見つからなかった。そうしたもやもやした思いが、なんとなく一つの方向に向かって進みだしたように感じたのは、韓国の儒教について本格的に取り組みだした頃であった。

本書の企画を引き受ける前に、別の関心から韓国の儒教について学び始めていたのだが、李滉（退渓）によって確立された「朝鮮性理学」が陽明学との緊張関係の中で成立していたこと、李滉の『心経』重視がそれに大きく関わっていたこと、さらには『心経』重視は王朝末期まで継承される朝鮮儒教の大きな特徴であることなど、韓国の儒教について多くの知見を得たことが、闇斎についてもひとつのはっきりとしたイメージをもたらす結果となったのである。

もちろん「朝鮮性理学」を理解するためには、中国・宋代からの儒教の流れ、さらには明代における陽明学と朱子学との格闘といったことも調べなければならなかったが、そうした東アジア全体にまたがる儒教の動向を理解することによって、闇斎の思想というものの骨格が見え始めたのである。晩年の闇斎がなぜ朱熹や北宋道学者の著作の中からテーマ別に文章を抜き出し、それをまとめて出版したのかということ、朱熹の著作を出版するにあたって、それ以前の中国・朝鮮で出版された書籍には付けられていた門人や明代儒学者の発言をなぜ闇斎が削ったのかということ、さらには朝鮮の李滉を深く尊敬しながらも、その『心経』重視の姿勢を強く批判したことなど、闇斎にまつわる様々な問題が自分なりに腑に落ちるようになったのである。

それは、一言で言えば「心の修養」、しかも自分たちに見合った形での実践行為としての「心の修養」という問題である。このことはすでに本書において詳しく述べたところであるので、繰り返すことはしないが、北宋の道学者たちの議論を受けて「心の修養」を目指す儒教を体系化した朱熹は、それがいかなるもので、なぜ人間はそれに取り組まないといけないかを理論的に提示した。もちろん朱熹にしても実践的な方法論を同時に示していたのだが、時代や地域が異なる人々には必ずしも十全なものには映らなかった。いや、同時代においてすでに実践的な方法論に関しては異論が存在した。こうした実践の問題をめぐって、明代に陽明学が生まれ、「朝鮮性理学」が生まれ、そして日本では闇斎の「日本朱子学」が生まれたのである。

このように考えると、近世東アジアの儒教の大きなうねりの中にあって、時代的には最も後に登場したのが闇斎だと考えることができる。それゆえ闇斎の思想には、それまでの議論が集約的に現れている。しかも闇斎は、それを自分の言葉で示すのではなく、それ以前の議論の中から必要と思われるものを抽出するという方法によって示そうとしたために、何が言いたいのかよけい見えにくくなっている。また、これも北宋道学以来の基本的な方法論であるが、それ以前に慣れ親しまれていたものを利用して再構成するという方法――私はそれを「土着化」と呼ぶが――に基づいたために、すなわち日本の中世において仏教の影響を受けながら発展してきた「神道」から「心の修養」に適した議論を取り出すという作業を通して再構成を行ったために、さらに分かりにくいものとなっている。

闇斎の著作はたしかに分かりにくいが、上記のような問題意識を持って、今一度書かれた順番に読み解いていくと、儒教と神道をめぐる闇斎の確信とでも言うべきものが現れてくる。本書の終章で触れた「神儒妙契」という言葉がそれである。この言葉は、垂加神道の語源とも言える「神垂冥加」という言葉にも通じているのだが、これまではもっぱら闇斎の神道理解に関わらせて考えられてきた。

しかし、これらの言葉は、闇斎にとって、神道におけるある種の境地を示しているだけでなく、儒教における「心の修養」の到達点を示すものでもあった。そう考えることで、闇斎の儒教と神道をめぐる問題が、日本において朱子学を実践可能なものとすること、しかも、それを「土着」の素材を用いながら理論的にも明確に提示しようとする試みだと気づいたのである。実質的には朱子学の修正であるが、闇斎はそれを朱熹の真髄に迫ることだと確信し、それに向かって突き進んだということでもある。闇斎の思想の軌跡をこのように見ることができると思いついた瞬間、闇斎の「伝記」もまた明確な形をとって私の前に姿を現すことになった。

以上が、私の執筆の経緯であるが、ここで本書の副題について説明しておきたい。本書の内容を端的に示す言葉を著者やそれに関係する書物の中から探すというのが、この叢書の方針だということである。これまで述べてきたことから察していただけると思うが、本書は「神儒妙契」へと至る闇斎の生涯にわたる歩みを辿るという内容になっている。そう考えると「神儒妙契」という言葉がぴったりなのだが、なにぶん漢字四文字で短すぎる。「神垂冥加」という言葉を選んでも事情は同じだし、その元となった「神垂以祈禱為先、冥加以正直為本」だと、それを書き下し文にするといかにも長すぎて間延びしてしまう。悩みながら、あれこれ探しているうちに出会ったのが、『垂加神道初重伝』天人唯一伝に見える「垂加翁ノ天人唯一ノ妙ニ至ラザレバ、神明不思議ノ道ニ至リガタシ、仰セラレタアノ神明不思議ハ……」という一節であった。

もちろん、これ自体は神道に関する言説であるが、すでに本書で縷々述べてきたように、心の中で思いが生じる一瞬に着目して修養を行うという闇斎の儒教、すなわち広義の「心学」を説明した言葉として読むこともできる。そこで、この文章に若干加工を施して、副題を「天人唯一の妙、神明不思議の道」とした。そこに闇斎の「神儒妙契」という着想がよく表現されていると思うからである。

それにしても、『垂加神道初重伝』という作者不詳の書物を、垂加神道に関わる類書の中でも卓越した名著として発掘した村岡典嗣の慧眼には驚かされる。村岡は、この書物を考訂して、跡部良顕編纂の『垂加翁神説』とともに岩波文庫に収録した。現在の研究ではあまり顧みられることのない『垂加神道初重伝』ではあるが、闇斎の神道、さらには「神儒妙契」の境地を理解するためにもう一度見直してもよいように思われる。

闇斎に関する研究書については、本書のなかで適宜触れたほか、巻末に参考文献として挙げておいた。そうした中で、本書を書くうえで大きな示唆を受けながら、本論では取り上げることができなかった作品について述べておきたい。

ひとつはヘルマン・オームス『徳川イデオロギー』（黒住真ほか訳、ぺりかん社）である。闇斎だけを扱っているわけではないが、闇斎の思想を日本で最初に登場した「完結したイデオロギー」として捉えたものである。とりわけ闇斎の神話解釈を構造主義的に分析したところからは大きなヒントを得ているし、またブルデューを経由した「実践」概念に関しても得たところは大きい。もうひとつは田尻祐一郎『山崎闇斎の世界』（ぺりかん社）で、闇斎のテキスト解釈を丹念に分析し、闇斎思想の「内在的な発展」を追求したところからは様々な示唆を得ている。もちろん本書で私が述べていることと彼らが主張していることは同じではない。本書の叙述は、あくまでも私が彼らの著作を「勝手に」理解し咀嚼した結果である。

中国と韓国の儒教については、ほんの少しだけ、本論の展開に直接関わるものだけを参考文献として挙げているが、それ以外にも多くの研究から貴重な情報を頂いている。なかでも三浦國雄、土田健次郎、吾妻重二の各氏からは、書籍を通してだけでなく、いく度かお会いしてお話をうかがう機会を通じて中国儒教に関する多くのことを教えてもらった。北宋道学や朱子学の哲学的な理論に関することばかりでなく、仏教や道教との関わり、儀礼の実践など多岐にわたる問題に関心を向けることができ、私にとって非常に有益であった。感謝を申しあげたい。

韓国の儒教では、張源哲、崔在穆、韓睿嫄の各氏に感謝を申しあげたい。韓国儒教に関する情報を提供してくれただけでなく、韓国の学会などにたびたび招いてくださり、韓国の多くの研究者と討議をする機会を作ってくれた。先にも述べたように、朝鮮儒教に関する知識がなければ本書を書くことはできなかったので、韓国との関わりを深める経験ができたことは私にとってきわめて貴重であった。妻はまたこうした折に一緒に韓国に同行し、知人との交流を助けてくれた妻理恵にも感謝する。妻はまた本書の最初の読者として、私の舌足らずな表現についていろいろと指摘してくれた。

闇斎学派の研究を専門とする明治大学の清水則夫氏には、原稿の段階で目を通してもらい、名称や年代などの誤りを多く指摘していただいたことに深く感謝している。日本ばかりでなく、中国・韓国にまで話題を広げたために、参考にした研究はきわめて多い。また思想史に限らず、歴史や文学など多方面にわたる研究からも情報を得ようと努めたために、さらに多くの研究から知見を得ることになった。一人ひとりのお名前を挙げることはできないが、関係する諸氏にこの場を借りて厚く御礼を申しあげたい。

下御霊神社の出雲路敬栄宮司、お父上の出雲路敬直氏には、同家所蔵の貴重な資料を閲覧させていただき、さらに口絵写真として使用する許可をいただき、厚く御礼を申しあげたい。出雲路敬直氏からは貴重なお話を伺うことができ、闇斎関連の資料に関する知見を深めることができた。また同家の資料を撮影するにあたってお力を貸して頂いた光楽堂の吉田明彦氏にも御礼を申しあげる。撮影の合間に聞いた貴重な体験談など、今となっては楽しい思い出である。

最後にミネルヴァ書房編集部の田引勝二氏と、すでに退職されたが、実質的に編集を担当してくださった岩崎奈菜氏にも御礼を申しあげたい。岩崎氏には、原稿の遅れがちな私をいく度となく励ましていただき、とても有り難かった。また田引氏には、期せずして本書刊行の最初と最後に立ち会っていただくことになり、感慨もひとしおである。

皆さん、有り難うございました。

二〇一三年一一月三〇日

著　者

本書に登場する中国・韓国・日本の儒学者一覧
（闇斎に関わる神道家および門人を含む、生まれた年代順）

中国の儒学者

北宋・南宋

邵雍（しょう・よう）　一〇一一〜一〇七七　字は堯夫　号は康節。
周敦頤（しゅう・とんい）　一〇一七〜七三　字は茂叔　号は濂渓。
司馬光（しば・こう）　一〇一九〜八六　字は君実　号は涑水・斉物子。
張載（ちょう・さい）　一〇二〇〜七七　字は子厚　横渠先生と呼ばれる。
程顥（てい・こう）　一〇三二〜八五　字は伯淳　号は明道。
程頤（てい・い）　一〇三三〜一一〇七　字は正叔　号は伊川。
范祖禹（はん・そう）　一〇四一〜九八　字は淳夫・夢得。
謝良佐（しゃ・りょうさ）　一〇五〇〜一一〇三　字は顕道　上蔡先生と呼ばれる。
胡安国（こ・あんこく）　一〇七四〜一一三八　字は康侯　武夷先生と呼ばれる。
朱松（しゅ・しょう）　一〇九七〜一一四三　字は喬年　号は葦斎　朱熹の父。
朱熹（しゅ・き）　一一三〇〜一二〇〇　字は元悔・仲悔　号は晦庵。
蔡元定（さい・げんてい）　一一三五〜九八　字は季通　号は西山。
呂祖謙（りょ・そけん）　一一三七〜八一　字は伯恭　東萊先生と呼ばれる。

陸九淵（りく・きゅうえん）　一一三九～九二　字は子静　号は象山・存斎。
黄榦（こう・かん）　一一五二～一二二一　字は直卿　号は勉斎。
陳淳（ちん・じゅん）　一一五九～一二二三　字は安卿　号は北渓。
蔡沈（さい・ちん）　一一六七～一二三〇　字は仲默　号は九峰。
真徳秀（しん・とくしゅう）　一一七八～一二三五　字は景元・希元　号は西山。

元・明

許衡（きょ・こう）　一二〇九～八一　字は仲平　号は魯斎。
黄震（こう・しん）　一二一三～八〇　字は東発　文潔先生と呼ばれる。
呉澄（ご・ちょう）　一二四九～一三三三　字は幼清・伯清　号は草廬。
方孝孺（ほう・こうじゅ）　一三五七～一四〇二　別名正学　字は希直または希古。
薛瑄（せつ・せん）　一三八九～一四六四　字は徳温　号は敬軒。
呉与弼（ご・よひつ）　一三九一～一四六九　字は子傅　号は康斎。
邱濬（きゅう・しゅん）　一四一九～九五　姓は丘とも書く　字は仲深　号は瓊山。
胡居仁（こ・きょじん）　一四三四～八四　字は叔心　号は敬斎。
程敏政（てい・びんせい）　一四四五～？　字は克勤　号は篁墩。
蔡清（さい・せい）　一四五三～一五〇八　字は介夫　号は虚斎。
羅欽順（ら・きんじゅん）　一四六五～一五四七　字は允升　号は整庵。
王守仁（おう・しゅじん）　一四七二～一五二八　字は伯安　号は陽明。
韓邦奇（かん・ほうき）　一四七九～一五五五　字は汝節　号は苑洛。
王畿（おう・き）　一四九八～一五八四　字は汝中　号は龍渓。

羅汝芳（ら・じょほう）　一五一五～八八　字は惟徳　号は近渓。

朝鮮の儒学者

徐敬徳（ソ・ギョンドク）　一四八九～一五四六　字は可久　号は花潭。

李滉（イ・ハン）　一五〇一～七〇　字は景浩　号は退渓・退陶。

奇大升（キ・デスン）　一五二七～七二　字は明彦　号は高峰・存養。

日本に来た中国・朝鮮の儒学者

姜沆（カン・ハン）　一五六七～一六一八　字は太初　号は睡隠　文禄・慶長の役で捕虜となり、藤原惺窩との交流で知られる。

陳元贇（ちん・げんぴん）　一五八七～一六七一　名は珦　字は義都または士昇　元贇は号　尾張藩主徳川義直に仕える。

朱舜水（しゅ・しゅんすい）　一六〇〇～八二　名は之瑜　字は楚嶼または魯璵　舜水は号　水戸藩主徳川光圀に仕える。

日本の儒学者（神道関係も含む）

藤原惺窩（ふじわら・せいか）　一五六一～一六一九　冷泉為純の三男　相国寺に入って禅僧となり、朱子学を学ぶ。京学派の創始者。

林羅山（はやし・らざん）　一五八三～一六五七　京都・建仁寺で仏教を学ぶが、独学で朱子学を学んだ後、惺窩に入門し、その推薦で徳川家康に仕えて幕府儒官となる。

堀杏庵（ほり・きょうあん）　一五八五～一六四三　医師堀徳印の子として近江に生まれる。惺窩に学び、広島藩主浅野浅野幸長・尾張藩主徳川義直に仕える。

谷時中（たに・じちゅう）　一五八九?～一六五〇　若い頃僧になったが、朱子学を学び、土佐南学派の祖となる。

松永尺五（まつなが・せきご）　一五九二～一六五七　松永貞徳の子として京都に生まれる。惺窩に学び、京都で私塾を開く。

那波活所（なわ・かっしょ）　一五九五～一六四八　播磨・姫路に生まれる。惺窩に学び、和歌山藩主徳川頼宣に仕える。

小倉三省（おぐら・さんせい）　一六〇四～五四　土佐南学派の一人で、谷時中に学ぶ。

中江藤樹（なかえ・とうじゅ）　一六〇八～四八　初め朱子学を学ぶが、やがて陽明学に移り、「近江聖人」として慕われる。

三宅鞏革斎（みやけ・きょうかくさい）　一六一四～七五　京都に生まれ、本姓は合田氏であったが、三宅寄斎の養子となり、京都で学塾を開く。

鵜飼石斎（うかい・せきさい）　一六一五～六四　江戸に生まれ、那波活所に学び、尼崎藩に仕えたのち、京都に出て学塾を開く。

野中兼山（のなか・けんざん）　一六一五～六四　土佐南学派の一人で、谷時中に学ぶ。土佐藩執政として藩政改革に活躍する。

林鵞峰（はやし・がほう）　一六一八～八〇　林羅山の三男で、父の後を継いで幕府儒官を勤める。別号は春斎。

＊山崎闇斎　一六一八～一六八二

松永昌易（まつなが・しょうえき）　一六一九～八〇　松永尺五の長男。号は寸雲、春秋館。

服部安休（はっとり・あんきゅう）　一六一九～八一　林羅山に学び、会津藩主保科正之に仕える。また正之の命を受けて吉川惟足に神道を学ぶ。

熊沢蕃山（くまざわ・ばんざん）　一六一九〜九一　京都に生まれるが、熊沢氏の養子となり、中江藤樹に陽明学を学ぶ。岡山藩主池田光政に仕えるが、のち致仕する。

横田俊益（よこた・としま す）　一六二〇〜一七〇二　堀杏庵・林羅山に学び、会津藩主保科正之に仕え、稽古堂を開き、藩士や庶民の教育に携わる。

木下順庵（きのした・じゅんあん）　一六二一〜九九　松永尺五に学び、加賀藩主前田利常に仕え、のちに幕府儒官となる。多くの門人を育てたことでも知られる。

山鹿素行（やまが・そこう）　一六二二〜八五　会津に生まれ、江戸に出て儒教を林羅山に学ぶほか、小幡景憲・北条氏長の下で軍学、広田担斎の下で神道・歌学を学んで、独自の学問を確立した。

友松氏興（ともまつ・うじおき）　一六二二〜八七　土佐で生まれ、京都で勉学中に会津藩主保科正之に見いだされ、のちに家老となる。闇斎に儒教を、吉川惟足に神道を学ぶ。

安東省菴（あんどう・せいあん）　一六二二〜一七〇一　柳川藩士の次男に生まれ、松永尺五に儒教を学ぶ。朱舜水を尊敬し、好遇した逸話で知られる。

米川操軒（よねかわ・そうけん）　一六二六〜七八　奈良出身で、三宅寄斎に学び、一時中江藤樹にも学んだ。仁斎との絶交の逸話で知られる。

伊藤仁斎（いとう・じんさい）　一六二七〜一七〇五　京都に生まれ、古義学という独自の儒教を確立し、堀川に学塾を開いた。

中村惕斎（なかむら・てきさい）　一六二九〜一七〇二　京都に生まれ、独学で朱子学を学び、天文・地理・度量衡・音律を究めたと評された。

藤井懶斎（ふじい・らんさい）　?〜一七〇九　はじめ真辺仲庵と称し、久留米藩に儒医として仕えたが、のちに致仕し、藤井懶斎と名乗って京都で活躍した。

貝原益軒（かいばら・えきけん）　一六三〇～一七一四　福岡藩士の子として生まれ、松永尺五に儒教を学んだ。本草学を修めて実用的な学問を追究した。

松永永三（まつなが・えいさん）　一六三三～一七一〇　松永尺五の四男として京都に生まれる。のちに講習堂を引き継ぎ、尺五の学問を伝える。

大高坂芝山（おおたかざか・しざん）　一六四七～一七一三　土佐に生まれ、谷時中の子である谷一斎に学んだが、野中兼山失脚後は江戸に移り、道学を講じた。

新井白石（あらい・はくせき）　一六五七～一七二五　上総・久留里藩士の子として生まれ、木下順庵に学ぶ。のち六代将軍家宣に仕えて、幕政に関与する。

室鳩巣（むろ・きゅうそう）　一六五八～一七三四　江戸近郊に生まれ、加賀藩に仕えた時に木下順庵に学ぶ。白石の推挙で幕府儒官となり、八代将軍吉宗の時に活躍する。

荻生徂徠（おぎゅう・そらい）　一六六六～一七二八　江戸に生まれ、独学ののち、柳沢吉保に仕え、古文辞学を提唱して一世を風靡する。

雨森芳洲（あめのもり・ほうしゅう）　一六六八～一七五五　近江に生まれ、江戸に出て木下順庵に学ぶ。対馬藩に仕え、中国語や朝鮮語にも堪能であった。

伊藤東涯（いとう・とうがい）　一六七〇～一七三六　仁斎の子として京都に生まれる。父の後を継いで古義堂の発展に努めた。

太宰春台（だざい・しゅんだい）　一六八〇～一七四七　信濃・飯田に生まれ、江戸に出て朱子学を学んだのち、徂徠の門人となる。中国語や音楽にも堪能であった。

那波魯堂（なわ・ろどう）　一七二九～八九　播磨・姫路に生まれ、活所の玄孫にあたる。初め古文辞学を学ぶが、朱子学へと移り、徳島藩儒として活躍する。

原念斎（はら・ねんさい）　一七七四～一八二〇　江戸に生まれ、山本北山に折衷学を学んで、昌平黌に出仕する。

神道家

吉田兼従（よしだ・かねつぐ）　一五八八～一六六〇　萩原兼従に同じ。豊国社の宮司となり、萩原姓を名乗ったが、江戸時代になって吉田家の後見人を務め、吉川惟足に唯一神道を伝える。

大中臣精長（おおなかとみ・きよなが）　一六〇二～八八　河辺精長に同じ。度会延佳に学び、伊勢神宮の大宮司となり、各地に放置されていた摂社の復興に努めた。

忌部担斎（いんべ・たんさい）　生没年不詳　広田担斎に同じ。名は丹斎とも書く。忌部正通以来の忌部神道を継承したと主張するが、実質的な創始者と考えられている。

度会延佳（わたらい・のぶよし）　一六〇五～九〇　出口延佳に同じ。伊勢外宮の権禰宜となり、伊勢神道関係の資料の校訂や著述を行った。内宮側との訴訟に敗れ、失意のうちに没す。

吉川惟足（よしかわ・これたり）　一六一六～九五　姓は「きっかわ」、名は「これたる」とも読む。武家出身であったが、日本橋の商人の養子となる。その後、萩原兼従に入門して吉田神道の口伝を伝授され、吉川神道を創始する。

＊山崎闇斎　一六一八～一六八二

春原秋成（はるはら・ときなり）　一六二四～一七〇九　藤森神社の宮司で、同社の秘伝を闇斎に伝授する。

吉田兼敬（よしだ・かねゆき）　一六五三～一七三二　若くして吉田家の当主になるが、伝授を受けられなかったため、学問研鑽に励む。その後、吉川惟足より返し伝授を受け、家業の発展に努める。

本居宣長（もとおり・なりなが）　一七三〇～一八〇一　伊勢・松坂に生まれ、京都游学ののち、独自の「古学」を確立する。『古事記』の注釈をはじめ、古典の考証に勝れる。

闇斎門人（神道関係も含む）

楢崎正員（ならさき・まさかず）　一六二〇～九六　備後に生まれ、五四歳になって闇斎に学んだのち、備後・三原藩主浅野忠義に仕える。

槇元真（まき・げんしん）　?～一六九一　美濃に生まれ、闇斎に学んだのち、美濃・加納藩主松平光重に仕え、さらに光重の第二子戸田光正の家臣となる。

黒岩慈庵（くろいわ・じあん）　一六二七～一七〇五　野中兼山・闇斎に学んだのち、土佐藩主山内忠義の侍読となり、さらに筑前・福岡藩に仕えて江戸藩邸で教育にあたる。比較的早い時期に闇斎から破門されたと伝えられている。

渋川春海（しぶかわ・はるみ）　一六三九～一七一五　二世安井算哲に同じ。幕府碁方の安井家長男として京都に生まれ、闇斎から儒教・神道を学ぶほか、天文・暦学を修めて貞享暦を作成した。

鵜飼金平（うかい・きんぺい）　一六四八?～九三　鵜飼石斎の次男として京都に生まれる。闇斎に学んだのち、水戸藩の彰考館に勤めて『大日本史』編纂に従事する。

桑名松雲（くわな・しょううん）　一六四九～一七三一　京都出身であるが、仙台藩に仕えた折に同僚の遊佐木斎の勧めで闇斎に神道を学ぶ。のちに八条宮尚仁親王の侍読となる。

佐藤直方（さとう・なおかた）　一六五〇～一七一九　福山藩士の子として生まれる。闇斎の下で学ぶも、のちに破門され、江戸で暮らす。福山藩や前橋藩などから招聘されて講義を行った。

出雲路信直（いずもじ・のぶなお）　一六五〇～一七〇三　初め板垣民部と名乗る。下御霊神社の神官で、闇斎の下で神道を学ぶ。闇斎没後は境内に「垂加霊社」を移し、垂加神道の発展に寄与する。

植田玄節（うえだ・げんせつ）　一六五一～一七三五　艮背の号でも知られる。京都出身で、闇斎に学んだのち、安芸・広島藩に仕える。師説に忠実とされ、『垂加草』を編纂する。

浅見絅斎（あさみ・けいさい）　一六五二～一七一一　近江出身で闇斎の門人となるも、闇斎の晩年に疎遠となった。闇斎の死後に神道にも関心を向け、香を焚いて許しを乞い、師説の継承に努めた。

正親町公通（おおぎまち・きんみち）　一六五三～一七三三　公家の正親町家長男として生まれ、妹に柳沢吉保の側室となった正親町町子がいる。闇斎の神道を継承するとともに、武家伝奏役を務めて朝幕関係に活躍した。

土御門泰福（つちみかど・やすとみ）　一六五五～一七一七　朝廷の陰陽頭を代々務めていた土御門家に生まれた。闇斎から神道を学び、陰陽道と神道を組み合わせた独自の土御門神道を確立した。

大山為起（おおやま・ためおき）　一六五八～一七二九　伏見稲荷大社の神主の子として生まれた。闇斎に神道を学び、伊予・松山藩主の招きで味酒神社の神主となる。

遊佐木斎（ゆさ・ぼくさい）　一六五九～一七三四　仙台藩士の子に生まれ、京都に出て米川操軒・中村惕斎に学び、のち闇斎に師事する。仙台藩儒となり、藩主伊達綱村に垂加神道を進講した。

梨木祐之（なしき・すけゆき）　一六六〇～一七二四　下鴨神社の社家である梨木家に生まれ、鴨裕之とも称する。闇斎の門人として神道を学び、葵祭の復興に尽力する。

谷秦山（たに・しんざん）　一六六三～一七一八　土佐の神職の家に生まれ、京都に出て、闇斎・浅見絅斎に師事する。のちに渋川春海から天文・暦学も学ぶ。

三宅尚斎（みやけ・しょうさい）　一六六二～一七四一　丹波・篠山藩士の子に生まれ、医学を学ぶが、やがて闇斎に師事して儒教を修める。武蔵・忍藩に仕えるが、たびたび諫言したために三年間幽閉される。その後赦されて京都に行き、学塾を開く。

永田養庵（ながた・ようあん）　生没年不詳　闇斎に学び、備後・福山藩の儒臣となる。佐藤直方を紹介したことで知られる。

没後門人など

跡部良顕（あとべ・よしあきら）　一六五八〜一七二九　二五〇〇石の旗本であったが、闇斎に私淑し、佐藤直方などから儒教を、正親町公通などから神道の教えを受け、神儒兼学の思想を確立。『垂加文集』などを編纂した。

玉木正英（たまき・まさひで）　一六七一〜一七三六　名は「せいえい」とも読む。京都・梅宮大社の神職で、正親町公通などから垂加神道を学び、橘家神道を大成する。

若林強斎（わかばやし・きょうさい）　一六七九〜一七三二　京都に生まれ、浅見絅斎に学び、崎門儒教を伝えていたが、やがて神道にも傾倒して、玉木正英から伝授を受けて神儒兼学を主張するようになった。

稲葉黙斎（いなば・もくさい）　一七三二〜九九　江戸に生まれ、父迂斎や野田剛斎から崎門儒教を学び、その集大成を図る。のちに上総に隠居したが、彼の教えは「上総道学」として継承された。

山田慥斎（やまだ・ぞうさい）　一七八一〜一八四六　京都に生まれ、父静斎から家学の崎門儒教を学び、下野・佐野藩に仕えた。「闇斎先生年譜」を編む。

山崎闇斎年譜

和暦	西暦	齢	関係事項	一般事項
元和 四	一六一八	1	12・9京都に生まれる。父浄因三二歳、母舎奈三八歳。	翌年（元和五）、藤原惺窩没（五九歳）。
寛永 元	一六二四	7	11・22祖父浄泉没す（六八歳）。	
六	一六二九	12	父の命によって「清兵衛」と名乗る。	紫衣事件（沢庵ら追放、寛永九年に恩赦）。
九	一六三二	15	この頃、妙心寺に入って「絶蔵主」と称する。	林羅山、忍岡に先聖殿を建てる。
一三	一六三六	19	湘南宗化の指示で土佐・吸江庵に移る。その後、野中兼山・小倉三省などと親交を結ぶ。	翌年（寛永一四）、天草・島原の乱。松永尺五、講習堂を開く。
一七	一六四〇	23	1・9祖母妙泉没す（七九歳）。	翌年（寛永一八）、岡山藩、花畑教場を創設。熊沢蕃山、中江藤樹の教えを受ける。
一九	一六四二	25	この年に仏教から儒教に「転向」する。その後土佐を追われ、京都の葭屋町下立売に移る。	堀杏庵没（五八歳）。翌年（寛永二〇）保科正之、会津に移る。
正保 三	一六四六	29	3月名を「柯」（のち「嘉」）、字を「敬義」、号を	

和暦	西暦	年齢	事績	関連事項
			「闇斎」とする。9月「感興詩序」、この年に白本『感興詩』を出版か。	
四	一六四七	30	春「闢異跋」。5月「書周子書後」。	翌年（正保五、慶安元）、那波活所没（五四歳）、中江藤樹没（四一歳）。松永尺五、尺五堂を開く。
慶安三	一六五〇	33	9月『朱子家礼』に従って祖先の「神主」を作る。作成中に父および闇斎がこれに因む夢を見る。12月「白鹿洞学規集註序」。	
四	一六五一	34	4月夢に周濂渓と会い、「太極図」について話す。6月野中兼山の母の葬儀に列するため土佐に行く。「秋田夫人壙誌」「夫人秋田氏墓表銘」。11月「敬斎箴跋」。冬「世儒剃髪弁」。	徳川家光没（四八歳）。由比正雪による慶安事件。
承応元	一六五二	35	4月「帰全山記」。5・1「山崎家譜」を作成する。	
二	一六五三	36	6月姪の小三没す（一六歳）。「甥女小三墓誌銘」。12・17鴨脚氏の女と結婚。	松永貞徳没す（八三歳）。
三	一六五四	37	7月「祭小倉三省丈文」。承応初年からこの頃までに『大家商量集』を著す。	小倉三省没（五一歳）。板倉重宗、京都所司代の職を辞す。
明暦元	一六五五	38	春正式に講義を始める。翌年冬までに『小学』『近思録』『四書』『周易程伝』の順で講義。4月「敬斎	

二	一六五六	39	箴序」。12月「伊勢太神宮儀式序」。4月『孝経刊誤』出版。8月「孝経外伝序」を著し、同月中に『孝経外伝』を出版。12月「感興考註序」(出版は万治元年)。	
三	一六五七	40	正月藤森神社に参詣。2月伊勢神宮に参詣。6月「跋訓蒙詩」を著し、『朱子訓蒙詩』を出版する。	林羅山没(七五歳)。松永尺五没(六六歳)。水戸の徳川光圀、史局を設けて修史を始める。
万治元	一六五八	41	2月末に京都を発ち、三月初めに江戸に入る。3月井上政利に会い、その編纂する『堯暦』を見、「堯暦序」を著す。4月『感興詩考註』出版。7月加藤泰義と会い、「書加藤家蔵論孟」を著す。また泰義の勧めで『大和小学』を著す(出版は万治三年)。8月初旬江戸を発ち、途中伊勢神宮により、同月下旬に京都に戻る。10月『遠遊紀行』を出版。	
二	一六五九	42	3月下旬京都を発って江戸に行く。8月初め江戸を発ち、途中伊勢神宮により、京都に戻る。『再遊紀行』を著す(出版時期は不明)。	朱舜水、来日し、帰化する。
三	一六六〇	43	正月「武銘考註序」(出版時期は不明)。3月『大和小学』出版。3月中旬江戸に行く。江戸滞在中に「加藤家伝」を著す。8月初旬に京都に戻る。	

寛文元	一六六一	44	3月中旬京都を発ち、途中多賀大社に参詣し、江戸に入る。8月下旬京都に戻る。	京都大火、禁裏炎上する。熊沢蕃山、京都・上御霊に移り住む。
二	一六六二	45	3月下旬京都を発ち、江戸に行く。5月下旬京都に戻る。	京都大地震。この頃伊藤仁斎、古義堂を開く。
三	一六六三	46	2月祖父母を金戒光明寺に改葬。同月下旬に京都を発ち、江戸に行く。8月下旬京都に戻る。9月父母および二人の姉とともに、伊勢に出かけ、神嘗祭に立ち会う。	野中兼山没（四九歳）。
四	一六六四	47	3月上旬父母および二人の姉とともに石清水八幡宮に参詣。3月下旬京都を発って江戸に向かう。江戸滞在中に、会津藩家臣服部安休と論争か。4月下旬姉玉の急病により、京都に戻る。閏5・11玉没す（四八歳）、金戒光明寺に埋葬。9月『神代巻口訣』出版。	幕府、国史館を設置し、林鵞峰に『本朝通鑑』の続修を命じる。
五	一六六五	48	2月自宅の棟上げ式。3月下旬京都を発ち、江戸に行く。4月会津藩主保科正之に謁見し、『論語』を講義する。9月正之編『玉山講義附録』の出版にあたり、正之に代わって「跋玉講附録」を著す。9月下旬江戸を立って、一〇月上旬に京都に帰る。10月「記家蔵聖像」。	徳川光圀、朱舜水を招聘する。

六	一六六六	49	3月下旬京都を発って、江戸に行く。8月「会津山水記」（前年作成説もある）、「会津風土記序」を著す。同月、保科正之への『四書』を終え、さらに水戸藩主徳川光圀を招き、『中庸』の講義を行う。井上政利、加藤泰義も参席する。9月下旬京都に戻る。この年に『倭姫命世記』を校訂するか。	幕府、山鹿素行を赤穂に配流する。中村惕斎、『訓蒙図彙』を出版する。
七	一六六七	50	正月『四書集註』出版。閏2月下旬京都を発って、江戸に入るも、病のため、四月下旬に京都に戻る（病気は晩秋に癒える）。6月『四書序考』出版。夏から秋にかけて『洪範全書』を編纂し、九月初旬に「洪範全書序」を著す。	
八	一六六八	51	2月中旬京都を発って、江戸に行く。5月上旬「仁説問答序」。6月保科正之に代わって「二程治教録序」と「二程治教録跋」を著す（一〇月に保科正之編『二程治教録』出版）。8月伊勢神宮を参詣し、京都に戻る。	渋川春海と面談する。
九	一六六九	52	3月「伊洛三子伝心録序」。5月「蒙養啓発集序」「小学蒙養集序」「大学啓発集序」「跋蒙養啓発集」（『蒙養啓発集』はほぼ同じ頃に出版されるか）。7月「跋三子伝心録」（『伊洛三子伝心録』はこの頃に	

			保科正之編として出版されるか)。**9月中旬**伊勢に行き、度会延佳と会い、その後大中臣精長より『中臣祓』を伝授される。**9月下旬**江戸に行き、閏一〇月に京都に戻る。**12月**父母の肖像を作る（土佐光起に依頼する）。	
一〇	一六七〇	53	**5月**「近思録序」。**6・22**姉鶴没す（五六歳）、金戒光明寺に埋葬。九月出版の『増補書籍目録』によれば、これ以前に『周子書』『武銘考註』『白鹿洞学規集註』『敬斎箴』『朱子社倉法』『拘幽操』『大家商量集』『仁説問答』『経名考』などを出版していた。	佐藤直方、永田養庵の紹介で面会するも、入門を断られる。
一一	一六七一	54	**2・21**母舎奈没す（九一歳）、金戒光明寺に埋葬。**8月中旬**京都を発って江戸に向かう。**11月**吉川惟足から垂加社号を受ける。また吉田神道の伝授を受ける。**11月下旬**「藤森弓兵政所記」。**12月初旬**京都に戻る。	保科正之、吉川惟足より土津霊社の号を受け、秘伝を伝授される。佐藤直方、再訪して、入門する。
一二	一六七二	55	**6月**「中和集説序」「性論明備録序」。**8月中旬**京都を発ち、江戸を経て、会津に向かう。**9月中旬**保科正之とともに江戸に行く。**11月初旬**保科正之への『近思録』講義を終える。**11月中旬**京都に戻る。	吉川惟足、京都で『日本書紀』を講義、闇斎列席する。保科正之没（六二歳）。
延宝元	一六七三	56	**正月下旬**京都を発ち、江戸を経て会津に行く。**3月**	楢崎正員、入門する。

			保科正之の葬儀に参列し、「文章司」を務める。6月上旬京都に戻る。9月「程書抄略序」(『程書抄略』の出版は延宝七年)。	
二	一六七四	57	2・22自宅の垂加社を下御霊神社に移す。8月「跋会津風土記」(『会津風土記』は翌年に会津藩より将軍に献上される)。8月『易学啓蒙』出版。10・21父浄因没す(八八歳)、金戒光明寺に埋葬。	
三	一六七五	58	3月『易経本義』出版。	
四	一六七六	59	3月『小学』出版。	出雲路信直、誓文を提出。渋川春海、入門する。
五	一六七七	60	正月「朱易衍義序」(『朱易衍義』は四月に出版される)。春『本朝改元考』出版。秋これより翌年春にかけて『易』を講義。12月「跋張書抄略」(『張書抄略』の出版は延宝七年)。	渋川春海・植田玄節、誓文を提出。浅見絅斎、すでに入門し、『張書抄略』の浄書にあたる。
六	一六七八	61	正月『蓍卦考略』出版。	遊佐木斎に土金之伝を授ける。大山為起に校定本『倭姫命世記』を授ける。
七	一六七九	62	11月初旬これより翌年の春にかけて『大学章句』『大学或問』を講義。11月下旬「周書抄略序」を著し、この年に『程書抄略』『張書抄略』と併せて出	谷秦山、入門する。

			版する。	
八	一六八〇	63	6月『周子書』再出版。11月「題朱書抄略」。	林山三郎に「敬勝」の字を与える。大山為起・梨木祐之・正親町公通・土御門泰福、誓文を提出。三宅尚斎、入門する。林鵞峰没（六三歳）。
天和 元	一六八一	64	8月「記朱書抄略後」を著し、同月『朱書抄略』を出版。	林敬勝、誓文を提出。徳川家綱没（四〇歳）。後水尾上皇没（八五歳）。
二	一六八二	65	3月病状が現れ、九月に入り悪化し、同月一六日朝に没す。同月一九日、金戒光明寺に埋葬。	朱舜水没（八三歳）。木下順庵を幕府儒者に登用する。吉川惟足、幕府神道方になる。

ま　行

や　行

ら　行

わ　行

た 行

な 行

は 行

か　行

さ　行

人名索引

※「山崎闇斎」は頻出するため省略した。

あ 行

《著者紹介》
澤井啓一（さわい・けいいち）
1950年　生まれ。
早稲田大学大学院文学研究科博士課程単位取得退学。
早稲田大学文学部助手，恵泉女学園大学教授を経て，
現　在　恵泉女学園大学名誉教授。専攻は，近世東アジア思想史。
著　書　『〈記号〉としての儒学』光芒社，2000年。
『江戸文化の変容――十八世紀日本の経験』共著，平凡社，1994年。
『思想史家　丸山眞男論』共著，ぺりかん社，2002年。
『琉球からみた世界史』共著，山川出版社，2011年，ほか。

ミネルヴァ日本評伝選
山《やま》崎《ざき》闇《あん》斎《さい》
――天人唯一の妙，神明不思議の道――

2014年３月10日　初版第１刷発行　〈検印省略〉

定価はカバーに
表示しています

著　者　澤　井　啓　一
発行者　杉　田　啓　三
印刷者　江　戸　宏　介

発行所　株式会社　ミネルヴァ書房
607-8494　京都市山科区日ノ岡堤谷町１
電話代表（075）581-5191
振替口座　01020-0-8076

共同印刷工業・新生製本

ISBN978-4-623-06700-8
Printed in Japan

刊行のことば

歴史を動かすものは人間であり、興趣に富んだ人間の動きを通じて、世の移り変わりを考えるのは、歴史に接する醍醐味である。

しかし過去の歴史学を顧みるとき、人間不在という批判さえ見られたように、歴史における人間のすがたが、必ずしも十分に描かれてきたとはいえない。二十一世紀を迎えた今、歴史の中の人物像を蘇生させようとの要請はいよいよ強く、またそのための条件もしだいに熟してきている。

この「ミネルヴァ日本評伝選」は、正確な史実に基づいて書かれるのはいうまでもないが、単に経歴の羅列にとどまらず、歴史を動かしてきたすぐれた個性をいきいきとよみがえらせたいと考える。そのためには、対象とした人物とじっくりと対話し、ときにはきびしく対決していくことも必要になるだろう。

今日の歴史学が直面している困難の一つに、研究の過度の細分化、瑣末化が挙げられる。それは緻密さを求めるが故に陥った弊害といえるが、その結果として、歴史の大きな見通しが失われ、歴史学を通しての社会への働きかけの途が閉ざされ、人々の歴史への関心を弱める危険性がある。今こそ歴史が何のためにあるのかという、基本的な課題に応える必要があろう。評伝という興味ある方法を通じて、解決の手がかりを見出せないだろうかというのも、この企画の一つのねらいである。

狭義の歴史学の研究者だけでなく、多くの分野ですぐれた業績をあげている著者たちを迎えて、従来見られなかった規模の大きな人物史の叢書として、「ミネルヴァ日本評伝選」の刊行を開始したい。

平成十五年（二〇〇三）九月

ミネルヴァ書房

ミネルヴァ日本評伝選

企画推薦
梅原 猛
ドナルド・キーン
佐伯彰一
角田文衞

監修委員
上横手雅敬
芳賀 徹

編集委員
石川九楊
伊藤之雄
猪木武徳
今谷 明
今橋映子
熊倉功夫
佐伯順子
坂本多加雄
武田佐知子
竹西寛子
西口順子
兵藤裕己
御厨 貴

上代

*俾弥呼 古田武彦
日本武尊 西宮秀紀
仁徳天皇 若井敏明
雄略天皇 吉村武彦
*蘇我氏四代 遠山美都男
推古天皇 義江明子
聖徳太子 仁藤敦史
斉明天皇 武田佐知子
小野妹子・毛人 大橋信弥
*額田王 梶川信行
弘文天皇 遠山美都男
天武天皇 新川登亀男
持統天皇 丸山裕美子
阿倍比羅夫 熊田亮介
*藤原四子 木本好信
柿本人麻呂 古橋信孝
*元明天皇・元正天皇 渡部育子
聖武天皇 本郷真紹
光明皇后 寺崎保広
孝謙天皇 勝浦令子
藤原不比等 荒木敏夫
吉備真備 今津勝紀
*藤原仲麻呂 木本好信
道 鏡 吉川真司
大伴家持 和田 萃
*行 基 吉田靖雄

平安

*桓武天皇 井上満郎
嵯峨天皇 西別府元日
宇多天皇 古藤真平
醍醐天皇 石上英一
村上天皇 京樂真帆子
花山天皇 上島 享
*三条天皇 倉本一宏
藤原薬子 中野渡俊治
小野小町 錦 仁
藤原良房・基経 瀧浪貞子
菅原道真 竹居明男
*紀貫之 神田龍身
源高明 所 功
*安倍晴明 斎藤英喜
藤原実資 橋本義則
*藤原道長 朧谷 寿
藤原伊周・隆家 倉本一宏
藤原定子 山本淳子
清少納言 後藤祥子
紫式部 竹西寛子
和泉式部 ツベタナ・クリステワ
大江匡房 小峯和明
*阿弖流為 樋口知志
坂上田村麻呂 熊谷公男
*源満仲・頼光 元木泰雄
平将門 西山良平
藤原純友 寺内 浩
空 海 頼富本宏
最 澄 吉田一彦
*空 也 石井義長
奝 然 上川通夫
*源 信 小原 仁
後白河天皇 美川 圭
式子内親王 奥野陽子
建礼門院 生形貴重
藤原秀衡 入間田宣夫
平時子・時忠 元木泰雄
平維盛 根井 浄
守覚法親王 阿部泰郎
藤原隆信・信実 山本陽子

鎌倉

源頼朝 川合 康
*源義経 近藤好和
源実朝 神田龍身
後鳥羽天皇 五味文彦
九条兼実 村井康彦
九条道家 上横手雅敬
北条時政 野口 実
熊谷直実 佐伯真一
*北条政子 関 幸彦
北条義時 岡田清一
曾我十郎・五郎 杉橋隆夫
北条時宗 近藤成一
安達泰盛 山陰加春夫
平頼綱 細川重男
竹崎季長 堀本一繁
西 行 光田和伸
藤原定家 赤瀬信吾
*京極為兼 今谷 明

*兼好　島内裕子
重源　横内裕人
*運慶　根立研介
快慶　井上一稔
法然　今堀太逸
慈円　大隅和雄
明恵　西山　厚
親鸞　末木文美士
恵信尼・覚信尼　西口順子
覚如　今井雅晴
道元　船岡　誠
叡尊　細川涼一
*忍性　松尾剛次
*日蓮　佐藤弘夫
一遍　蒲池勢至
*宗峰妙超　竹貫元勝

南北朝・室町

後醍醐天皇　上横手雅敬
護良親王　新井孝重
*赤松氏五代　渡邊大門
*北畠親房　岡野友彦
楠正成　兵藤裕己
*新田義貞　山本隆志
*光厳天皇　深津睦夫
足利尊氏　市沢　哲
佐々木道誉　下坂　守
円観・文観　田中貴子
足利義詮　早島大祐
足利義満　川嶋將生
足利義持　吉田賢司
足利義教　横井　清
大内義弘　平瀬直樹
伏見宮貞成親王　松薗　斉
山名宗全　山本隆志
日野富子　脇田晴子
世阿弥　西野春雄
雪舟等楊　河合正朝
宗祇　鶴崎裕雄
*満済　森　茂暁
一休宗純　原田正俊
蓮如　岡村喜史

戦国・織豊

北条早雲　家永遵嗣
毛利元就　岸田裕之
毛利輝元　光成準治
*今川義元　小和田哲男
*武田信玄　笹本正治
*武田勝頼　笹本正治
*真田氏三代　笹本正治
三好長慶　天野忠幸
*宇喜多直家・秀家　渡邊大門
*上杉謙信　矢田俊文
島津義久・義弘　福島金治
長宗我部元親・盛親　平井上総
吉田兼倶　西山　克
山科言継　松薗　斉
*雪村周継　赤澤英二
織田信長　三鬼清一郎
豊臣秀吉　藤井讓治
*北政所おね　田端泰子
*淀殿　福田千鶴
前田利家　東四柳史明
*黒田如水　小和田哲男
*蒲生氏郷　藤田達生
*細川ガラシャ　田端泰子
伊達政宗　伊藤喜良
*支倉常長　田中英道
ルイス・フロイス　エンゲルベルト・ヨリッセン
*長谷川等伯　宮島新一
顕如　神田千里

江戸

徳川家康　笠谷和比古
*徳川家光　野村　玄
徳川吉宗　横田冬彦
*後水尾天皇　久保貴子
光格天皇　藤田　覚
崇伝　杣田善雄
春日局　福田千鶴
*池田光政　倉地克直
シャクシャイン　岩崎奈緒子
*田沼意次　藤田　覚
*二宮尊徳　小林惟司
末次平蔵　岡美穂子
*高田屋嘉兵衛　生田美智子
*林羅山　鈴木健一
吉野太夫　渡辺憲司
中江藤樹　辻本雅史
*山崎闇斎　澤井啓一
山鹿素行　前田　勉
*北村季吟　島内景二
貝原益軒　辻本雅史
松尾芭蕉　楠元六男
*ケンペル　B・M・ボダルト＝ベイリー
荻生徂徠　柴田　純
*雨森芳洲　上田正昭
石田梅岩　高野秀晴
前野良沢　松田　清
平賀源内　石上　敏
本居宣長　田尻祐一郎
杉田玄白　吉田　忠
上田秋成　佐藤深雪
木村蒹葭堂　有坂道子
*大田南畝　沓掛良彦
菅江真澄　赤坂憲雄
*鶴屋南北　諏訪春雄
良寛　阿部龍一
*山東京伝　佐藤至子
*滝沢馬琴　高田　衛
平田篤胤　山下久夫
シーボルト　宮坂正英
本阿弥光悦　岡　佳子
小堀遠州　中村利則
狩野探幽・山雪　山下善也
尾形光琳・乾山　河野元昭
*二代目市川團十郎　田口章子
与謝蕪村　佐々木丞平
伊藤若冲　狩野博幸
鈴木春信　小林　忠
円山応挙　佐々木正子
*佐竹曙山　成瀬不二雄
葛飾北斎　岸　文和
酒井抱一　玉蟲敏子

孝明天皇　青山忠正
*和宮　辻ミチ子
徳川慶喜　大庭邦彦
島津斉彬　原口泉
*古賀謹一郎　小野寺龍太
*栗本鋤雲　小野寺龍太
西郷隆盛　家近良樹
*塚本明毅　塚本学
*月性　海原徹
*吉田松陰　海原徹
*高杉晋作　海原徹
ペリー　遠藤泰生
オールコック　佐野真由子
アーネスト・サトウ　奈良岡聰智
緒方洪庵　米田該典
冷泉為恭　中部義隆

近代

*明治天皇　伊藤之雄
*大正天皇　F・R・ディキンソン
*昭憲皇太后・貞明皇后　小田部雄次
大久保利通　三谷太一郎
山県有朋　鳥海靖
木戸孝允　落合弘樹
井上馨　伊藤之雄
*松方正義　室山義正
北垣国道　小林丈広
板垣退助　小川原正道
長与専斎　笠原英彦
大隈重信　五百旗頭薫
伊藤博文　坂本一登
井上毅　大石眞
*井上勝　老川慶喜
*桂太郎　小林道彦
渡辺洪基　瀧井一博
*乃木希典　佐々木英昭
*児玉源太郎　小林道彦
林董　君塚直隆
*高宗・閔妃　木村幹
山本権兵衛　室山義正
*金子堅太郎　松村正義
高橋是清　鈴木俊夫
小村寿太郎　簑原俊洋
*犬養毅　小林惟司
*加藤高明　櫻井良樹
加藤友三郎・寛治　麻田貞雄
牧野伸顕　小宮一夫
田中義一　黒沢文貴
内田康哉　高橋勝浩
石井菊次郎　廣部泉
平沼騏一郎　堀田慎一郎
宇垣一成　北岡伸一
*宮崎滔天　榎本泰子
*浜口雄幸　川田稔
幣原喜重郎　西田敏宏
関一　玉井金五
水野広徳　片山慶隆
広田弘毅　井上寿一
安重根　上垣外憲一
*グルー　廣部泉
*永田鉄山　森靖夫
東條英機　牛村圭
今村均　前田雅之
蔣介石　劉岸偉
石原莞爾　山室信一
木戸幸一　波多野澄雄
*岩崎弥太郎　武田晴人
伊藤忠兵衛　末永國紀
五代友厚　田付茉莉子
大倉喜八郎　村上勝彦
*安田善次郎　由井常彦
渋沢栄一　武田晴人
益田孝　鈴木邦夫
山辺丈夫　宮本又郎
武藤山治　阿部武司・桑原哲也
西原亀三　森川正則
小林一三　橋爪紳也
大倉恒吉　石川健次郎
大原孫三郎　猪木武徳
*河竹黙阿弥　今尾哲也
イザベラ・バード　加納孝代
*林忠正　木々康子
*森鷗外　小堀桂一郎
二葉亭四迷　ヨコタ村上孝之
夏目漱石　佐々木英昭
巌谷小波　千葉信胤
樋口一葉　佐伯順子
*島崎藤村　十川信介
泉鏡花　東郷克美
*有島武郎　亀井俊介
永井荷風　川本三郎
北原白秋　平石典子
菊池寛　山本芳明
宮澤賢治　千葉一幹
正岡子規　夏石番矢
高浜虚子　坪内稔典
与謝野晶子　佐伯順子
*種田山頭火　村上護
*斎藤茂吉　品田悦一
*高村光太郎　湯原かの子
萩原朔太郎　エリス俊子
*原阿佐緒　秋山佐和子
*狩野芳崖・高橋由一　古田亮
小堀鞆音　小堀桂一郎
竹内栖鳳　北澤憲昭
黒田清輝　高階秀爾
中村不折　石川九楊
横山大観　高階秀爾
*橋本関雪　西原大輔
小出楢重　芳賀徹
土田麦僊　天野一夫
岸田劉生　北澤憲昭
松旭斎天勝　川添裕
中山みき　鎌田東二
佐田介石　谷川穣
*ニコライ　中村健之介
出口なお・王仁三郎　川村邦光
島地黙雷　阪本是丸
*新島襄　太田雄三
木下広次　冨岡勝
嘉納治五郎　クリストファー・スピルマン
柏木義円　片野真佐子
津田梅子　田中智子
*澤柳政太郎　新田義之

河口慧海 高山龍三
山室軍平 室田保夫
大谷光瑞 白須淨眞
*久米邦武 髙田誠二
フェノロサ 伊藤　豊
三宅雪嶺 長妻三佐雄
*岡倉天心 木下長宏
志賀重昂 中野目徹
徳富蘇峰 杉原志啓
竹越與三郎 西田　毅
内藤湖南・桑原隲蔵 礪波　護
岩村　透 今橋映子
*西田幾多郎 大橋良介
金沢庄三郎 石川遼子
上田　敏 及川　茂
柳田国男 鶴見太郎
厨川白村 張　競
天野貞祐 貝塚茂樹
大川周明 山内昌之
西田直二郎 林　淳
折口信夫 斎藤英喜
九鬼周造 粕谷一希
辰野　隆 金沢公子
シュタイン 瀧井一博
*西　周 清水多吉
*福澤諭吉 平山　洋
福地桜痴 山田俊治

田口卯吉 鈴木栄樹
*陸　羯南 松田宏一郎
黒岩涙香 奥　武則
*吉野作造 田澤晴子
野間清治 佐藤卓己
山川　均 米原　謙
*岩波茂雄 十重田裕一
*北　一輝 岡本幸治
*穂積重遠 大村敦志
中野正剛 吉田則昭
満川亀太郎 福家崇洋
*北里柴三郎 福田眞人
高峰譲吉 木村昌人
田辺朔郎 秋元せき
*南方熊楠 飯倉照平
寺田寅彦 金森　修
石原　純 金子　務
辰野金吾 河上眞理・清水重敦
*七代目小川治兵衛 尼崎博正
ブルーノ・タウト 北村昌史

現代

昭和天皇 御厨　貴
高松宮宣仁親王 後藤致人

*李方子 小田部雄次
吉田　茂 中西　寛
マッカーサー 柴山　太
石橋湛山 増田　弘
重光　葵 武田知己
市川房枝 村井良太
*池田勇人 藤井信幸
高野　実 篠田　徹
和田博雄 庄司俊作
朴正熙 木村　幹
竹下　登 真渕　勝
*松永安左エ門 橘川武郎
鮎川義介 井口治夫
*出光佐三 橘川武郎
松下幸之助 米倉誠一郎
渋沢敬三 井上　潤
*本田宗一郎 伊丹敬之
井深　大 武田　徹
*佐治敬三 小玉　武
幸田家の人々 金井景子
*正宗白鳥 大嶋　仁
大佛次郎 福島行一
*川端康成 大久保喬樹
*薩摩治郎八 小林　茂

松本清張 杉原志啓
安部公房 鳥羽耕史
*三島由紀夫 島内景二
井上ひさし 成田龍一
R・H・ブライス 菅原克也
金素雲 林　容澤
柳　宗悦 熊倉功夫
バーナード・リーチ 鈴木禎宏
イサム・ノグチ 酒井忠康
川端龍子 岡部昌幸
藤田嗣治 林　洋子
*井上有一 海上雅臣
*手塚治虫 竹内オサム
山田耕筰 後藤暢子
古賀政男 藍川由美
*吉田　正 金子　勇
武満　徹 船山　隆
*八代目坂東三津五郎 田口章子
*力道山 岡村正史
*西田天香 宮田昌明
安倍能成 中根隆行
サンソム夫妻 平川祐弘・牧野陽子
和辻哲郎 小坂国継

矢代幸雄 稲賀繁美
石田幹之助 岡本さえ
*平泉　澄 若井敏明
安岡正篤 片山杜秀
島田謹二 小林信行
前嶋信次 杉田英明
保田與重郎 谷崎昭男
*福田恆存 川久保剛
井筒俊彦 安藤礼二
佐々木惣一 松尾尊兊
*瀧川幸辰 伊藤孝夫
矢内原忠雄 等松春夫
福本和夫 伊藤　晃
*フランク・ロイド・ライト 大久保美春
大宅壮一 有馬　学
今西錦司 山極寿一

*は既刊
二〇一四年三月現在